西南石油大学人文社会科学科研专项基金
"中国共产党对待传统文化的态度与政策演变研究"（编-

走近中国

传统文化

——新中国成立以来中国优秀传统文化的传承保护与开发利用

蒋朝莉　平凯◎著

四川大学出版社
SICHUAN UNIVERSITY PRESS

项目策划：陈克坚
责任编辑：陈克坚
责任校对：傅　奕
封面设计：璞信文化
责任印制：李金兰

图书在版编目（CIP）数据

走近中国传统文化 ：新中国成立以来中国优秀传统
文化的传承保护与开发利用 / 蒋朝莉，平凯著． — 成都：
四川大学出版社，2021.11（2025.6 重印）
　　ISBN 978-7-5690-4951-0

　　Ⅰ．①走… Ⅱ．①蒋… ②平… Ⅲ．①中华文化－研
究 Ⅳ．① K203

中国版本图书馆 CIP 数据核字 (2021) 第 176403 号

书名　走近中国传统文化
　　　　——新中国成立以来中国优秀传统文化的传承保护与开发利用

著　　者　蒋朝莉　平　凯
出　　版　四川大学出版社
地　　址　成都市一环路南一段 24 号（610065）
发　　行　四川大学出版社
书　　号　ISBN 978-7-5690-4951-0
印前制作　四川胜翔数码印务设计有限公司
印　　刷　北京长宁印刷有限公司
成品尺寸　170mm×240mm
印　　张　15.75
字　　数　299 千字
版　　次　2021 年 11 月第 1 版
印　　次　2025 年 6 月第 2 次印刷
定　　价　70.00 元

◆ 读者邮购本书，请与本社发行科联系。
　电话：(028) 85408408/(028) 85401670/
　(028) 86408023　邮政编码：610065
◆ 本社图书如有印装质量问题，请寄回出版社调换。
◆ 网址：http://press.scu.edu.cn

四川大学出版社
微信公众号

序

文明承载着文化，文化涵养着文明。一个历经兴衰的文明更能感怀文化的厚重，一个历经荣辱的民族更会感恩文化的力量。

2012 年 11 月 29 日，习近平总书记在国家博物馆参观《复兴之路》展览的时候说："现在，我们比历史上任何时期都更接近中华民族伟大复兴的目标，比历史上任何时期都更有信心、有能力实现这个目标。"① 站在这样的历史方位上，回顾百年来东西文化的论争、现代与传统的碰撞，我们思绪起伏、感慨万千：那些已经深入我们的骨髓、根植我们的内心的诸子典籍、诗词歌赋、民间曲艺，是怎样潜移默化地影响着我们的思想方式和行为方式……我们都是中国优秀传统文化的受益人、践行者，我们也应该成为中国优秀传统文化的传承人、弘扬者。

"观乎天文，以察时变。观乎人文，以化成天下。"过去的一百多年，中国文化经历了前所未有的质疑和责难，也经历了在全盘否定之后一点一滴的萌动和生长。在这段跌宕起伏的历史中，中国共产党人既是中国先进文化的积极引领者，又是中国优秀传统文化的忠实传承者和弘扬者。

蒋朝莉教授是一位资深文化研究学者，她对中国优秀传统文化有着独特的情怀。她和平凯倾力著成的这部专著梳理了新中国成立以来我国在语言文字、古代哲学、传统礼仪习俗、传统节日、传统文学艺术、传统科学技术、传统中医药、传统文物遗迹等方面的传承保护与开发利用。他们坚持传统文化与现代文化相统一、注重传统文化与外来文化的碰撞融合、坚持批判继承和创新发展相统一，基于文化自信，探究了中国优秀传统文化与当代中国治

---

① 中共中央文献研究室：《十八大以来重要文献选编》（上），中央文献出版社，2014 年，第 83 页。

国理政之间的联系，探索了建设社会主义文化强国的更基础、更广泛、更深厚的文化力量。

中国优秀传统文化的传承和弘扬不仅仅需要宏大的历史叙事，也需要一步一步脚踏实地的孜孜前行。我们每一次回望、致敬中国优秀传统文化都浓缩着作为传承人、弘扬者的文化自觉和文化担当。希冀更多的人能够从这本专著中走近中国优秀传统文化、走进中国优秀传统文化，感受中国优秀传统文化的温度和力量，理解我们和我们民族的"根"和"魂"。

2021 年 6 月

目　录

第一章　中国传统文化概述

中国传统文化是中华民族在历史上各种传统道德、文化思想、精神观念形态的总和，是中华文明成果的结晶。

第一节　中国传统文化的内涵和特征

"文化"一词是在 19 世纪末由日文转译、从西方引进的。西方"文化"的概念有一个演变过程。最早可追溯至拉丁文的 cultra，该词原形为动词，含有耕种、居住、联系、留心或注意、敬神等多重意义。源自 cultra 的英文 culture、德文的 Kultuv 等都保留了拉丁文的某些含义，逐渐从耕种引申为对树木禾苗的培育，对人类心灵、知识、情操、风尚的培育。

19 世纪中叶，西方兴起人类学、社会学、民族学等新的人文学科，"文化"作为重要的术语被广泛运用。英国学者、人类学之父泰勒在 1871 年发表的《原始文化》中第一次将"文化"一词定义为：文化是包括全部的"知识、信仰、艺术、道德、法律、风俗以及人作为一名社会成员而获得的任何才能和习惯在内的复杂整体"[①]。文中，他把文化理解为一个精神文化的综合整体。

在我国，"文化"一词对应的汉语词汇最早见于《周易》："观乎人文以化成天下"，其涵义则与后来的"文治教化"较为接近，可见古汉语中的"文化"涵义与西方的"文化"涵义有着明显的区别。转译自日文，之后成为现代汉语的"文化"，则紧随近代西方发展潮流，或损或益，呈现了各种对于文化涵义的西式解读。

自泰勒第一次给"文化"定义之后，关于文化的定义可谓层出不穷。关

---

① 傅铿：《文化：人类的镜子——西方文化理论导引》，上海人民出版社，1990 年，第 11 页。

于文化的概念，古今中外一直没有一个统一的说法。根据美国学者克罗伯和克拉克洪的统计，世界各地学者对文化的定义有160多种。

文化的定义虽然众多，但基本可分为狭义和广义两种。狭义文化论者仅把观念形态的精神文化视为文化，广义文化论者则把人类创造的一切都纳入文化的范畴。如我国的权威辞书《辞海》（1999年版）中，文化就被区分为广义和狭义两种：广义的文化指人类社会实践过程中所获得的物质、精神的生产能力和创造的物质、精神财富的总和。狭义的文化指精神生产能力和精神产品，包括一切社会意识形态：自然科学、技术科学、社会意识形态。

学界对于文化的解释尽管千差万别，但基本都认为文化是由人类创造的事物，是人类自身的属性，而且对于文化的地位和作用有一个共识，那就是文化是具有统领性地位的存在。"文化，就是吾人生活所依靠之一切。""我今说文化就是吾人生活所依靠之一切，意在指示人们，文化是极其实在的东西。文化之本义，应在经济、政治，乃至一切无所不包。"①

克罗伯和克拉克洪在对收集的161种文化定义进行梳理和辨析后也提出："文化代表了人类群体的显著成就，包括它们在人造器物中的体现；文化的核心部分是传统的（即历史地获致和选择的）观念，尤其是它们所带的价值，文化体系一方面可以看作是活动的产物，另一方面是进一步活动的决定因素。"②

一、中国传统文化的内涵

如同文化定义的丰富性，中国传统文化亦如此，对于中国传统文化的界定可谓不一而足，但也可以归纳出共同之处，即中国传统文化是中华民族在中国古代社会这一时空范围之内发展而来的文化形态。

（一）丰富的定义

顾冠华先生曾指出，"中国传统文化"主要是指在中国数千年的文明发展过程中在一些特定的自然环境、经济形式、政治结构、意识形态作用下形成和传承下来并且至今仍在影响着当代文化的具有生命力的中国古代文化。顾先生对于中国传统文化的定义显然范围广泛，包括了从自然、经济到政

---

① 梁漱溟：《中国文化要义》，上海人民出版社，2011年，第7页。
② 傅铿：《文化：人类的镜子——西方文化理论导引》，上海人民出版社，1990年，第12页。

治、思想形态的内容，但强调了其影响和生命力的要素。

也有学者从稳定和精粹等角度定义了中国传统文化，认为：中国传统文化是一种植根于中华民族土壤中的稳定的、具有悠久历史的文化，积淀着各个不同历史时期的文化精粹。这一定义显然对中国传统文化进行了选择，摒弃了非稳定和非精粹的部分。

还有学者更进一步，只认定观念形态的文化为中国传统文化，认为：传统文化是一种观念形态的东西，是在经过不断地产生和淘汰的过程后，得以积淀、保存、延续下来的具有重要价值和生命活力的文化。

还有人则强调中国传统文化与其他文化体系的区别，认为传统文化主要是指世代相传的具有民族特色的思想、道德、风俗、习惯、典籍、宗教、艺术、科技、制度和思维方式等，是一个外延很广的概念，包括物质文化、精神文化、行为文化、制度文化等，其核心和灵魂是精神文化。①

此外，还有人认为，所谓中国传统文化，就是中国文明历史长河的文化积淀。其内容包括自然科学、人文科学的各个门类，包括中国历史发展各个时期的道德文化积累，包括中国社会和中华民族的风土人情等。② 这一定义与顾冠华先生的定义有所呼应，不同之处在于未加影响和生命力等要素的限定。

以上各家所论都有其合理性，但似乎又有所不足。本书还是以顾名思义这一最拙办法来探究中国传统文化的内涵及定义。

（二）概念与时空的解析

综合学界的各种定义，中国传统文化的内涵至少可从概念上和时空维度上予以解析。

从概念上看，中国传统文化由"中国""传统"和"文化"三个概念复合而成。"中国"特指：创造文化的主体——中华民族，特定的自然地理环境，特有的生产方式和社会组织结构，通用的汉语汉字。

"传统"是一个相对概念，一般以1840年鸦片战争为时间节点，中华民族世代代代传承下来的涵盖思想文化、制度规范、伦理道德、风俗习惯、宗教艺术乃至思维方式、行为方式等精神价值追求，具有时间上的历史延续性

---

① 祝平恒、朱忠祥：《论中国传统文化及其当代价值》，《中国集体经济》，2015年第7期，第108页。

② 李宝龙、杨淑琴：《中国传统文化》，中国人民公安大学出版社，2006年，第6页。

及空间上的拓展性和权威性特点，是中华民族血脉传承的 DNA。

"文化"指中国的、具有中华民族特点的传统的文化，突出中国文化的独特传统性，是狭义文化。综上，中国传统文化是指从远古至晚清的几千年文明发展史中，居住在中国地域内的中华民族的先人们，在特定的自然环境、经济形态、政治结构、社会意识形态下所创造的并世世代代传承发展的、具有鲜明民族特质的、历史悠久的、博大精深的文化体系。中华文化绵延数千年从未中断过，是世界四大文明古国中唯一幸存下来的文化体系，是迄今为止世界上最久远、最稳定、最辉煌、最丰富的文化。[1]

从时空上看，中国传统文化涵义具有纵横两个维度。

一方面中国传统文化首先是中国的文化。中国文化是与西方文化相对的概念，是指中华民族及其祖先在自己的这片土地上创造出来并传播到世界各地的文化总和。这个总和有两个概念：第一，中国文化是一个历史的、发展的概念——古代的"中国"一词，最初并不具有统一的国家实体的概念，而是一个地域、文化的概念。"中国"的"国"字，本义是城邑的意思。"中国"一词，最早指夏朝人所居之城，最早的中国人是夏人。《说文》中言道："夏，中国之人也。"而真正有"中国文化"这个概念，是外国人来到中国以后，即明末清初时期，针对西方文化传播到中国才有的。[2]

另一方面中国传统文化是相对于近代而言的。传统不仅拥有历史的意义，而且有超越历史的意义。传统的本质和核心是人，其实就是理解者内在地置身于其中的历史。有什么样的时代，有什么样的理解者，就有什么样的传统。萨特说："人们是在历史的行动中理解历史的。"就是说，传统既是一个历史的范畴，又是一个动态的范畴。它又可分为旧传统和新传统。[3]

进入近代以来，中国传统文化历经曲折，尚待重生。1840 年，西方列强用武力打开了中国的大门，之后中国传统文化由于在政治上、经济上出现全面危机而陷入了空前的困境。一大批中国知识分子甘冒杀头危险，继洋务运动、戊戌变法、辛亥革命之后，掀起了新文化运动。当时新文化运动的概念，是指体现中国人自我存在价值，代表中国历史方向，既不同于以往的"旧文化"，也与西方文化相区别的新文化。就是在这样一种社会历史条件下才产生了确切含义的"中国传统文化"这个概念。因此之故，中国的传统，

---

① 盘锦市社会主义学院课题组张铭：《中国传统文化的现代价值研究》，《辽宁省社会主义学院学报》，2018 年第 1 期，第 102 页。

② 李宝龙、杨淑琴：《中国传统文化》，中国人民公安大学出版社，2006 年，第 3~4 页。

③ 李宝龙、杨淑琴：《中国传统文化》，中国人民公安大学出版社，2006 年，第 8 页。

时人一般以五四运动为分界，此前称为旧传统，在此以后则为新传统。①

因此，中国传统文化是个相对的事物，是相对近代文化而言的存在，这是从语词上对中国传统文化的基本理解。而近代文化之所以与传统文化相异，根本原因就在于，近代文化有西方的因素，因此中国传统文化从根源上来看是与西方文化相对的，即中国文化的背景是西方文化。如果不刻意强调这种比照，单称中国文化就足够了。但外来文化对中国文化的影响显然是不容回避的事实，故而梁漱溟曾说："中国文化之相形见绌，中国文化因外来文化之影响而起变化，以致根本动摇，皆只是最近一百余年之事而已。"②即近代以来中国的文化显得落后了。也正因为落后，一百多年来，中国传统文化也一直在持续地变化图存。而中国传统文化该怎么走，则是一个持久的话题。

总之，中国传统文化的内涵体现在：中国传统文化是中华民族在中国古代社会形成和发展起来的相对稳定的文化形态，是中华民族智慧、文明的结晶，是中华民族的历史遗产在现实生活中的展现。

二、中国传统文化个性殊强

所谓特征是不同于其他事物的特点。从文化构成要素的历史、结构、价值体系等角度，并比较其他的文化形态，尤其是西方文化，中国传统文化的特点可归纳为以下几个方面。

（一）自成一脉、多元融合的格局

从形成过程以及存在结构上看，中国传统文化是原生性的，在漫长的历史过程中发展融合成多元一体的格局。

首先，中国文化是自我生成的。正如梁漱溟所说："中国文化独自创发，慢慢形成，非从他受。反之，如日本文化、美国文化等，即多从他受也。"③近代，曾经掀起过中国文化的"西来说"，但无论从内容和形式上，中国与中西亚地区、非洲以及欧洲的文化都差别巨大，单从文化最重要的载体文字来说，中国语言文字就与其他文明体系的语言文字截然不同。

---

① 李宝龙、杨淑琴：《中国传统文化》，中国人民公安大学出版社，2006 年，第 8 页。
② 梁漱溟：《中国文化要义》，上海人民出版社，2011 年，第 9 页。
③ 梁漱溟：《中国文化要义》，上海人民出版社，2011 年，第 8 页。

再者，近代大量的考古发现，亦直接证明了中国文化起源于本土的自生性。例如，迄今为止全国许多省市区均发现了中国旧石器时代文化遗址，其中以1929年在北京发现的五六十万年前的北京猿人、1965年在云南省元谋县发现的170万年前的元谋人和陕西蓝田县发现的75万年前的蓝田人最为著名。中国还发现了7000多处新石器时代的遗址，诸如辽河流域的查海文化、兴隆洼文化，山东泰沂地区的后李文化，关中的老官台文化，甘肃的大地湾文化、马家窑文化，河南的裴里岗文化、仰韶文化，河北的磁山文化，长江下游的良渚文化、河姆渡文化，以及长江中游的彭头山文化、城背溪文化，等等。分布广泛的新石器遗址反映了中国文化起源的区域性特色。就中国石器时代出现的时间来看，也并不比域外石器时代出现的时间晚。因此，中国文化"西来说"难以得到有力的支持。

原生自创为中国传统文化的自成体系提供了坚实的基础。

首先，从中国传统文化的主体——族群来看，就大致可用20世纪80年代费孝通提出的"中华民族多元一体格局"来形容。中华民族起源、形成、发展的历史，其族体结构与文化发展是以"多元起源，多区域不平衡发展，反复汇聚和辐射"的方式作"多元"与"一体"辩证运动的。[①] "中华文化既表现为多元区域不平衡发展，又呈现向中原汇聚及中原文化向四周辐射的特点。"[②]

简言之，所谓"多元"，是指中华民族是由来自不同区域、拥有不同发展历程的族群所组成的。"一体"，则是指多个民族在长期的历史发展过程中结合成相互依存的统一而不能分割的整体。而形成多元一体格局有一个从分散的多元结合成一体的过程，在这个过程中必须有一个起凝聚作用的核心。汉族就是多元基层中的一元，但它发挥凝聚作用把多元结合成一体。

其次，中国文化的多样性特征。

中华民族文化多样性表现在两个方面：一是民族文化的多样性，56个民族都有自己的独特传统，都有自己的文化特色；二是地域文化的多样性，中国地域辽阔，千里不同风，百里不同俗，各地区均有自己的文化特色。即使是同一民族，不同地区的风俗习惯和语言也有较大的差异。较为典型的是汉民族文化，东西南北文化习俗的差异很大，八大方言的差异比许多民族语言间的差异还要大。

---

① 费孝通：《中华民族多元一体格局》，中央民族大学出版社，1999年，第117页。
② 费孝通：《中华民族多元一体格局》，中央民族大学出版社，1999年，第47页。

因此，博大精深的中国传统文化在地域上，既有灿烂的中原文化，又有异彩纷呈的东夷文化、羌戎文化、湘楚文化、吴越文化、巴蜀文化、齐鲁文化、三晋文化等。①

中国文化的同一性即同质性、共同性或一体性，表现在多方面：

首先，中国文化不是中国各个民族文化的简单叠加，而是由各个民族和地区的文化在漫长的历史过程中交融而成的，这是一个整体大于部分之和的存在。

其次，各民族、各地区的文化在长期的互动和交融中形成同质化和一体化的倾向，尤其是价值取向逐渐趋同。这一同质化的过程即文化的同化。从中国以往历史来看，其文化同化他人之力最为伟大，对于外来文化，亦能包容吸收，而不为其动摇变更。"由其伟大的同化力，故能吸收若干邻邦外族，而融成后来之广大中华民族。"②

其三，在文化趋同的过程中，形成了各民族、各地区对中国文化的认同局面，而且通常以文化认同而不是种族认同作为是否为"中国人"的标准，即"诸夏用夷礼则夷之，诸夷用夏礼则夏之"。

此外，汉语和汉字通常是各民族、各地区的通用语。汉语和汉字作为最重要的文化载体在文化的交流和传承中发挥着不可替代的作用。

中国之外的文化体系诚然也经历或者正在经历不同文化的融合过程，但其融合程度显然没有中国传统文化这么高，就这个意义上说，中国传统文化的多元一体格局是独一无二的。

（二）以宗法伦理为基础的整体主义价值体系

价值观是观念形态文化的核心。中国传统文化有丰富的价值观内容，并组成了关联密切的体系，对于中国传统文化起着至关重要的组织和引导作用。

中国传统核心价值体系是一种以宗法伦理为本位、以道德为主导、以和谐为理想的价值观念体系。

中国宗法以血缘关系为纽带，通过尊崇共同的祖先来维系亲情，在宗族内部通过尊卑长幼的划分、各宗族成员权利义务的规定及其行使的规范——礼来维持秩序。宗法制于商周时期萌发，成熟于西周、春秋时期，曾于唐朝

---

① 李宝龙、杨淑琴：《中国传统文化》，中国人民公安大学出版社，2006年，第7页。

② 梁漱溟：《中国文化要义》，上海人民出版社，2011年，第9页。

末年式微，在宋代又以礼教与政权、神权、夫权、族权相结合的形式存在，并一直延续至近代。所谓以宗法为本位，是指宗法以及由宗法衍生的伦理思想在中华文明史上占有核心的地位，是其他一切价值思想的基础，宗法伦理思想同时影响到了社会基础与上层建筑。

中国传统的伦理道德与宗法互为表里，它源于宗法并强化了宗法。中国传统的伦理思想源起于先秦时期，在西汉董仲舒的努力下，儒家伦理思想成了中国伦理思想的正宗。汉之后，儒家的道德规范体系被概括为"三纲五常"，成为中国传统社会占统治地位的道德规范体系。唐代儒、释、道伦理思想开始合流，于宋朝产生了宋明理学及其理学伦理思想，这标志着以儒家为中心的传统伦理思想系统化和理论化的完善。儒家伦理强调以"仁"为核心建立宗法道德规范体系，"礼"同仁是分不开的，孔子说："人而不仁，如礼何？""义"则是指各种具体的行为规范，包括忠、惠、孝、慈、悌等。中国传统的伦理道德往往还和哲学问题相交织。在道德本原与世界本原的关系上，"天"与"人"、"天道"与"人道"都是重要的概念。道德修养论通常又是哲学认识论的主要内容和形式，修养的途径、方法和认识的过程、方法，往往难以区分。

中国的宗法伦理最重要的一点还在于它不仅是传统社会关系的遵循，而且也是传统政治的遵循。例如，"孝"和"忠"是宗法等级关系中两个最重要的关系的反映，"孝"作为"仁之实"，是子对父和祖先应遵守的道德规范，"忠"是"孝"的延伸和扩大，是臣对君的行为准则。由此，儒家强调礼治。孔子主张"道之以德，齐之以礼"的德治，打破了"礼不下庶人"的限制。荀子认为"故人无礼则不生，事无礼则不成，国家无礼则不宁"[①]。

无论是社会关系还是政治关系，都属于人际关系，因而讲求和谐成为宗法伦理的重要内容。中庸之道可谓是儒家与此相应的具体策略。按照孔子以及后世儒家的解释，"中庸"的"中"，有中正、中和、不偏不倚等义；"庸"字是"用"的意思，"中庸"即"中用"之意。所以，中庸意即把两个极端统一起来，采取适度的中间立场，既不能过，也不能不及。中庸的观念旨在强调对即事即物之度的把握，以避免和消解人与人、人与社会的对立与冲突，造成一个有序的道德社会。这种中庸之道施之于政治，是裁抑豪强，均平田产、权利，从而扩大农业宗法社会的基础；施之于文化，则是在多种文化相汇时，异中求同，万流共包；施之于风俗，便是不偏颇，不尤怨，内外

① 〔战国〕荀子著，孙安邦、马银华译注：《荀子》，山西古籍出版社，2003年，第15页。

兼顾；奉行中庸理想人格，则是执两用中、温良谦和的君子之风。[1]

因此，在传统的中国社会里，道德在人们实际的社会生活中占据了主导地位，它既是价值目的，又是实现价值的路径。人们信仰道德情操、重视道德评判，进而在很大程度上以道德的原则模式化自己的行为取向。中国传统文化通常把道德价值作为人的最高追求目标。历代知识分子基本都遵循儒家古训，走"修身、齐家、治国、平天下"的道德政治道路。

为国尽忠、为父母尽孝、为家族尽力是人生的崇高理想，至于个人的利益则可以忽略。这便是儒家传统中的整体主义体现，即个人对国家尽忠和个人对父母尽孝两面，个人似乎没有独立存在之价值。儒家强调道德义务，轻视实际功利，节制欲望，夸大道德的社会作用。

总的看来，中国传统文化价值观与西方传统价值观念以个人主义为基点、以幸福主义为目标、以科学主义和法治主义为调控手段的特征有相当明显的区别。

（三）务实求存，注重现世事功

中国传统文化强调道德，但并不意味着它不注重功利。"功"与"利"是不完全等同的概念，但重合度很大。从"利"在中国传统文化中的地位，或可看出"功"的地位来。中国传统文化的基本态度是"重义轻利""以义抑利"。尤其是儒家，有大量褒"义"贬"利"的思想言论。例如，孔孟儒家认为："何必曰利？亦有仁义而已矣。"[2] 而且还把人们对待"义""利"的不同态度作为划分君子与小人的标准，即"君子喻于义，小人喻于利"。这是传统文化的主流没错，但也不是全然如此。例如，法家公开承认个人之私利，韩非认为越王勾践之爱人，只是为了让人们去替他打仗卖命；医生吮病人的脓疮，只是为了赚钱，并非他们道德品质高尚。而政治思想上法家则主张"贵法不贵义"，鲜明地表现出了法家对"义""利"的基本态度。[3] 好在中国传统文化善于变通。"义"与"利"似乎难以兼容，但如果将它们统一于宗法伦理之中便是可行的。

例如立功、立德、立言三不朽之说就成为传统文化中普遍被接受的事

---

① 杨学印：《论中国传统文化的基本特征》，《辽宁教育行政学院学报》，2006 年第 3 期，第37～38 页。

② 〔战国〕孟轲著，任大援、刘丰注译：《孟子》，安徽人民出版社，2002 年，第 1 页。

③ 邹顺康：《论中国传统文化的特征》，《西南师范大学学报（人文社会科学版）》，2002 年第 2 期，第 114 页。

物。此说源自《左传·襄公二十四年》："大上有立德，其次有立功，其次有立言。"① 人生最高的境界是树立德行，其次是建功立业，再次是著书立说。因此将功名利禄自觉地归于道德的统领之下，就名正而言顺了。如所谓君子爱财，取之有道。

章太炎曾说："国民常性，所察在政事日用，所务在工商耕稼，志尽于有生，语绝于无验。"② 意即中国人传统上崇尚实用，注重现世的事物，对于无法立刻看到效果的事物则不加关注。总结这番话，中国传统文化对于事功的注重，大致有两个突出的特点。

一方面，所谓的实用重点并非全然是物质利益，而是注重为人处世的方法和功用。因而，尽管中国古代科技在人类科技史上也是可圈可点的，但实际上传统的中国人并不热衷于征服自然，而是追求实实在在的物质利益。形成鲜明对比的是为人处世的理论却相当发达。

在中国传统文化中，建功立业往往不是以财富的多寡来衡量，而是以功名、官阶或声誉来标志，即便是发家致富了，人们也通常会用财富去换取功名、官职。因为在传统中国社会，功名利禄不仅能够满足人们的虚荣心，而且还会为人们带来更多的利益。而功名的获取也不是一个人的事情，而是事关家族的切身利益。每一个立志功名的人，身后通常都有整个家族的支持，而一旦功成名就，尤其是当官之后，必须要回报家族中的亲友。告老还乡之后，通常还是本乡本土的名望，拥有很高的社会地位。总之，建功立业与家族的利益紧密相关，与宗法伦理的诉求是一致的。因而为了达成建功立业的目的，人们对于人情世故必须有非常精深的领悟，如《红楼梦》所述：世事洞明皆学问，人情练达即文章，不然就无法获取家族的支持，也混不了官场，成不了一乡之望，甚至读不通道德文章。

另一方面，中国传统文化注重现世而非来生、往世。梁漱溟指出中国人"几乎没有宗教的人生"③，他认为"宗教问题实为中西文化的分水岭。中国古代社会与希腊罗马古代社会，彼此原都不相远的。但西洋继此而有之文化发展，则以宗教若基督教者作中心；中国却以非宗教的周孔教化作中心。后此两方社会构造演化不同，悉决于此。周孔教化'极高明而道中庸'，于宗法社会的生活无所骤变（所改不骤），而润泽以礼文，提高其精神。中国逐

① 李索：《左传正宗》，华夏出版社，2011年，第396页。
② 章太炎著，汤志钧编：《章太炎政论选集》（下），中华书局，1977年，第689页。
③ 梁漱溟：《中国文化要义》，上海人民出版社，2011年，第13页。

渐以转进于伦理本位，而家族家庭生活乃延续于后。西洋则以基督教转向大团体生活，而家庭以轻，家族以裂，此其大较也。"①

中国人往往根据实际需要调整自身的思想价值，强调为适应环境的变化而灵活地因应。林语堂讲到中国社会、人生这些问题时说，中国人，人人都是儒家主义者、道家主义者和佛家主义者。他们在顺利和成功时，总是春风得意，讲的是修齐治平和建功立业，这时他们是儒家主义者。他们一旦受挫失败处于逆境，则马上变成道家主义者和佛家主义者，讲起了顺其自然，甚至是看破了红尘，一切皆空了。②

另外，强烈的求生欲以及务实的态度也造就了中国传统文化强大的生命力。

有史以来，在世界文化之林中，有中国、古埃及、古巴比伦、古印度、古希腊等多个文明古国，也曾经出现过许多优秀的文化体系。在几大文明古国中，古印度文化因雅利安人入侵而雅利安化，古埃及文化先后因亚历山大大帝占领而希腊化、恺撒占领而罗马化、阿拉伯人移入而伊斯兰化，古希腊、古罗马文化则因日耳曼人入侵而中断，古巴比伦文化也早已毁灭殆尽。"历史上与中国文化若先若后之古代文化，如埃及、巴比伦、印度、波斯、希腊等，或已夭折，或已转易，或失其独立自主之民族生命。惟中国能以其自创之文化绵永其独立之民族生命，至于今日岿然独存。"③ 强大的生命力，既是一种成就，也是中国文化的一个重要特征。

第二节 中国传统文化的主要内容和价值

中国传统文化内容丰富，形态众多。它的价值在于，中国传统文化既"是连接古代、现在和未来中国人的时间之流和生命之流，是中国人的精神生命"，也是中华民族香火永续的生命活力。④

---

① 梁漱溟：《中国文化要义》，上海人民出版社，2011年，第50~51页。
② 李宝龙、杨淑琴：《中国传统文化》，中国人民公安大学出版社，2006年，第12~13页。
③ 梁漱溟：《中国文化要义》，上海人民出版社，2011年，第8页。
④ 祝平恒、朱忠祥：《论中国传统文化及其当代价值》，《中国集体经济》，2015年第7期，第108页。

一、中国传统文化的主要内容

中国传统文化的内容可从不同的角度进行划分。例如，从广义的角度看，中国传统文化包括了中国人在历史各个时期所获得的物质、精神的生产能力和创造的物质、精神财富；狭义的中国传统文化则指的是中国人的精神生产能力和精神产品，包括了文学艺术、社会制度等社会意识形态。从文化的层次看中国传统文化可分为三个层次——观念文化、制度文化和器物文化。在兼顾这些划分方式的基础上，本书主要从狭义角度来描述中国传统文化，即从哲学角度来描述其观念形态的文化内容，制度形态的文化内容为直接描述，通过文学艺术描述广义的精神文化，而物态文化既体现了对器物文化的关注，也是对广义物质文化的描述。

（一）诸家相融的哲学文化

哲学是文化的思想核心。哲学是理论化、系统化的世界观，是自然知识、社会知识、思维知识的高度概括和总结，是世界观和方法论的统一。

中国哲学思想萌芽于殷周之际，《洪范》五行说即以五种基本的物质元素解释万物的生灭变化，《周易》则用阴阳二爻说明事物中两种相互依赖又相互消长的力量。

老子与庄子是道家哲学的开创者和集大成者。《道德经》是中国历史上第一部哲学著作。道家第一次提出了宇宙之起源的问题，主张道为万物之本体，抽象思维水平比五行说又上升了一个高度。

孔子是"儒家"创建人，创立了以"仁"为核心的道德价值体系，同时又分别以"义""礼"释"仁"，成为后世多代儒家理论阐发、变异的思想原点，影响了后世几千年封建社会的政治思想和人伦道德思想的正统观念。战国末期的荀子集儒家思想之大成，提出"天行有常"，强调人定胜天的可能，其"形具而神生"的观念对中国哲学形神观产生了重要影响。

墨子是孔子之后的重要哲学家，战国时期与儒学并称显学，主要哲学观念有"天志""明鬼"和"非命"。

春秋战国时期，诸子蜂起，处士横议，百家争鸣，思想家们从各自不同的角度提出并阐释自己的哲学主张，从而奠定了中国哲学思想的总体规范。

汉初以秦亡为鉴，奉黄老之学，各种学术均有发展，但武帝开始采纳董仲舒"罢黜百家，独尊儒术"的主张后，经学开始发展繁荣。董仲舒在

"天人感应"思想的基础上建立起天人一统的宇宙系统图示，导致后来谶纬神学的盛行，而王充"元气自然说"则与之相抗。

魏晋时期，玄学大倡。玄学家把《老子》《庄子》《周易》称为"三玄"，形成以儒道合流代替经学的新思潮。玄学虽不免玄乎，但是中国哲学思辨性理论化水平无疑又有了提升。针对佛教的神不灭论，南北朝时期以范缜《无神论》为代表提出了"形质神用"的观点，把中国哲学的形神观发展到一个新水平。隋唐时期在佛教和道教的挑战下，儒家思想的主流地位受到严峻挑战。中唐之后，韩愈也以复兴儒学为己任批判佛老，柳宗元、刘禹锡等提出的"天人不相预"和"天人交相胜"的观念，对汉代以来的"天人感应论"进行了一次批判。

宋明理学以儒为本，吸取释道哲学，建立了一个"理气"论、"心性"论为中心的道德形而上学体系，把中国哲学发展到一个新高度。其开山之祖是周敦颐，集大成者为朱熹，分为程朱理学和陆王心学派，以理气、理欲、天人、心物关系为主要探讨对象，建立了一个高度抽象、高度思辨的唯心主义哲学体系。在对这些问题的探讨过程中，张载以气为宇宙之本体，罗钦顺、王廷相提出了"理在气中"等唯物主义观点与之对抗。

明末清初，以王夫之为代表的启蒙思想家集唯物主义思想之大成，全面清理与总结理学诸流派，建立起唯物主义与辩证法相结合的哲学体系，把中国古代哲学发展到高峰，提出"气者理之依""道者器之道"以及"静者静动，非不动也"。其后，颜元、戴震分别从唯物主义经验论和唯理论的角度发展了中国传统哲学中的唯物主义思想，而随着考据学的兴起，加速了理学的衰败，标示着中国传统哲学的终结和新时代哲学的来临。

中国传统哲学的主要特点：

一是以儒为主、诸家学说相融。中国哲学从一开始就包含很广，内容丰富多彩，并在历史的选择中形成了以儒、释、道为中心的哲学主流，儒家又是三家中的主流，每一家自身又与时流变，出现了不同时代的代表性人物及继承中变异的概念和理论主张。

二是与政治伦理密切相关。中国传统哲学始终把人们的思维定位在社会人生范畴，以政治伦理和道德修养为立身之道，强调道德理性对于个人境界提升和社会发展的极端重要性，从而把本体论、认识论、知识论和道德论结合起来，具有浓厚的政治伦理色彩。

三是有辩证与唯物的思维传统。唯物传统：从先秦《管子》以"精气"释"道"，以"气"作为万物本原，到荀子集先秦唯物主义之大成，经东汉王充"气"一元论和"形具而神生"的观念,到魏晋裴危页的"贵有"论和范缜的"形质神用"观,再到张载"凡有皆象,凡象皆气",经南宋陈亮、叶适的"道在物中""理在事中",而至王夫之集中国传统哲学唯物主义之大成。辩证传统:从"五行相生相克""一阴一阳之谓道",到老子"有无相生,难易相成,长短相形,高下相倾,音声相和,前后相随"及"反者道之动",经汉代扬雄"阳不极则阴不萌,阴不极则阳不牙"和王弼"保其存者亡,不忘亡者存;安其位者危,不忘危者安",直至宋朝邵雍明确提出"一分为二"、张载"一物二体"和王夫之"静者静动,非不动也""方动即静,方静旋动,静即含动,动不舍静"。

四是强调天人关系和人际和谐。历代先贤哲人无不把"究天人之际"作为他们思想学说的最高目标和基本精神,如邵雍所说,"学不究天人,不足谓之学",所以殷周之时即有"以德配天",孟子有"性天同德",董仲舒有"天人感应",荀子有"制天命而用之",刘禹锡有"交相胜还相用",王夫之有"尽人道全天德",都在不同程度上论述了天人关系。孟子的"天时不如地利,地利不如人和""与天地合其德,与日月合其明,与四时合其序,与鬼神合其吉凶,先天而天弗为,后天而奉天时""万物并育而不相害,道行而不相悖"则勾画人际和谐相处的理想愿景。

中国传统哲学在中国传统文化中并未单列,但这并不意味着可以否定中国传统哲学的地位和作用,人们对于哲学的探索往往在不经意的时候进行,或者往往在不经意的时候触及了深层的哲学问题,又或者试图从深层的哲理中去寻求对事务的支持。例如,宋代理学大家朱熹就从"天理"中找到人伦遵循的依据。从另外一个角度看,恰恰是因为中国传统哲学通常以融入其他学术的形式存在,表明其对中国传统文化的深入作用,并与其他文化形式形成了无缝连接。

(二)外儒内法的制度文化

制度文化是人类谋求生存、组织发展而创制的规范体系。政治制度、经济制度以及民间的礼仪俗规等,都是制度文化的反映。中国漫长的历史留存了丰富灿烂的制度文化。

从国家治理,即从政治制度来看,中国形成了不断发展的成体系的政治制度,规范了整个国家权力结构体系的有宗法制和君主专制制度。

宗法制是中国古代维护贵族世袭统治的一种制度,由父系家长制演变而成,到周代渐趋完备。与宗法制密切相关的是分封制。在周朝时期是周王室依据关系的远近、功勋的大小，把王族、功臣和先代的贵族划分为诸侯，各领属地，形成拱卫天子的局势。在"分封制"下，国家土地不完全是周王室的，而是归获得封地的诸侯所有，他们拥有分封土地的所有资源和收益，只需向周王室缴纳一定的进贡即可尽义务。

宗法制的特点在于，一方面用血缘关系来确定人们的社会关系，另一方面又用血缘关系将人们紧紧连在一起，从而使人们的社会关系形成了规范。

宗法制在春秋时期瓦解，但其影响长期留存在中国传统社会之中。一方面，宗法制为中国文化形成伦理型范式打下了基础，国人注重家国一体观念，注重宗法伦理、道德修养、等级和礼仪规范秩序。另一方面，东周以后，随着分封制的瓦解，完整的宗法体系崩溃。尽管分封不是主体，但各个时期的国家行政区划都在不同程度上实行过"分封制"。

君主专制制度是取代宗法制度的政治体制，以古代君王为核心的中央集权的政治体制在秦汉时期发展成熟，一直延续到清代结束。君主专制制度至少有两个很突出的特点：一方面，皇帝总揽天下大权。君主是全国最高权威与绝对权力的拥有者，君主超越一切社会政治法律制度，是名副其实的专制帝王。与其密切联系的是郡县制。另一方面，拥有庞大的官僚办事机构。从中央到地方的各级官员直接对皇帝负责，他们在集权政治之下，谨慎地执行着皇帝的最高指示，虽"远千里之外，不敢易其辞"[①]。

职官制度是中国古代政治制度中最为丰富的部分。例如，就中央官制来看就有三公九卿制和三省六部制。三公九卿之名先秦便有，但作为中央官制则是自秦始皇统一六国之后才设立的。三公，即丞相、太尉、御史大夫。九卿，即奉常、廷尉、治粟内史、典客、郎中令、少府、卫尉、太仆、宗正。三公九卿制一直沿用到两晋，至隋朝基本结束，为封建专制主义中央集权国家制度的建立创造了雏形，对于以后历代封建王朝的建立，有着重要的影响。

三省六部制产生于魏晋南北朝，确立于隋唐，延续到清末，各个历史时期根据加强君主专制的需要对此进行了调整和补充，六部制基本沿袭未改。三省指中书省、门下省、尚书省，六部指尚书省下属的吏部、户部、礼部、兵部、刑部、工部，每部各辖四司，共二十四司。

中国古代的地方官制跟郡县制基本对应。秦汉主要行政区是郡。郡的长官，秦称郡守，汉称太守。隋唐主要行政区是州，州官称刺史，属官有长

---

① 赵沛注说：《韩非子》，河南大学出版社，2008 年，第 98 页。

史、司马等。唐代在一些军事重镇设节度使，属官有行军司马、参谋、掌书记等。宋代州官称知州，县官称知县。明清改州为府，称统知府。

职官制度中有相应的官员管理制度，比如官僚科层制度、考核制度和监督制度等。

而选拔任用官吏的制度则是其中最值得关注的地方。例如，"禅让"的传说反映了上古中国即"三皇五帝"时期的民主制度。世卿世禄制是春秋战国以前长期推行的世袭继承制度。军功爵制和客卿制是春秋战国时期流行的官制。察举、征辟、赀选和任子制度兴于两汉时期。察举，又叫作荐举，是由高级官员根据考察，将品德高尚、才干出众的平民或下级官员推荐给朝廷，授予或提升官职。征辟，由皇帝直接聘请人来做官叫"征"，由官府聘请人来任职叫"辟"。赀选是指通过向政府缴纳若干资财以获得官职的做法。任子制度，是指二千石以上的官员，可以保举子弟一人为郎官，充当皇帝的扈从侍卫人员。魏晋南北朝时期的九品中正制，又叫"九品官人法"，即通过品评，将人分为九等，被评为上等的人士，将被推荐到各级政府中去任官。

隋唐开始确立，延续至晚清近代的科举制度是古代选拔官吏制度的顶峰之作。科举制度，是指朝廷允许普通读书人和官员自愿向官府报名，经过分科考试，以成绩为标准选拔人才并授予官职的一种选官制度。科举制打破了原有的世族操纵朝政的局面，是选拔有学问和才能的人使之能够有机会参与国家治理的一种较为公平合理的手段，在选贤任能、国家治理和社会平衡上是卓越的创举。

中国传统的制度文化，尤其是职官制度文化，为现代的文官考试和管理提供了重要的借鉴。

从社会治理的角度看，乡规民约也是中国传统制度文化中的重要部分。乡规民约是中国由乡村群众集体制订，进行自我约束，自我管理，并自觉自愿履行的民间公约。以王阳明《南赣乡约》、朱熹《朱子家礼》、吕氏四贤《蓝田乡约》等为代表的乡约是中国传统基层社会治理过程中不可或缺的规范体系。

传统的经济制度也丰富多彩。例如，赋役制度的历史文化就很丰富：两汉有编户制度，北魏有租调制，隋唐除了租庸调制还有两税法，北宋有募役法和方田均税法，明朝有一条鞭法，清代有固定丁额——摊丁入亩。传统的经济政策也不少，与民休息和轻徭薄赋政策是各个历史时期所倡导的主流，也不乏"重农抑商"等反映农耕经济的主张。在财政学上，中国古代向来讲求"量入为出",即"以收入定支出"这种谨慎保守的策略。

中国传统制度文化是诸子百家思想在政治社会层面汇集与融合的产物,是儒家、道家、法家等主要思想流派融合的结晶。例如,中国对于国家社会的治理,并非完全是儒、法两家包揽天下,道家实际上也起着关键作用。自汉代以后,外儒内法成为历朝历代实际的指导思想,儒法两家汇合起来形成的制度文化总体上居于显处,而道家思想在传统制度文化中则居于隐秘或者说深层之处。①

(三)折射人伦事功的文学艺术

传统文学在中国传统文化中具有重要的地位。中国传统文学是中国传统文化的重要载体和重要组成部分。中国传统文学作品卷帙浩繁,从先秦的《诗经》、楚辞,到唐诗、宋词、元曲以及明清小说等等,先民们留下了丰富的文学遗产。一方面,传统文化中的各种思想、意识、观念等,通过这些语言文字形态的作品得以长久保存,传统文学作品与思想家、理论家、科学家的各种理论著作一起成为思想、意识、观念的物质载体,而且传统文学的这一载体作用是其他任何形式的文化都代替不了的。另一方面,文学艺术作为一种社会意识形态,其本身就是文化的重要组成部分之一。②

文学是语言的艺术,通过塑造具体的文学形象感染受众,中国传统文学以古老却依然年轻的汉字作为工具,汉字则以其独特的音律和书写方式传承中国传统文化,而且在这一过程中体现了无比的优越性,使中国古典文学艺术能够穿越时空的限制而永留人间。

中国古代文学深受中国传统文化的影响,它的发展按照一般文学史的划分方式大致分为八个阶段:先秦文学—秦汉文学—魏晋南北朝文学—隋唐五代文学—元代文学—宋代文学—明代文学—清代文学。

中国传统文学主要以诗歌、小说、散文等形式存在。诗歌是中国传统文化的重要载体,不仅是唐宋时期,几乎在各个历史时期,在所有类型的古籍中,都少不了诗歌的身影。诗歌不仅贯穿历史而且贯穿各种文学体裁,在散文、小说和戏曲当中。中国古典文学的根本精神体现在诗上,诗歌是古典文

---

① 刘后滨:《因革损益:中国传统制度文化的精髓》,《北京日报》,2017年7月24日第4版。
② 杨保建:《中国传统文学的基本特征与现代意义》,《陕西广播电视大学学报(综合版)》,2004年第4期,第34页。

学的主干①，形成以诗词为正宗、散文为大宗、多种体裁互促互进的古典文学。历代都以诗词为高雅殿堂文学；历代都以散文为最大众化最实用的文体。历代神话、民歌、戏剧、小说都与大众密切相关；多种体裁间相互借鉴、相互影响、相互推动、共同发展。② 散文、小说、戏曲的发展都受到"诗歌"的影响，创作上也接受了诗歌的传统。③

中国传统的文学艺术因时代和流派等因素有不同的风格特征。从不同的时代看，"文变染乎世情，兴废系乎时序"④，不同的时代，形成不同的文风。《诗经》民歌的朴素自然，楚辞作品的弘博丽雅，汉赋的铺张扬厉，建安文学的慷慨激昂，齐梁诗风的绮靡浮艳，以及王国维所说"唐之诗，宋之词，元之曲"⑤等等，都是不同时代不同文学风格特征的突出表现。从不同的文学流派看，盛唐边塞诗人大多描写塞外奇异风光，抒发将士乐观豪情，诗情壮阔，诗风浪漫豪放；山水田园诗人则描写山光水色，表现农家生活，以隐逸为怀，诗风淡远优美。中唐新乐府运动诗人主张为时为事，反映民生疾苦，以通俗易懂为尚；韩孟诗派则往往通过抒写个人遭遇反映现实，追求奇崛险怪。宋代婉约词人多以男女恋情、羁旅行役为题材，词风委婉含蓄；豪放词人"以诗为词"，扩大词的题材，突破音律束缚，风格豪迈奔放。其他如建安时代的"三曹""七子"、魏末的"竹林七贤"、初唐的"四杰"、宋代的"江西诗派""辛派词人"、唐宋"古文八大家"、明代的"前后七子""唐宋派""公安派"、清代的"性灵派""神韵派""桐城派"等等，其风格亦自有特征。⑥

中国传统文化不仅追求写实，而且注重写意。中国传统文学艺术的审美追求是"意境"。意境，是指一种能令人感受领悟、意味无穷却又难以明确言传、具体把握的境界。它是形神情理的统一、虚实有无的协调，既生于意外，又蕴于象内。论述诗歌意境的有明代的朱承爵，他认为："作诗之妙，

---

① 忆琼：《中国古典文学特征六说》，《安庆师院学报（社会科学版）》，1988年第2期，第15页。

② 董相升：《中国古代文学的特征再认识》，《沧州师范专科学校学报》，2011年第4期，第21页。

③ 忆琼：《中国古典文学特征六说》，《安庆师院学报（社会科学版）》，1988年第2期，第15页。

④ 刘勰：《文心雕龙》，河南大学出版社，2008年，第317页。

⑤ 王国维：《宋元戏曲史》，上海古籍出版社，1998年，第1页。

⑥ 杨保建：《中国传统文学的基本特征与现代意义》，《陕西广播电视大学学报》，2004年第4期，第33页。

全在意境融彻，出音声之外，乃得真味。"① 清代的俞樾则对散文的意境进行了述说，他在《春在堂随笔》卷二中指出：　"云栖修篁夹道，意境殊胜。"②

要之，"意"有类于情怀的主管，"境"则是客观环境的牵制。在中国古代文学艺术中，一部作品就是作者创造出来的一个结合主观情感和客观实境的想象世界，往往令人心驰神往，感同身受。

中国传统文学注重人伦事功的表达。文学作品通常用于表达个人情感、现实关怀和哲学思考，中国传统文学亦如此，但中国传统文学更注重与时代、政教的关系，强调"诗言志""文以载道""教以化之"等教化、实用功能，强调政治与艺术的完美统一，并由此形成"有为而作""有补世用"鲜明主张的优良传统。如，孔子认为："诗，可以兴，可以观，可以群，可以怨。迩之事父，远之事君；多识于鸟兽草木之名。"③ 王充则说："为世用者，百篇无害；不为世用者，一章无补。"④ 白居易要求："文章合为时而著，诗歌合为事而作"，要"为君、为臣、为民、为物、为事而作"。⑤ 苏东坡也提出文学创作要"有为而作"，"言必中当世之过"⑥。

在强调文学社会功能、政治作用的前提下，大批诗人、作家特别强调文学创作表现进步理想，关注社会现实，反映民生疾苦，揭露和抨击政治的腐朽和道德的堕落。从孔子提出的"诗可以怨"，到司马迁的"发愤著书"，再到韩愈的"不平则鸣"，以及白居易的"唯歌生民病"，形成了一个优良传统。⑦ 在我国古代的作品中，主人公几乎都是道德的楷模、高尚的代表，例如"不为五斗米折腰"的陶渊明、为国死节的文天祥、为追求爱情而双双殉情的梁祝。中国传统文学对人伦事功的强调如此之重以致在某种程度上成了伦理政治的附庸。这与"美只是形式""为艺术而艺术"的某些西方文学艺术形成十分鲜明的对比。⑧

总体来看，中国传统文学具有极强的功利性，作为表现美的主要形态的

① 朱承爵：《存余堂诗话》，中华书局，1985 年，第 18 页。
② 〔清〕俞樾撰，徐明、文青校点：《春在堂随笔》，辽宁教育出版社，2001 年，第 20 页。
③ 臧知非注说：《论语》，河南大学出版社，2008 年，第 237 页。
④ 〔东汉〕王充：《论衡》，上海人民出版社，1974 年，第 453 页。
⑤ 楼沪光、孙琇主编：《中国序跋鉴赏辞典》，河北教育出版社，2003 年，第 162 页。
⑥ 吴振华编著：《唐宋散文品读》，安徽师范大学出版社，2016 年，第 232 页。
⑦ 杨保建：《中国传统文学的基本特征与现代意义》，《陕西广播电视大学学报》，2004 年第 4 期，第 31 页。
⑧ 李喜民：《中国传统文化特征摭谈》，《决策探索（下半月）》，2009 年第 8 期，第 83 页。

艺术,中国传统文学作品多为关乎社稷民生的内容,鲜明地表现出关注现实,尤其是表达政治抱负的理性精神。当然也不乏道家的隐居避世、消极反抗、师法自然、疏狂个性的旷达思想,对社会不平的愤世嫉俗思想;佛家的慈悲为怀、超度众生、超然解脱的思想等。① 只不过这些并非主流。

(四)伦理政治色彩浓郁的物态文化

物态文化是人们生产活动方式和产品的总和,是可触知的具有物质实体的文化事物。例如人们的衣、食、住、行所凭借的物质条件,各种饮食、服饰、交通工具、风格各异的建筑物都是"物化的知识力量",体现了文化的性质、文明程度的高低。不同的历史时期,不同的地域,中国"物态文化"的风貌各不相同。

一是饮食文化。中国饮食文化乃中国传统文化中最具特色的部分之一,中国传统的饮食文化有独特的饮食结构、饮食器具、烹饪技艺、食物保藏运输方法和饮食观念习俗等。

中国地域广阔,由于民族、习俗、信仰等原因,形成了具有独特风格的饮食文化区域。中国饮食文化圈主要有东北饮食文化圈、京津饮食文化圈、中北饮食文化圈、西北饮食文化圈、黄河中下游饮食文化圈、长江中下游饮食文化圈、东南饮食文化圈、西南饮食文化圈和青藏高原饮食文化圈等,并因此可将中国菜系划分为四大菜系、八大菜系、十大菜系、十二大菜系。

在饮食观念上,西方注重理性,比如在营养层面上讲究热量、维生素、蛋白质的比例,中国注重感性,比如味觉层面上讲究色香味形。美食家甚至对饮食追求一种难以言传的意境。

在饮食方式上,中国通常是团团围坐、按长幼尊卑排位,共享一桌的聚餐制,与西方习惯自助餐、各取所需、座位不固定的情形迥异。

此外,中国以素食、熟食(热食)为主,肉食(冷食)为辅,烹饪方法讲究调味,炒菜,饮食餐具也是别具一格——筷子。这些都跟西方很不一样。

二是服饰文化。中国传统的服饰在衣料、颜色、装饰、样式和功能等要素方面都有丰富的文化内涵和特征。

中国人很早就开始利用葛、亚麻、苎麻等植物纤维和羊毛等动物纤维来

---

① 董相升:《中国古代文学的特征再认识》,《沧州师范专科学校学报》,2011年第4期,第21页。

织布，而且早在七千年前，就已经开始养蚕织丝，尤其是丝织品，长期以来可谓是世界上独一无二的存在。就这点看来比世界上其他地方的衣料更具丰富性，这显然与自然和经济环境有密切的关系，反映了富饶的自然条件和发达的农业经济。

中国传统的服饰样式，以汉服为例，通常是上衣下裳，前开前合，多用带子。衣裳，上衣下裳，上衣象天，下裳象地，代表"天地之法"。

深衣是将上衣与下裳分别裁剪后缝合。上衣用布四幅，象征一年四季，下裳用布十二幅，象征一年十二月；袖口宽大，象征天道圆融，领口直角相交，象征地道方正，以应"天圆地方"；背后一条直缝贯通上下，象征人道正直，表示人要正直向上。

服饰的功能主要有御寒、遮羞和区分。中国传统服饰则在标志个人的社会角色这个功能上特别突出。

中国人非常重视服装的社会伦理功能。历朝历代统治者都非常重视用穿戴装束来标志人员身份，进而统一人的思想。故而不厌其烦地反复修订服饰制度，以此规范各阶层人的行为，来"治国安邦"，因此对服饰的颜色、纹样颇有讲究。

不同的颜色代表了不同的等级，在不同的历史时期有一定的差异。例如周以红色为最高级服色；秦则以黑色为最高级服色，帝王百官都穿黑色衣服；汉代黄色逐渐成为最高级服色，皇帝穿黄色衣服；唐至清，除皇帝以外，一律不许穿黄色衣服。

颜色的等级在官服中的规定尤为严格。例如，唐、宋官服服色，三品以上为紫色；四品、五品为绯色，六品、七品为绿色，八品、九品为青色。

纹样而言，其中的十二章纹，指的是代表帝德的十二种图案，其中日、月、星辰、山、龙、华虫、黼、黻八章在衣上，其余四种藻、火、宗彝、粉米在裳上。清代则以各种补子表示不同的官职，纹案各有寓意。平民百姓的服饰纹样则多表示吉祥之意，常见的有忍冬纹和牡丹纹。忍冬纹，东汉末期开始出现，忍冬俗称"金银花"，凌冬不凋，有"延年益寿"的吉祥之意。牡丹纹以牡丹花为主题，自唐代以来是一种典型的汉族瓷器装饰纹样或织锦纹样，象征着富贵。

三是建筑文化。中国的古代建筑有悠久的历史，一般按朝代划分建筑形式，如秦汉建筑、唐宋建筑、明清建筑等，其中汉族的建筑文化一直占主流。中国传统的房屋样式主要分为抬梁式、穿斗式和井干式，基本构件有台基、木头圆柱、开间、大梁（横梁）、斗拱、彩画、屋顶、山墙、藻井等。

中国古典建筑的主要特点，首先是群体的和谐性。中国传统建筑的平面布局大多体现出严谨纵直的"中轴"理念，层层扩大，左右延展，呈现出井井有条的秩序感和对称均齐的和谐性。这种建筑的典型是四合院。四合院的平实、方正、和谐、理性的布局，昭示了中国文化重伦理秩序及群体和谐的特点。

其次是组合的内向性。几乎所有中国古代的城址，无不筑有城、墙。城墙、围墙，构成每一个中国城市的框架。例如，唐代长安城内共108坊，均有高墙围合，设有坊门，定时开闭，坊墙内是封闭的社区。普通的民居则以院墙分隔内外以体现内外有别，分隔居住区和会客区以体现"前堂后寝"的礼制格局。对墙的重视是相对封闭的内向性格的反映。

其三具有阴阳的融合性。以《易传》为代表的阴阳对立统一的哲学思想，对中国建筑有多方面影响。中国建筑一般都坐北朝南，即背阴向阳。阴阳的融合性还包括对数字应用的讲究。一般以奇数为阳，偶数为阴。九为极阳，既是社稷权力的象征，也有吉祥如意的涵义。例如，天坛的祈年殿按明清尺寸，高九丈九尺，台基三重，屋檐三层，东西配殿都是九间。圜丘由三层汉白玉露天平台组成，其台阶、栏杆、铺石地板等，数目都取"九"的倍数。

中国古代建筑的规模和形制按照建筑所有者的社会地位有严格的规定。从建筑的高度、屋顶的样式和开间的数量，甚至门钉的数量、门的名称都有细密的规定。这种制度从周代至清末，延续了两千余年，是中国古代社会重要的典章制度之一。

四是交通文化。中国古代的交通工具基本上是车马与舟船。

陆路的交通工具主要是车，河南安阳殷墟发现了商代晚期车遗迹，说明至少在商代就有了轮式交通工具——车。车的种类有战车、栈车、辎车、安车、温车、传车、轿车、独轮车等，还有一类独具特色的交通工具——轿子，即靠肩膀抬着行走的交通工具，亦称肩舆。

水上的交通工具则是船。据考古发掘，我国新石器时代就出现筏与独木舟，至迟从商代起出现木板造船。唐宋时期随着对外贸易的发展，造船技术也有了跃升，不仅所造之船种类多，而且结构合理。中国古代三大船型——沙船、福船、广船至此定型。更重要的是宋代时候，航海已开始使用指南针导航，航海技术走在世界的前列。在12世纪，不管什么地方，只要帆船能去，中国船在技术上都能去。明代，中国造船业达到新的高峰，造船工场分布较广，规模巨大，船舶种类齐全，规格用料统一，远航性良好，故而有了郑和七下西洋的壮举。

古代水陆交通通道的建设主要有驿路的修筑和运河的开凿。在秦统一六国之后便开始大规模地修筑驿路，各个历史时期都将修筑驿路作为很重要的事务，因而，中国历代修筑了四通八达的驿路。中国开凿利用运河的历史很早，在春秋战国时期，吴、楚、齐、魏相继开凿运河，并初步构成由南北上的水运网。在其他历史时期，也有过大规模开凿运河的活动。例如，隋在历代开凿的运河的基础上，分期开辟了广通渠、山阳渠、通济渠和江南运河。整条运河南起余杭，西抵长安，全长 4000 多里，成为中国南北交通的大动脉。元朝重修京杭大运河，全长 3600 多里，既加强了南北经济文化联系，又方便政府实行政治控制和军事调动。中国古代之所以不遗余力地修筑驿路和运河主要是谋求政权一统、政令一统，只有保证交通一统才能保证统治力的顺利抵达。

中国古代对于交通管理也是有史可书的。在世界交通史上，中国可谓是最早在要道上建立邮递与食宿等服务设施的国家之一。有组织的邮传在周代就有了。秦汉以后，驿站有了统一的建制，由车递改为马递。唐代驿站遍布全国，除马递外，还有舟递，形成以长安为中心的水陆驿传网。因为版图的空前扩张，元代驿站规模进一步扩大。据统计，清代驿站多达两千，驿夫 7 万余，递铺 14 万个，铺兵 4 万余。

"物态文化"是文化整体的物质基础，中国的传统物态文化反映了中国古代农业经济发达的特点。一定时代的"物态文化"往往还与这个时代其他层面的文化发展相互协调。中国传统物态文化反映中国古代社会的思想观念，跟中国古代的伦理政治尤其密切，无论是服饰的颜色、纹样，还是建筑的尺寸、布局和样式都表示了等级秩序，不能随便逾越，否则以僭越论罪。

二、中国传统文化的价值

文化是一个维度相当高的事物，中国传统文化对于后世的社会发展几乎具有全方位的影响。

（一）多元守一的价值导向

中国传统文化是现代中国社会价值观形成的重要来源。丰富的传统文化为后世提供了多重的价值导向，其中首推儒家伦理观。

在传统社会，儒家伦理观与宗法制度密切相关，而在现代社会宗族将近消逝，宗法制度也已不存。但儒家的伦理观却依然对现代社会的人们具有巨大的影响，并参与塑造着当今人们的价值观。在中国的现代社会中依然注重亲情血缘关系，并强调尊卑长幼的划分。在中国现代社会的评价体系中，近代中国不管是保守还是激进，不论是知识精英还是普通民众，儒家伦理观中的"仁""忠""智""勇""孝""义""礼""耻"等依然是一系列重要的评价尺度。

儒家在中国传统文化中的主导地位固然难以动摇，别家学派的思想观念对现代中国社会的意义也不容忽视。例如，道家、法家、佛教和墨家等的思想同样也对现代中国社会的价值观有着重要的影响。

道家文化中所蕴含的丰富深刻的哲学思想至今依然存在广泛的影响。人们从"知和曰常，知常曰明""道法自然"①之中得出了人与自然、人与人需要和谐相处的结论；而"上善若水，水善利万物而不争"②则提示人们顺势而为，以一颗平常心对待生活；"上德无为，而无以为也"③既是无为而治的政治思想来源，也是一种生活的态度；"坚强者死之徒，柔弱者生之徒"④则从辩证的角度论证贵柔、返璞归真的必要。这些闪耀着智慧光芒的隽语，至今仍在启迪人们的智慧。

法家的"法"治向来与儒家的"礼"治互为表里。法家还强调要做到"刑罚必于民心，赏存乎慎法，罚加乎奸令"⑤，即法令必须得到民众的支持，这与现代的法治观有不谋而合之处。而且法家"法不阿贵""刑过不避大臣，赏善不遗匹夫"⑥的提法则体现了赏罚的公平性、公正性，主张不因人的地位不同而区别对待，这些也是现代法治精神的基本观点。此外，法家还提出"是以圣人不期修古，不法常可"⑦"世异则事异"⑧，主张一切的法律和制度都要随历史的发展而发展，既不能复古倒退，也不能因循守旧，锐意改革的精神颇具进步意义。

兼爱思想是墨家整个社会理想的核心，墨家主张通过推行"兼相爱，交

---

① 〔春秋〕老聃：《道德经》，黑龙江人民出版社，2004年，第71页。
② 〔春秋〕老聃：《道德经》，黑龙江人民出版社，2004年，第229页。
③ 〔春秋〕老聃：《道德经》，黑龙江人民出版社，2004年，第105页。
④ 〔春秋〕老聃：《道德经》，黑龙江人民出版社，2004年，第254页。
⑤ 赵沛注说：《韩非子》，河南大学出版社，2008年，第409页。
⑥ 赵沛注说：《韩非子》，河南大学出版社，2008年，第99页。
⑦ 赵沛注说：《韩非子》，河南大学出版社，2008年，第449页。
⑧ 赵沛注说：《韩非子》，河南大学出版社，2008年，第451页。

相利"①，达到"天下之人皆相爱，强不执弱，众不劫寡，富不侮贫，贵不敖贱，诈不欺愚"②的良治状态，在此基础上还提出了"尚贤"与"尚同"的政治道德理想。"兼爱"是一种极富乌托邦色彩的社会理想，它虽然脱离了实际，但是超越了时代，成为激励人类社会发展的共同美好理想。

总之，一方面，中国各种传统文化为人们提供了不同的思考方向、处世态度，正因为有了如此丰富的价值选项，中国人的生活方式才变得丰富多样，适应性和生存力超强。另一方面，中国传统文化中又有儒家伦理思想作为核心，发挥着稳定的轴心作用，不管如何变幻和调整似乎总不至于发生大的偏离。

中国文化所形成的独特文化内质和独特价值体系已经深深地融入了中华民族的血液里，根植在中国人的骨子里，具有永恒的价值魅力。正如习近平指出："像这样的思想和理念，不论过去还是现在，都有其鲜明的民族特色，都有其永不褪色的时代价值。"③

（二）和谐一统的社会整合

中国传统文化具有极强的社会整合功能。所谓中国传统文化的整合功能，我们认为主要是说它的凝聚力和调适力，对中华民族的生存繁衍、对中国社会的稳定发展、对民族的团结和国家的统一、对中国人的安身立命和人格修养、对中国文化本身的繁荣发展，等等，都具有极大的现实意义。④

中国传统文化强调以柔性的措施、灵活的策略因应变化莫测的环境。例如，在国家治理上，儒家讲礼治，法家讲法治，道家则讲无为而治。不管局势如何多变，总可以找到适宜的方式，或者综合运用多种方式因势利导地采取适当的治理方法。在日常生活中更是如此，遇到问题，可以采取不同的价值选择，可以有回旋的余地。例如，生活中的问题通常不会以单纯的悲剧结束，而常常是可悲可喜的悲喜剧。死人称白喜事，虽然是悲痛欲绝，但照样敲锣打鼓放鞭炮，还要举行盛大丧宴。平反冤狱也成为人生喜事，还要三呼万岁，"皇恩浩荡，谢主隆恩"。人生吃苦和坎坷也不是坏事，因为只有吃得苦中苦，方知甜中甜，方为人上人。即使在戏剧舞台上，也要求得大团圆，总是悲剧开始，喜剧落幕。小说、评书当然也总是使读者或听者先为英雄落

---

① 墨子，徐翠兰、王涛译注：《墨子》，山西古籍出版社，2003年，第168页。
② 墨子，徐翠兰、王涛译注：《墨子》，山西古籍出版社，2003年，第78页。
③ 习近平：《习近平谈治国理政》（第一卷），外文出版社，2018年，第170页。
④ 李宝龙、杨淑琴：《中国传统文化》，中国人民公安大学出版社，2006年，第10页。

泪，担惊受怕，甚至打抱不平，但最后总是破涕为笑，皆大欢喜，等等。中国传统文化的调适功能可谓是无处不在、无时不在。近代以来，我们的民族，我们的国家，尽管遭受内忧外患的侵扰，仍能一直屹立在世界的东方，这在很大程度上也是传统文化的调适功能在起作用。[①]

在强调灵活和适应性的同时，中国传统文化也有较为恒常的一面。例如大一统的思想观念无论是过去还是现在都在很大程度上支配着中国人对中国历史和国家前途的思维模式。如果说这些伦理道德还带有相当普遍性意义的世界观的话，那么大一统的观念则可谓是中国思想观念中的独特遗产。

"大一统"一词大概始见于《公羊传·隐公元年》："何言乎王正月？大一统也。"[②] 其中的"大"指的是"尊大"，"一统"就是元始，即万物的本体，"大一统"的本义是指政治社会自下而上地归依于一个形而上的本体，从而使这一政治社会获得一个超越时空的存在价值，而不是自上而下地以一个最高权力为中心来进行政治范围的集中统一。

"大一统"理念植根于中华民族的文化血脉中，深刻影响了几千年来中国人对国家命运的思考，不仅推动了中国历史的发展，也是我们评价历史人物的一个重要标准。有学者称中国两千多年大一统思想的最大遗产就是中国人崇尚国家统一、民族团结、社会安定的大一统精神，它是中华民族文化的内核和灵魂。[③] 大一统观念是中华民族大团结的思想基础，也是中华文化的永恒主题。在中国历史上，不管是割据时期，还是统一时期，各个政权无一不以大一统作为思想和行动的指南，无不以国家统一大业作为首要任务。

大一统的思想是中国传统文化多元一体高度融合的突出表现，大一统局面的形成反过来使中国传统文化得到进一步的融合和发展，促进了中国文化本身的繁荣。

（三）中国新兴文化发展的源泉

中国优秀传统文化积淀着民族最深沉的精神追求，蕴含着民族最根本的思想基因，深藏着民族最丰富的道德资源，是中华民族的"根"和"魂"，其中蕴含的哲学思想、人文精神、道德理念、教化思想等历久而弥新，至今闪耀着恒久的思想光芒。如"大道之行也，天下为公"的社会理想，"天下

---

① 李宝龙、杨淑琴：《中国传统文化》，中国人民公安大学出版社，2006年，第13页。
② 〔战国〕公羊高撰，顾馨、徐明校点：《春秋公羊传》，辽宁教育出版社，1997年，第1页。
③ 计秋枫：《"大一统"：范围、概念及其历史影响》，《光明日报》，2008年4月27日第7版。

兴亡，匹夫有责"的爱国理念，"以和为贵，和而不同"的处世哲学，"天人合一，道法自然"的生命境界，"革故鼎新，与时俱进"的改革精神，"己所不欲，勿施于人"的道德规范，"天行健，君子以自强不息"的奋进精神，"言必信，行必果"的行为规范，"正心诚意，修齐治平"的心性修养，等等。这些思想无不闪耀着优秀传统文化的智慧光芒，为中华民族世世代代所尊崇，并深深熔铸到不同历史时期人们的精神血脉和价值观念当中。[①]

在革命年代，中国优秀传统文化就为马克思主义中国化提供了文化沃土。马克思主义中国化的过程是马克思主义理论与中国传统文化从相遇结合到融通发展的过程，中国传统文化为其提供了精神底蕴，汲取传统文化的优秀基因与马克思主义理论融会贯通、相互契合、共同发展。具体而言，马克思主义之所以能在中国的大地上迅速传播、生根发芽、开花结果，很重要的一个原因就是中国传统文化中的大同思想、民本主义、敢于斗争、善于斗争思想和唯物主义实践观等与马克思主义的思想体系有着相互融通的契合点，从而为马克思主义植根中国提供了优良的文化土壤。[②] 马克思主义与中国传统文化的成功结合为建设社会主义文化奠定了坚实的基础。

传统文化之所以能成为社会主义文化的重要源泉，关键在于中国传统文化是社会主义核心价值观的基石和沃土。中国自古以来就讲"格物致知、诚意正心、修身齐家、治国平天下"。从某种角度看，格物致知、诚意正心、修身是个人层面的要求，齐家是社会层面的要求，治国平天下是国家层面的要求。为了顺应新时期将社会主义核心价值观内化为人们的价值观并自觉以此行事的要求，党的十八大进一步对其内容进行了精练和通俗的概括。从国家层面看，是富强、民主、文明、和谐；从社会层面看，是自由、平等、公正、法治；从公民个人层面看，是爱国、敬业、诚信、友善。我们仔细研究不难发现，这些对社会主义核心价值观的精练概括仍然是以中国传统文化的精华为核心并结合中国的国情加以提炼而成的。[③]

因而，党的十九大报告指出："文化是一个国家、一个民族的灵魂。"任何一种文化都有其历史凝结和贯穿其中的最深层的精神内核和价值精髓，是

---

① 康琼：《传承中华优秀传统文化　树立社会主义文化自信》，《光明日报》，2018 年 8 月 31 日第 6 版。

② 祝平恒、朱忠祥：《论中国传统文化及其当代价值》，《中国集体经济》，2015 年第 7 期，第 109 页。

③ 祝平恒、朱忠祥：《论中国传统文化及其当代价值》，《中国集体经济》，2015 年第 7 期，第 109 页。

一个国家一个民族长久不衰的精神纽带和力量源泉。①

"只有确切地了解人类全部发展过程所创造的文化，只有对这种文化加以改造，才能建设无产阶级文化，没有这样的认识，我们就不能完成这项任务。"② 社会主义文化要利用好传统文化，须做好两件事。第一是选择性原则。从中国传统文化中筛选出对社会主义现代化真正有益和有用的东西。选择的标准只有一个，那就是在社会主义现代化建设中的客观社会效果，当然在考察这种效果时，不仅要注重眼前，而且必须看到长远的将来。第二是创新性原则。社会主义现代化是中国历史上全新的事业，社会主义文化虽然是传统文化合乎规律的发展，但毕竟是新的文化。因此，我们不能简单地继承优秀的文化传统，而必须对传统进行改造和创新。③

（四）人类文明持续发展的财富

中国传统文化不仅是中华民族的宝贵遗产，而且也是世界人民的财富。

在历史上，中国传统文化曾经世界领先，中国直接塑造了东亚文明圈，让东亚（东南亚）地区的民族走进了高度开化的文明时代，并为人类文明的发展做出了卓越贡献。例如，世界上 660 多种主要栽培作物中，起源于中国的就有 136 种，占 20% 以上，居世界第一。科技方面，中国的四大发明推动了近代化的发展。新航路的开辟离不开指南针，思想解放、文艺复兴、启蒙运动离不开造纸术和印刷术，而火药又成为砸碎封建城堡的利器。"十七八世纪之所谓启蒙时代理性时代者，亦实得力于中国思想（特如儒家）之启发，以为其精神来源。"④ 又比如英国人从科举制度中得到启发，开创了现代文官制度。

"而中国文化之相形见绌，中国文化因外来文化之影响而起变化，以致根本动摇，皆只是最近一百余年之事而已。"⑤ 但这也并不意味着中国传统文化就对现代社会毫无作用了。

首先，中国传统文化注重伦理道德的观念，在社会生活中以家庭为重，强调父慈子孝、诚实守信等做人的基本原则，是西方社会价值观念中欠缺的

① 盘锦市社会主义学院课题组张铭：《中国传统文化的现代价值研究》，《辽宁省社会主义学院学报》，2018 年第 1 期，第 105 页。

② 中共中央马克思恩格斯列宁斯大林著作编译局：《列宁选集》（第四卷），人民出版社，1995 年，第 285 页。

③ 严钟奎：《传统文化与社会主义文化》，《广州研究》，1987 年第 6 期，第 25 页。

④ 梁漱溟：《中国文化要义》，上海人民出版社，2011 年，第 9 页。

⑤ 梁漱溟：《中国文化要义》，上海人民出版社，2011 年，第 9 页。

宝贵财富，对于补救市场经济环境下，尤其是西方现代社会人际关系的物化、老人普遍孤独等现象有良好的作用，也有利于抑制遏制西方国家市场经济环境下的非法竞争行为。

其次，中国传统文化崇尚和谐，将人与自然、人与人、人与社会都看作协调发展的一体，从整体上把握自然、人、社会的普遍联系的思想对西方社会愈演愈烈的生态危机及存在的用金钱利益关系作为社会关系基础的消极思想有很好的抵制作用，能够为全球经济发展提供和谐的世界环境。

此外，中国传统文化强调集体观念，强调整体性，认为"人"是以群体形式存在的，当个体与集体发生利益冲突的时候，要求个体服从集体，少数服从多数，这种集体主义思想能够有效地抵消因人们尤其是西方社会过分追求个人权利、自私自利的个体主义所带来的消极作用。

总之，继承传统文化是整个人类共同的需要，无论是过去还是现在。中国传统文化在满足人类需求的过程中既在历史上扮演过重要角色，也能够在现代社会发挥应有的作用。

第三节　保护和发展传统文化的方法

习近平总书记一直非常重视中国传统文化。2014 年 2 月 24 日，在中共中央政治局第十三次集体学习时，习近平总书记指出："培育和弘扬社会主义核心价值观必须立足中华优秀传统文化。牢固的核心价值观，都有其固有的根本。抛弃传统、丢掉根本，就等于割断了自己的精神命脉。博大精深的中华传统文化是我们在世界文化激荡中站稳脚跟的根基。"[1]

一、批判继承，古为今用

我党确立了对传统文化批判继承的态度，批判继承首先肯定了传统文化，对于传统文化要继承而不是否定，再者也不是全盘继承，而是有保留地继承，有鉴别地吸收。

怎样对传统文化进行批判继承呢？对此，毛泽东曾经有过这样一段精辟的话：批判继承"如同我们对于食物一样，必须经过自己的口腔咀嚼和胃肠

---

[1]　习近平：《习近平谈治国理政》（第一卷），外文出版社，2018 年，第 163~164 页。

运动，送进唾液胃液肠液，把它分解为精华和糟粕两部分，然后排泄其糟粕，吸取其精华，才能对我们的身体有益，决不能生吞活剥地毫无批判地吸收"①。这一生动比喻，说明对传统文化要用历史唯物主义进行认真分析和研究，并区分出其糟粕和精华两个部分，然后才决定吸取和扬弃。② 中国传统文化的精华即如前所述之价值；准确定位中国传统文化的"糟粕"即弊端，则如下所述。

（一）传统文化之弊

1. 中国传统文化缺乏平等性

中国传统文化中有强烈的家庭伦理本位观念，人们通常以血缘关系为纽带来编织社会关系，并规范社会秩序乃至对外关系。

传统中国的这一情形可用"三纲五常"来概括。"三纲"即《礼纬·含文嘉》中说的"君为臣纲""父为子纲""夫为妻纲"，五常即"仁、义、礼、智、信"。如此，将人们划分成了不同的尊卑等级，并规定了相互之间的依附关系。在享受权利的过程中，人们通常依据尊卑长幼来排定先后大小的秩序，并且将其扩大为政治秩序。在这种基础上所形成的伦理型政治显然也是不平等的。

费正清曾这样描述中国依据伦理价值观所建立的秩序特征：中国的世界从一开始就是等级制和反平等主义的。它的人民按性别、亲族关系和社会作用划分成不同的等级。男尊女卑，老重于幼，少数士大夫又优于文盲大众。但是，不存在世袭的种姓等级制度。

平等性的缺乏还体现在个体与整体的不平等。中国传统文化是重群体、轻个体的群体本位主义。个人生活在社会之中，首先应承担义务，而不是享受权利。传统礼制要求人们"克己复礼为仁"③，即是用群体的"礼"压抑和限制个体的自由和意志。个人在家庭、宗族和国家中的地位是极其卑微的，一言一行均得符合家族和国家意志，处处都得体现个体对群体的绝对"义务"，否则便是犯上作乱，大逆不道。因此中国伦理政治型文化对个性的

---

① 毛泽东：《毛泽东选集》（第二卷），人民出版社，1991年，第707页。
② 苏双碧：《传统文化的批判继承及其他》，《中国社会科学院研究生院学报》，1996年第6期，第10页。
③ 〔春秋〕孔子著，臧知非注说：《论语》，河南大学出版社，2008年，第191页。

压抑是极其残酷的。① 群体本位主义之下，往往会忽视甚至损害个体权利，而个体权利得不到尊重时则会对民主与法制的贯彻造成极大的伤害。

"平等"是现代社会一个非常重要的概念，没有人际和社会关系的平等性，就没有个人的独立性；没有个人的独立性，就没有个人权利可言。工业文明或现代化实质就是个体化和理性化进程。个体本位与个体自由成为现代人本质性的生存方式。② 平等观念的缺乏严重制约了中国近代化的发展。

2. 中国传统文化缺乏法治观念

中国传统文化中礼治与法治互为表里。天子通常拥有两方面的主导权，一是借由礼仪宣扬经典的教义，二是用"法"来实行奖惩。天子是社会和政府的最高核心。人们效忠和敬畏的具体对象是天子，而不是"国家""民族""人民"等任何非人格化的抽象概念。天子的统治是人治。

但礼治和法治地位并不是平行的，礼治在很大程度上要优先于法治。法家是主张法治的，但随着秦朝的灭亡而式微。自西汉"罢黜百家，独尊儒术"之后，中国古代社会一般施行的是"德主刑辅"的治国思想。

礼治是社会治理的核心。《礼记·曲礼上》中称："道德仁义、非礼不成；教训正俗，非礼不备；纷争辨讼，非礼不决；君臣上下，父子兄弟，非礼不定。"③ "礼"是人们在社会生活中所应遵循的最基本的行为规范，是封建统治者维护封建等级和专制制度的重要手段。礼所维护的核心是封建家长制，封建家长是封建礼教的化身，具有至高无上的权力，掌握着对他人的生杀予夺之大权，因此"礼治"的实质便是"人治"。政治统治的"人治"传统是中国伦理政治型文化特征直接决定的，在这样的文化土壤里是不可能产生"法律面前人人平等"的法制思想的。④

道德尺度的绝对化易于使人法律观念淡薄，人治政治排斥法的权威。尤为严重的是，就其核心来说，传统的伦理道德是为封建等级制服务的。因为以伦理宗法为核心的政治体制通常会以血缘关系的亲疏远近来进行权利的分配，法律只是一种辅助的治理手段。

---

① 邹顺康：《论中国传统文化的特征》，《西南师范大学学报（人文社会科学版）》，2002 年第 2 期，第 112 页。
② 金玲：《从中国传统文化的基本特征谈李约瑟难题》，《中共杭州市委党校学报》，2007 年第 3 期，第 95 页。
③ 陈注：《礼记》，上海古籍出版社，1987 年，第 2 页。
④ 邹顺康：《论中国传统文化的特征》，《西南师范大学学报（人文社会科学版）》，2002 年第 2 期，第 112 页。

　　而且中国传统文化中的法治也与现代法治的观念不一样，前者是以严厉的惩戒和等级的威势为基础的，以实现国君的统治为目的，这显然与后者以平等为基础、以保护公民权利为目的的特点有本质的不同。这无疑进一步损害了公平正义，并使中国传统的人治社会长期延续和历史的发展停滞不前。

3. 中国传统文化缺乏科学精神

　　中国传统文化以伦理原则为绝对价值尺度，将它作为衡量一切事物、行为的第一标准，这就走向了极端，与唯物史观的生产力标准相冲突。把人世的伦理道德原则绝对化，也就贬低了真理的意义，影响了人们对自然界的科学探讨，妨碍了科技的发展，而科技进步又是社会进步的杠杆。中国之所以没有发展起实证科学很大部分原因就是过于强调道德价值，而忽视科学的价值。

　　中国传统文化对伦理道德的偏重还把人们的兴趣引向了道德修养和政治活动，而不是引向对自然的征服和对物质世界的剖析。在有道君子眼中，技艺之类往往被视为小人之事，不屑一顾。中国传统文化具有重人伦、轻自然的特征。这使得中国长期以来不太注重对客观自然规律的探索与研究，自然科学长期处于落后发展状态。①

　　当近代西方文化袭来的时候，中国传统文化中的弊端顿时暴露无遗，使得整体中国传统文化既无法对抗西方文化，也无法带动中国自身发展脱困。因而对于中国传统文化中的弊端应该明确地予以革除。

（二）优秀传统文化的继承

　　消极的传统文化固然应批判扬弃，那么是不是优秀的中国传统文化就可以拿来即用呢？答案也未必如此简单，还须一分为二地看待。

　　一方面对于突破了时代和地域局限的传统文化的确可以如此。突破了时空局限可谓放之四海而皆准的真理，固然没有问题。有些思想突破了时代和地域局限，这部分思想经过历代思想家的汲取和改造，已经成为中华民族的优秀文化传统和各民族的共同财富。其中尤为值得一提的是孔子的教育思想。

　　例如，孔子创设私学，打破了政府垄断教育的局面，并提出了"有教无

---

　　① 邹顺康：《论中国传统文化的特征》，《西南师范大学学报（人文社会科学版）》，2002年第2期，第112页。

类"的思想，主张教育活动的公平性，要实现人与人之间的教育平等，具有鲜明的教育民主色彩。"有教无类"的思想与新时期中国特色社会主义提出的"推进教育公平"理念有共同的内核。我国普遍实施的九年义务教育可谓践行了平等教育的思想。

总之，孔子从教育的目的、内容到方法、对象等都有很精辟的论述，很多主张尽管时隔两千多年，其价值依然闪光，对于今天仍然具有启发和借鉴意义。

然而精华不等于可以即取即用。有人以为既然是精华就不用批判，拿来就可以用。其实不然。精华部分也是历史的产物，都带有时代和阶级的烙印。

又比如，"孝"是封建社会的道德规范，几千年来一直维系父子、长幼的人际关系，这个关系使孝敬长辈以及"老有所终""老有所养"成为人类一种普遍的美德，这当然是有其合理性的。但不同的社会形态，"孝"的本质并不是一样的。在封建社会道德规范中，"父为子纲"是不可更改的，父子关系极不正常，在"父叫子死，子不得不死"的严酷教条中，不少子辈失去了做人的权利，产生了多少人生的悲剧。而社会主义社会提倡"孝"，则主要是指社会义务，是指尊敬父母，使他们"老有所养""老有所终"，是社会道德文明的重要内容之一。[1]

中国传统文化的优劣是相对的，古代认为是优秀的，而近现代却未必；反之亦然。无论什么文化都需要进行批判，即进行鉴别，才能继承运用。关键在于古为今用。

（三）立足实际，古为今用

古为今用，意味着以"今"为本位对待传统文化的行为。"今"是目的，而传统文化则是满足"今"的手段。

从对"用"的字义来看，也可以得出这么个结论。《说文解字》对"用"的解释是，"可施行也；从卜，从中"[2]，即"行使""施行"之意。因而在"古为今用"语境中，传统文化是用的对象，是使用的工具或手段。

对于"今"的解读是，以今为主，关键又在于从实际出发，明确现时中

---

①　苏双碧：《传统文化的批判继承及其他》，《中国社会科学院研究生院学报》，1996 年第 6 期，第 8 页。

②　〔东汉〕许慎著，汤可敬撰：《说文解字今释》，岳麓书社，1997 年，第 454 页。

国的需要。例如，毛泽东指出："继承中国过去的思想和接受外来思想，并不意味着无条件地照搬，而必须根据具体条件加以采用，使之适合中国的实际。我们的态度是批判地接受我们自己的历史遗产和外国的思想。我们既反对盲目接受任何思想也反对盲目抵制任何思想。我们中国人必须用我们自己的头脑进行思考，并决定什么东西能在我们自己的土壤里生长起来。"①

因此对于传统文化我们继承什么，扬弃什么，"判断的根本标准是看这一思想能否适应当代中国生产力发展和推动社会进步的实际需要"②。而明确"实际需要"的内涵又是一个关键，就近现代中国而言，不同时代的实际需求是不一样的。

在革命年代，中国的实际需要就是取得民族独立，人民解放，国家富强，这个切实的需求与中国传统文化有着密切的关系。

近代以来，中国经历了无数的屈辱，陷入国困民穷的境地，从洋务运动到辛亥革命，从技术层面到政治体制，先进的国人不断地思考救国救民的出路。然而一次又一次的努力并没有改变中国贫弱的局面，相反却越来越糟。部分国人最终将质疑的对象定位在向来令国人倍感骄傲的传统文化之上，认为中国近代屡次自救不成功的根本原因在于受到了中国传统文化的束缚。换言之，中国要实现近代化就须与传统文化决裂，或至少须对传统文化作出彻底的变革；同时，全面地学习西方，尤其是思想文化。这就是新文化运动时期，激进的中国人所提出的"西化"路径，他们甚至认为须以西方文化来替代中国传统文化，中国才能找到真正的出路。而相对保守的人则认为，西方文化并不一切都好，传统文化也有可取之处。"五四"时期，特别是十月革命以后，还增加了接受马克思主义、走十月革命道路的方案。总之，中国人民如何才能得到幸福、解放，这是贯穿整个中国近现代的中心问题，也产生了各种方案，毛泽东曾经精辟地将其概括为"中国向何处去"的问题。

抗战时期，在民族危亡之际，围绕传统文化如何评价的争论又达到了白热化的程度。马克思主义者致力于马克思主义中国化的紧迫任务，即如何将马克思主义与中国思想文化中的优秀遗产相结合，与中国实际相结合。毛泽东为此做出了巨大贡献。他在1940年发表的著名的《新民主主义论》中，在如何认识与对待民族思想文化遗产、如何认识中西方思想文化关系、

① 中共中央文献研究室：《毛泽东文集》（第三卷），人民出版社，1996年，第192页。
② 陈方刘：《论对中国传统文化的批判与继承》，《思想理论教育》，2014年第12期，第26页。

如何进行新的民族思想文化建设等问题上，系统地表达了中国马克思主义者的态度和主张："中国的长期封建社会中，创造了灿烂的古代文化。清理古代文化的发展过程，剔除其封建性的糟粕，吸收其民主性的精华，是发展民族新文化提高民族自信心的必要条件；但是决不能无批判地兼收并蓄。必须将古代封建统治阶级的一切腐朽的东西和古代优秀的人民文化即多少带有民主性和革命性的东西区别开来。"① 在这里，毛泽东瞄准了民主、自信和革命这些民族和国家的实际需求来对待传统文化。中国共产党彻底打破了"中西""体用"的老框架，坚持从实际需要出发，从辩证的角度，以是否符合中国革命实践的标准对传统文化进行了批判继承。

马克思主义中国化的方案最终能够胜出，成为新中国思想文化建设的指针，就是因为这个方案能够依据中国实际的需求，切实解决了中华民族独立和人民解放的问题，而其他方案则因种种原因而失之偏颇，在批判和继承上各执一端，或全盘肯定，或全盘否定，未能准确把握，最终淡出历史舞台。

在建设时期，人民富有和国家强大则是中国的时代需求。

1949 年，中华人民共和国宣告成立，标志着困扰中国人民一个世纪的"中国向何处去"的问题获得了政治解决。但在对待传统文化的过程中却走了不少的弯路。"左"倾思潮下，传统文化遭受了巨大的损害，直到改革开放后才回到正轨。"左"是一种超越现实生产力水平的激进行为，"左"的教训再次表明，不依据当代中国生产力的发展必将带来一系列失当的后果，包括对传统文化的正确对待。

经过"文化大革命"灾难的人们，开始重新反思传统文化，反思"五四"以来在对待传统文化问题上的经验教训，重新评估中国的优秀文化遗产和丰富文化资源。这是探索中国式的自主型现代化发展道路，培育有中国特色的现代文化的需要。历史的正反经验已经表明：反传统在现代化的启动阶段是完全必要的，不如此就不可能为现代化开辟道路，但作为思想遗产的传统文化决不能在现代化进程中被完全抛弃。② "古为今用"仍是当下对待传统文化的正确方式，所谓"以今为主"是指我们在继承中国古代的传统文化时，要从当前的实际需要出发，要从建设中国特色社会主义的实际情况

---

①　毛泽东：《毛泽东选集》（第二卷），人民出版社，1991 年，第 707~708 页。

②　寇清杰：《中国新文化的方向——中国早期马克思主义者中西文化观研究》，天津人民出版社，2002 年，第 7 页。

出发。①

近代以来，对待传统文化的这一历程对于中国既是挫折也是财富。人们真正明了传统文化的意义，即传统文化对于生长于斯的中国人而言不是可以随意摆脱的事物，而是紧密相随的基因。无论是中国革命还是建设，只要能够深入地结合传统文化，便能得以顺利地进行，反之则不然。

古为今用，并非一蹴而就，亦非即取即用之举，宜将传统文化做适合于新时代的发展转化。古为今用、推陈出新是今天对待传统文化需要坚持的原则。

二、创造性转化和创新性发展

对于传统文化不仅仅是继承，还应在其基础上建立适用于时代的新型文化体系。2017 年 1 月，中共中央办公厅、国务院办公厅印发了《关于实施中华优秀传统文化传承发展工程的意见》，要求各地区各部门结合实际认真贯彻落实，"坚持创造性转化和创新性发展"，并指出"要坚持辩证唯物主义和历史唯物主义，秉持客观、科学、礼敬的态度，取其精华、去其糟粕，扬弃继承、转化创新，不复古泥古，不简单否定，不断赋予新的时代内涵和现代表达形式，不断补充、拓展、完善，使之成为有利于解决现实问题的文化，有利于助推社会发展的文化，有利于弘扬民族精神和时代精神的文化。"② 自此，"创造性转化和创新性发展"成为当前文化政策的指导性方针。

（一）创造性转化和创新性发展的内涵与关系

习近平总书记指出："创造性转化，就是要按照时代特点和要求，对那些至今仍有借鉴价值的内涵和陈旧的表现形式加以改造，赋予其新的时代内涵和现代表达形式，激活其生命力。"③ 这里习近平总书记虽然未就传统文化谈转化的问题，但明确了转化的涵义。

在汉语中"转化"的基本涵义是：变易，改变。如唐代刘禹锡的《贾客

---

① 熊吕茂：《中国传统文化的批判继承与综合创新》，《湖南文理学院学报（社会科学版）》，2007 年第 1 期，第 62 页。

② 武铁传：《中国传统文化与文化软实力研究》，人民出版社，2019 年，第 248 页。

③ 中共中央宣传部：《习近平总书记系列重要讲话读本》，学习出版社、人民出版社，2014 年，第 101 页。

词》："锥刀既无弃，转化日已盈。"① "转化"的涵义也可以引申为两个矛盾对立面在一定条件下主次地位对换，事物发生了质变。例如，毛泽东在《关于正确处理人民内部矛盾的问题》中说："矛盾着的对立的双方互相斗争的结果，无不在一定条件下互相转化。在这里，条件是重要的。没有一定的条件，斗争着的双方都不会转化。"②

习近平总书记的讲话还明确了"转化"遵循的是"时代特点和要求"，"转化"的对象是"借鉴价值的内涵和陈旧的表现形式"，指明了"转化"的方向是"赋予其新的时代内涵和现代表达形式，激活其生命力"。尽管没有明指传统文化，但完全可以将其代入其中。

创新性发展是创造性转化的归宿。传统文化创新性的发展，即发展不是简单、低水平的复制或重构，而是有质的飞跃，对于传统文化要有所超越。这是中国特色社会主义文化"发展面向现代化、面向世界、面向未来的，民族的科学的大众的社会主义文化，推动社会主义精神文明和物质文明协调发展"③的要求使然。

"创新性发展，就是要按照时代的新进步新进展，对中华优秀传统文化的内涵加以补充、拓展、完善，增强其影响力和感召力。"④。创造性转化和创新性发展从概念上看，有着不同的内涵、内容和价值特性。从本质上看，创造性转化是改造优秀传统文化中具有新价值的革命性元素，促使其与时代和现实相融通，实现自身的现代转型，而创新性发展则是实现优秀传统文化自身的价值提升和超越发展。从侧重点上看，如果"创造性转化"侧重于对传统文化内涵的扩充、拓展、改造和创造性诠释，"创新性发展"则侧重于文化发展的"现代表达形式"，即通过现代化的手段进行文化建设和文化发展。⑤

同时，创造性转化和创新性发展也是一对有机的统一体，有深刻的内在发展逻辑。创造性转化和创新性发展是推动中华优秀传统文化向现代化方向发展的两个轮子，缺一不可，亦不可偏废。创造性转化是实现创新性发展的

① 刘禹锡：《刘禹锡集》上，中华书局，1990年，第262页。

② 中共中央文献研究室：《毛泽东文集》（第七卷），人民出版社，1999年，第239页。

③ 习近平：《决胜全面建成小康社会 夺取新时代中国特色社会主义伟大胜利——在中国共产党第十九次全国代表大会上的报告》，人民出版社，2017年，第41页。

④ 中共中央宣传部：《习近平总书记系列重要讲话读本》，学习出版社、人民出版社，2014年，第101页。

⑤ 王学伟，宋爽：《论优秀传统文化的创造性转化与创新性发展》，《党政干部学刊》，2018年第10期，第75页。

前提和基础，而创新性发展是创造性转化的飞跃和归宿。只有对传统文化的思想内容进行分析、总结，做到去粗取精和去伪存真，对传统文化进行批判性的继承和改造，才能摒弃糟粕和推陈出新，对核心精华部分加工、盘活，使之与新时代对接，适应社会发展，并实现对传统的超越，促成优秀传统文化走向现代文化。[①]

创造性转化和创新性发展的过程一般而言存在自发和外在推动两种情形。

一方面传统文化的转化和发展在许多情况下是自发完成的。一个文化事项被赋予了新的内容、新的属性，就是一种转化。今天，人民大众作为文化的持有人和实践者，被新时代赋予了新的历史使命，那就是积极能动地推动文化的变革和创新，创造更大的发展空间、更多的发展机会，让文化事业在新时代获得更大的发展，以满足人民群众日益增长的对精神文化产品的需求。[②]

另一方面传统文化的转化和发展难以自发完成，需要施以特定的推动力。推动中华优秀传统文化的创造性转化和创新性发展既需要广泛地号召动员，更需要深入的生活实践。文化是人们有意无意创造和传承的。人们并不总是做文化的奴隶，很多时候还会做文化的主人。人们不仅经常被动地接受特定文化，也往往会主动地改造文化。[③]

简言之，创造性转化和创新性发展是继承与重塑传统文化共存的过程。

（二）创造性转化和创新性发展路径

1. 背靠历史厚植文化底蕴

要实现创造性转化和创新性发展须充分认识到中国传统文化对历史中国和现实中国的重要作用和意义。没有传统文化，创造和创新就会是无根之水、无本之木。以文化为例，传统文化和现代文化的关系就是，传统文化是"源"，现代文化是"流"，"源"是"流"的起点，"流"是"源"的发展。

从历史的角度看，中国优秀传统文化对中华文明形成并延续发展几千年而从未中断，对形成和维护中国团结统一的政治局面，对形成和巩固中国多

---

① 向阳：《中华优秀传统文化创造性转化和创新性发展刍议》，《广东社会科学学报》，2019年第4期，第77页。
② 朝戈金：《创造性转化 创新性发展》，《光明日报》，2018年3月29日第2版。
③ 朝戈金：《创造性转化 创新性发展》，《光明日报》，2018年3月29日第2版。

民族和合一体的大家庭，对形成和丰富中华民族精神，对激励中华儿女维护民族独立、反抗外来侵略，对推动中国社会发展进步、促进中国社会利益和社会关系平衡，都发挥了十分重要的作用。从现实的角度看，今日中国是历史中国的延续和发展，现代文化的发展离不开历经几千年形成和发展起来的中国传统文化的滋养，今天中国人民正在进行的中国特色社会主义伟大事业，深深地植根于中国传统文化的沃土之中。中国优秀传统文化是中华民族的"根"和"魂"，是中华民族的文化基因和精神家园，是中华民族生生不息、发展壮大的丰厚滋养，是我们治国理政的重要思想文化资源，是涵养社会主义核心价值观的重要源泉，是实现中华民族伟大复兴中国梦的重要精神支撑，是中华民族在世界文化激荡中站稳脚跟、坚定文化自信的坚实根基和突出优势。①

当前，一些文艺作品之所以浮光掠影、浮皮潦草，很大程度上是因为在深刻性上打了折扣，传统文化的底子太薄，根基不厚。中华民族传统文化博大精深、历史悠久。要实现创造性转化、创新性发展必须把握其精髓实质，探寻其源头活水，坚持不忘本根、辩证取舍，在深刻体味其生命魅力中，守住中国文化本根，传承中国文化优质基因。因此，创造和创新的当务之急是要深入学习传统文化，吸收传统文化的精髓。将传统文化的基础夯紧压实，才能为创造和创新准备良好的条件。

2. 立足当下构建助力平台

推动中国优秀传统文化创造性转化、创新性发展，关键是使其与现代社会相适应。要促进中国优秀传统文化与当代社会相适应、与现代文明相协调。时移世易，传统文化不一定适合时代发展，因此依据当代社会的需要有必要对其进行适应性地革新。

而且传统文化本身也不是一成不变的文化，而是不断发展的文化。中国传统文化就是顺应历史发展的潮流不断调整、融合、创新的文化。"传统文化在其形成和发展过程中，不可避免会受到当时人们的认识水平、时代条件、社会制度的局限性的制约和影响，因而也不可避免会存在陈旧过时或已成为糟粕性的东西。"② 因此依据当下的需求，对传统文化施加适当的催化

---

① 高长武：《关于创造性转化和创新性发展的几个问题》，《中国文化报》，2018 年 2 月 28 日第 3 版。

② 习近平：《习近平谈治国理政》（第二卷），外文出版社，2017 年，第 313 页。

或调适。

而形式的创新变化显然蕴涵着深远的意义。因为形式的创新本身就是一种创新，同时也能为内容的创新提供平台或渠道。"传统文化在今天所遭遇的压力，并不是文化本身的危机，而主要是传播形式上的困境"①，因此须依托现代技术、改造创新形式，有力地促进传统文化的创造性转化和创新性发展。

在新的时代条件下，要改进中国优秀传统文化的表达方式，需要充分依托现代传媒技术和现代产业技术，推进中国优秀传统文化与新媒体新业态相结合，使中国优秀传统文化拥有现代化的传播方式和表达方式。例如，传统优秀文化的叙事表达、影像呈现等，必须适应当今乃至未来传播环境的迭代更新，创新运用新技术、新形态、新手法，揭开沉藏于历史背后的审美价值。

3. 面向世界面向未来

人类文化是人类的共有财富和共同精神家园，是不同国家和民族共同创造的。不同国家和民族的文化相互影响、相互借鉴，推动人类文化不断发展进步。在某种程度上外来的文化是传统文化创造和创新的一种外在的动力源泉。

因此，在创造和创新过程中，需要处理好与外来文化尤其是西方文化的关系。树立高度的文化自信，并不是要搞自我封闭甚至唯我独尊。一种文化如果不与外来文化进行相互交流借鉴，就容易失去活力，容易脱离世界文化发展的潮流。文化的创造和创新，一是要根据我国社会主义现代化的要求，一是要借助现代西方的先进水平。② 要让中国优秀传统文化呈现新活力，实现创造性转化、创新性发展，需要以宽阔胸怀借鉴外来文化包括西方文化中的有益成分。但需要指出的是，对外来文化必须要进行符合本国特点的文化选择，绝不能一味拿来、盲目接受。③

一种文化的先进性在很大程度上还在于它有前瞻性。所谓前瞻性，就是把传统、现在与未来连接起来，在继承传统的基础上面向未来。因此，我们要善于面向未来推动中华优秀传统文化创造性转化、创新性发展，使中华优

---

① 任然：《传统文化需要创新传播模式》，《光明日报》，2017年3月21日第2版。
② 严钟奎：《传统文化与社会主义文化》，《广州研究》，1987年第6期，第25页。
③ 曹德本：《大家手笔：做好创造性转化和创新性发展》，《人民日报》，2018年4月26日第7版。

秀传统文化关切人类的前途命运，能够对当今世界人类共同面临的问题作出自己的回答。只有这样，才能不断提升中华优秀传统文化的影响力、凝聚力、感召力。[①]

对于文化的创造和创新，不仅要看到其现时功能，而且要重视它的潜在价值和未来价值。有些事物或许当下看不出它的作用，但并不等于就没有价值。例如，乡规民约作为一种非官方的约定与规则，在历朝历代都发挥着其作用，不仅在道德教化、文化传承、基层社会治理等方面彰显着其独特作用，同时也是培养自律、自治意识的重要载体。但在近现代由于历史因缘际会，乡规民约一度成为鄙夷的事物，呈基本废止的状态。然而到了当代，人们却发现乡规民约这种传统文化在新型的乡村建设中有其独到的作用，故而使人们重新审视。以有用和无用的实用观来取舍传统文化显然有失偏颇，好在人们已经注意到了这个问题。中央《关于实施乡村振兴战略的意见》强调，乡村振兴要坚持全面振兴，通过挖掘乡村多种功能和价值，统筹谋划农村经济建设、政治建设、文化建设、社会建设、生态文明建设和党的建设。[②] 以传统的经验来看，乡规民约在这些领域也能够发挥应有的作用。

三、保护和发展中国传统文化的具体措施

传统文化经历了几千年的发展和传承，至今依然具有勃勃生机。但另一方面，传统文化也经历了近代极端煎熬的历程，其地位遭到了严重的挑战，比方说一些传统艺术日益消失、传统礼俗日渐淡忘。如何在这一严峻的形势下有效保护传统文化成为摆在我们面前的重要课题。

（一）传统文化的保护

从宏观以及根本性的角度来看，保护传统文化宜以法律为规范、政府为主导，而提升民众自觉地保护传统文化的意识则是根本性的解决路径。

1. 建立健全法律保障体系

赋予传统文化应有的法律地位是保护传统文化规范化的根本路径之一。

---

① 曹德本：《大家手笔：做好创造性转化和创新性发展》，《人民日报》，2018 年 4 月 26 日第 7 版。

② 刘志松：《乡规民约与乡村振兴》，《光明日报》，2018 年 5 月 2 日第 11 版。

通过立法确立传统文化的法律地位，不仅使传统文化的存在合法化，而且使保护传统文化有法可依。

长期以来我国对许多传统文化的载体缺乏足够重视，法律层面的保护措施尤其薄弱。改革开放之后，随着法制建设的发展，这方面的问题得到了较大的改观。1982年，我国颁布并实施了《中华人民共和国文物保护法》，这是我国第一部关于传统文化的专门法律，在我国文物保护事业中发挥出有效的保障作用。2011年我国颁布实施了《中华人民共和国非物质文化遗产保护法》，目的是加强非物质文化遗产的保护、保存。该法的颁布与实施无疑为那些濒临消失的民族传统文化、弱小的民间传承保护提供了强有力的行政和法律保护。

但问题依然还很明显。一方面是相关的法律还不够完善，不够细化；另一方面是执法效率还不够高，突出表现为相关法律的执行缺少权威性和可操作性。例如，对于传统文化的保护需要地方政府具体执行，中央通常也把对传统民间文化进行保护的责任下放到地方政府。然而由于地方政府权威不够，导致行政权力不足，地方政府只能制定一些保护范围狭窄的文化保护条例，也因地方政府行政保护能力有限，造成保护范围小与传统文化保护涉及面广之间的矛盾。对于社会组织和个人怎样参与到传统文化保护之中以及社会资金如何运用到传统文化保护中等都没有相应的规定，需要我们去进一步完善对传统文化保护的法律法规，出台相应的政策和措施，健全法律对传统文化的保障体系。[①]

因此，抓紧开展立法工作，细化每一项传统文化保护的内容，使传统文化的保护与发展真正有法可依。传统文化的保护与发展是一项非常复杂、非常庞大的系统工程，它有着人力、财力、物力、智力等方面的强大需求，存在着中央与地方、传统与现实间的客观矛盾。因此，仅仅依靠某个部门，依靠大家的自觉行动，是不够的，唯有将传统文化的界定、保护、开发等工作通过法律固定下来，强制执行，才能确保成效。[②]

2. 政府宜发挥主导作用

在当前的国情中，要实现对传统文化的良好保护，政府的主导尤为重

---

① 王志华：《日本政府促进传统文化保护和发展的措施及其对中国的启示》，长春工业大学，2013年，第20页。

② 连贇：《刍议中国传统文化的保护与发展》，《美与时代（下半月）》，2009年第7期，第28页。

要。传统文化保护工作牵涉面广，事务复杂，没有一个强有力的高效组织负责显然不行，而政府是扮演这一角色的不二选项。因此保护传统文化需要政府的统筹规划、组织协调。

首先，政府须依据法律主导构建并完善传统文化保护的保障制度。完善的传统文化保护政策和制度能有效保障民族传统文化的传承，因此需要构建可持续传统文化保护机制。传统文化的保护工作，必须从制度层面建立可持续机制，建立健全诸如濒危工艺学徒机制、古典艺术市场机制、传统文化资助机制等保护机制，全方面、多层次地对传统文化进行立体保护。对于体现在日常生活的传统哲学、礼俗等，则应当充分利用大众传媒的影响力，对广大群众进行广泛宣传与引导，从而让人们认识、体会到传统文化的魅力所在。①

其次，统筹协调各类文化资源，形成全面保护传统文化的机制。几千年的生产实践所孕育的传统文化门类繁多，在进行保护的同时我们还应注意协调不同地区、不同民族、不同时代乃至不同种类的传统文化，切不可厚此薄彼、区别对待，从而实现各门类的传统文化都能够全面保护的目标。同时，在保护传统文化的过程中，还应加强保护传统文化与推进现代化建设的协调，使得传统文化的保护工作能够在不影响，甚至促进现代化建设的前提下进行。②

政府有效政策支持传统文化保护的关键是财政支持。除了各项财政预算和资金扶持外，还需建立灵活多样的企业对传统文化投资体制。③ 支持社会参与、多渠道吸纳社会资金。为缓解政府单方渠道资金供给不足的困境，通过制定优惠政策措施来鼓励社会组织和企业的参与，对具有市场潜能的传统文化项目进行有序的产业开发。

在各种财政支持项目中，值得关注的是对于民间技艺传承人的补贴资助。对于民间艺人的扶助措施政策也仍未出台。虽然我国政府近年来相继制定和颁布实施了许多保护民族传统文化发展的政策，但是由于一些地方政府为了追求政绩、追求直接经济效益，政策到了地方就开始"打折扣"。地方政府对中央传统文化保护政策"阳奉阴违"，中央政府制定的民族文化发展政策难以贯彻执行。因此，除了实施保护政策外还非常有必要加强对传统文

① 刘帮胜：《科学发展观视野下的传统文化保护》，《人民论坛》，2010年第20期，第257页。
② 刘帮胜：《科学发展观视野下的传统文化保护》，《人民论坛》，2010年第20期，第257页。
③ 王志华：《日本政府促进传统文化保护和发展的措施及其对中国的启示》，长春工业大学，2013年，第20页。

化保护政策执行情况的监督，与地方政府政绩挂钩，出台与保护政策配套的行之有效的监督管理办法和条例，避免"打折扣"现象的发生。[①]

当然，政府的主导不可能代替一切，民众的广泛参与才能弥补法律和政策的遗漏，因此依靠民众，促使民众自觉地保护传统文化也显得至为重要。

3. 提升民众保护传统文化的意识

民族传统文化的保护需要民众自觉意识的提高，如此则能使民族传统文化得到深层的保护与传承。

有效的宣传和教育是基本的途径。近年来，全国各地因重经济轻文化而导致被毁坏的传统文化资源可以说是数不胜数。尤其是一些个别地方政府在破坏文化珍宝时，心中不仅没有一丝负罪感反而认为自己是在为民谋福造利。传统文化的保护和传承是一个潜移默化的漫长过程。要改变这种无知的错误现象，政府首要的是创造环境和条件，来唤醒民众尤其是年轻一代对传统文化的自觉保护意识，提升传统文化的知名度，在全社会形成以保护传统文化为荣的价值观。[②]

在学校、机关、社区等地方经常性地举办各种形式的关于传统文化知识和保护技能的培训和讲座是传统的常规普及与宣传措施。广泛利用电视、网络和报纸等各类媒体以通俗易懂的形式对传统民族文化保护进行宣传和教育，更是当下显而易见的普遍方式。

将传统节日列为法定节日也是个值得借鉴的办法。将传统节日列为法定节日是国际通行的举措，此举可极大地提升民众对本国传统文化的认同感，而且还能够促进娱乐、旅游业的发展。此外，还可通过发起相关的活动以引起民众的注意。我国政府应通过适当地举办各种文化艺术节、电影和电视节等途径唤起各民族人民重视保护自己民族传统文化的意识，认识到保护民族传统文化的重要意义。[③]

对民间相关组织的运用也具有重要意义。在社会上有着为数不少的保护和弘扬传统文化的公益组织和志愿者，他们的存在是传统文化在当下获得生

[①] 王志华：《日本政府促进传统文化保护和发展的措施及其对中国的启示》，长春工业大学，2013年，第20页。

[②] 王志华：《日本政府促进传统文化保护和发展的措施及其对中国的启示》，长春工业大学，2013年，第21页。

[③] 王志华：《日本政府促进传统文化保护和发展的措施及其对中国的启示》，长春工业大学，2013年，第13页。

存和发展的广泛而坚实的社会基础。他们数量多、分布广，大多处在传统文化工作的基层，拥有及时的信息更新和巨大的保护热情。之前许多古建筑违规拆迁事件都是由民间公益组织发现和曝光的。与此同时，这些民间社团、协会还时常组织各种传统活动，以群众喜闻乐见的形式开展丰富的民俗文化活动，改良和推广具有民族特色的风俗、礼仪等等。西安的"上巳节成人礼"活动和曲阜的"祭孔大典"活动都是比较成功的案例。因此，文化管理部门应对其加以鼓励和引导、规范和管理，使之真正地在传统文化的普及过程中发挥作用而不是流于形式，让传统文化真正得到传承。[①]

总之，提高民众传统文化保护意识在有效缓解政府压力的同时，还能在很大程度上提高国民的文化素养和公民意识，进而推进社会文明进程与和谐社会的构建。[②]

（二）传统文化的创新发展

对于很多事物而言最好的保护就是发展，所谓"流水不腐，户枢不蠹"，传统文化亦然。只有让传统文化得到传承发展，才能获得持续的生命力。在发展传统文化的措施中，需从供给和需求两端着手。实施文化产业化的政策被认为是最为现实的方案之一，文化创新则是支撑文化产业的关键，而扩大和满足广大人民群众对文化多样性的需求则是发展传统文化的基础源泉。

1. 优化产业结构促进文化创新

让传统文化产生经济效益，以使传统文化获取持续发展的经济来源，进而使传统文化不仅得以生存而且得到保护。这在市场经济条件下被认为是颇符合情理的思路。因而，近年来国内产生了大量与传统文化相关的产业，尤其是围绕传统文化的旅游业得到了蓬勃发展。

但是，我们文化产业结构和产业本身都存在不足之处，主要存在过于偏重旅游业的开发、注重短期利益、忽视长远发展、文化产品的文化内涵欠缺等问题。因此，还需大力推进文化产业结构调整，要依据我国实际和民族特色传统开发中国现代文化产业，增强文化的生产活力，更好地促进民族传统

---

① 晏竹：《浅论新时期传统文化的保护和发展》，《文学界（理论版）》，2012年第7期，第273页。

② 王志华：《日本政府促进传统文化保护和发展的措施及其对中国的启示》，长春工业大学，2013年，第21页。

文化的保护和传承。我们可以将中华文化通俗化、大众化。[①] 挖掘文化产品的文化内涵，切实防止世俗化和过度利益化倾向。

要发展文化产业，只有走文化创新的路子才能使传统文化实现真正的新生，因此，传统文化的根本出路在于创新。传统文化中夹杂着陈腐与糟粕。保护传统文化绝不是简单的保留与维持，不是一种庸俗的复古，而是在时代审美需求下的重塑与创新。传统文化只有在尊崇历史与现实的基础上，进行创新与发展，才具有生命力。在对传统文化进行创新的过程中，我们既要依托历史，又要立足现实，以创造和发展既饱含丰厚历史底蕴，又具有鲜明时代特色的新文化。[②]

传统文化创新的举措主要有：（1）不断推进文化内容形式的创新，促进不同艺术门类和文化活动的相互融合；（2）通过积极运用现代化的科技手段开发利用民族文化资源来大力发展动漫游戏、文化创意、文化博览、数字传输等新兴文化产业；（3）积极增进与国外知名文化机构的合作来增强对具有中国特色的影视剧、出版物、民族音乐舞蹈和杂技等文化产品和服务的出口，进一步拓展对外文化交流渠道，不断扩大我国传统文化传播范围。[③]

2. 扩大和满足广大人民群众对文化多样性的需求

满足广大人民群众的文化需求既是发展文化的目的，也是发展文化的重要路径。中国特色社会主义新文化"要坚持为人民服务、为社会主义服务，坚持百花齐放、百家争鸣，坚持创造性转化、创新性发展，不断铸就中华文化新辉煌"[④]。

扩大和满足广大人民群众对文化多样性的需求，可以为我们保护和传播传统文化提供广阔的市场。随着世界经济的不断发展，国与国之间的联系日益密切，使"地球村"中各个地区、国家和民族之间的交往更加广泛与频繁。伴随着各国综合实力的日益增强，民众生活水平都有了较大的改善，在物质生活得到满足的基础上，文化消费正悄然成为人们消费的焦点。民众文

① 王志华：《日本政府促进传统文化保护和发展的措施及其对中国的启示》，长春工业大学，2013年，第24页。

② 连赟：《刍议中国传统文化的保护与发展》，《美与时代（下半月）》，2009年第20期，第28页。

③ 王志华：《日本政府促进传统文化保护和发展的措施及其对中国的启示》，长春工业大学，2013年，第22页。

④ 习近平：《决胜全面建成小康社会　夺取新时代中国特色社会主义伟大胜利——在中国共产党十九次全国代表大会上的报告》，人民出版社，2017年，第41页。

化消费的求异性为中国传统文化走向世界舞台、为各国民众认同并接受中国传统文化创造了必要的条件。[①]

扩大和满足广大人民群众对文化多样性的需求，可反过来促进对传统文化的投入。文化需求和文化市场具有多样性，人们可以有多种选择。为了增进人们对传统文化的关注，宜采取措施积极引导人们关注传统文化，或者通过加大对传统文化的投入增加其吸引力和竞争力。

例如，在"文化惠民、服务群众"活动的推动下，山东省各地的文化惠民活动取得了明显的成效。如潍坊市本着"让非遗融入现代公共文化服务体系"的理念，组织开展非遗进校园、进社区活动，将传统舞蹈、戏剧、曲艺、音乐、武术和民间工艺表演送到民众身边，丰富他们的文化生活；通过图书馆、博物馆、文化馆（站），展示潍水文化，提供非遗通俗读物，将传统文化纳入现代公共文化服务体系建设，满足民众的文化生活需求。济宁创新"图书馆＋书院"服务模式，公共图书馆建成"尼山书院"，通过开展儒学传播活动服务群众。[②] 这些举动在民众中反响良好，进一步激发了当地的"国学热"。

诚能如此，可增进传统文化的经济效益，进而增进保护传统文化的实力。如果说优化产业结构和创新是文化发展供给端的考量，那么扩大人民群众对文化的需求可谓是需求端的考量。

（三）保护与发展的统筹

很多措施同时兼具保护和发展的意义，宜统一组织规划，做到有思考、有规划、有落实。

首先，在全国层面须构建相应的法规政策机制。一是以知识产权法规保障传统文化。制定法律既能有效地保护民族传统文化，还能促进民族传统文化的发展。中华民族五千年文明史传承和积累了丰富的文物、典籍等有形文化遗产和民俗活动、口头传说、民间工艺、传统艺术和节庆礼仪等无形文化遗产。二是以文化管理政策规范传统文化传承建设，建设长效的管理人才培训制度，构筑完善的知识产权管理制度。三是以文化开发政策拓展传统文化发展建设。这就要求我们在收集、整理、保存有形文化遗产或无形文化遗产

---

① 朱美美：《中国传统文化保护与发展的紧迫性——国外对中国传统文化资源抢注的启示》，《边疆经济与文化》，2009年第11期，第74页。

② 张蕾：《地方传统文化保护、传承与发展研究》，《商业经济》，2016年第4期，第112页。

的同时，制定和落实开发政策，切实通过传承、教育等手段保障传统文化的延续和发展。要切实落实民众参与，适度开发。[①] 四是要发挥人才的作用。要完善传承人的认定标准，加强传承人的认定和保护传承人在传统文化传承中的核心作用，可借鉴日本在传承人认定方面的经验，研究建立个人认定、综合认定和团体认定的多元认定体系，从而使得对传承人的认定符合事物发展规律，能真正起到促进民族民间传统文化发展的作用。另一方面政府通过加强社会培训，在全社会营造弘扬传统文化的良好氛围，培训其持续发展的后备军。

其次，地方各级人民政府则须做好组织落实工作。例如，地方政府须将传统文化的保护与传承工作列入当地政府重要议程。现阶段对传统文化开发保护的主体是政府，因此政府要提高对地方传统文化的重视程度，加大投入力度，大力支持地方传统文化的发展。由政府推动建设文化生态保护区、非物质文化遗产博物馆、民俗博物馆等场所，为传统文化的交流提供平台。

此外，开展对传统文化的深入广泛研究也是保护和发展传统文化不可或缺的要素。动员各种力量汇集各种信息对传统文化进行探讨研究，提出相应的方案供决策者参考，可尽量减少因失误所带来的损失。"百花齐放"的方针在研究传统文化的过程当中也是关键。"百花齐放"是党的基本文化政策，毛泽东曾指出，"百花齐放、百家争鸣的方针，是促进艺术发展和科学进步的方针，是促进我国的社会主义文化繁荣的方针"[②]。邓小平也指出，对于文化要"坚持百花齐放、推陈出新"。[③] "百花齐放"是一种开放民主的政策，秉持"百花齐放"的方针才能促使传统文化的研究丰富多彩、精彩纷呈，从而为传统文化的保护和发展提供更多的有价值的思路。

总之，保护与发展其实是一对相互依存的概念，保护的目的是促进传统文化的发展，发展传统文化并使之更好地服务于人民，也是更好的保护。保护不是一成不变的，对传统文化的保护，其实质就是对历史文化的传承。任何一种文化，都有其赖以存在的基础，中国传统文化也是这样，一旦其赖以存在的基础发生了变化，推陈出新也就成了必然。中国传统文化不仅需要继承，更需要发扬。发展也不是对传统的全盘否定，不能脱离历史，而是"取其精华，去其糟粕"，是对先进传统文化的传扬与更新。

---

① 王志华：《日本政府促进传统文化保护和发展的措施及其对中国的启示》，长春工业大学，2013年，第22页。

② 中共中央文献研究室：《毛泽东文集》（第七卷），人民出版社，1999年，第229页。

③ 邓小平：《邓小平文选》（第二卷），人民出版社，1994年，第210页。

第二章　保护和发展中国优秀传统文化的历史变迁

　　中国共产党不仅是中国特色社会主义道路的开辟者、中国特色社会主义理论体系的创立者、中国特色社会主义制度的建构者，就中国特色社会主义文化来讲，"中国共产党自成立之日起，就既是中国先进文化的积极引领者和践行者，又是中华优秀传统文化的忠实传承者和弘扬者"①。

　　事实上，马克思主义的创立者——马克思、恩格斯，就既是世界优秀传统文化的忠实继承者和弘扬者，又是世界先进文化的积极倡导者和发展者。我们知道，马克思主义的理论来源，就是批判地继承和改造了德国古典哲学、英国古典政治经济学以及法国空想社会主义；同时，还充分吸收了19世纪世界自然科学的诸多成就等。正是如此，列宁旗帜鲜明地指出："马克思主义这一革命无产阶级的思想体系赢得了世界历史性的意义，是因为它并没有抛弃资产阶级时代最宝贵的成就，相反却吸收和改造了两千多年来人类思想和文化发展中一切有价值的东西。"②

　　中国共产党对中国传统文化的认知过程，即中国共产党中国传统文化观的形成和发展过程，贯彻马克思主义中国化伟大历史进程始终。中国共产党中国传统文化观的形成和发展过程，就是马克思主义的普遍原理特别是文化发展原理与中国国情特别是文化历史国情相结合的过程。在马克思主义中国化伟大历史进程中形成的各阶段性理论成果——毛泽东思想、邓小平理论、"三个代表"重要思想、科学发展观和习近平新时代中国特色社会主义思想，中国共产党对保护和发展中国优秀传统文化的态度与政策，都是其重要组成部分，也是中国特色社会主义文化的重要组成部分，是中国特色社会主义的

---

① 习近平：《习近平谈治国理政》（第三卷），外文出版社，2020年，第35页。
② 中共中央马克思恩格斯列宁斯大林著作编译局：《列宁选集》（第四卷），人民出版社，1995年，第299页。

重要组成部分。

中国共产党对中国五千年传统文化的态度与政策，特别是其所体现出来的对中国优秀传统文化的继承和弘扬，基于历史与认知的演进，有一个不断探索、逐步深入，最终走向成熟的过程。总体来说，自 1921 年中国共产党建党以来，在对待中国传统文化的态度与政策方面，在长达一个世纪的马克思主义中国化历程中，我党逐步经历了一个从"破"到"立"、从全盘否定到辩证肯定、从感性总体抽象肯定到理性全面具体继承、从工具理性到价值理性的历史嬗变。

第一节　草创阶段（1921—1927 年）

总的来说，这一时期，由于我党才刚刚诞生，还处于起步阶段，对中国五千年传统文化的认识仍主要局限于新文化运动主流对其的理解和认知，缺乏全党统一权威的全面阐述。这一时期我党对我国五千年传统文化的态度与政策，主要散见于一些个人著述当中，代表人物有李大钊、陈独秀、郭沫若等。

一、基本持全盘否定的态度

大家知道，中华文明源远流长、博大精深，我国历史上的许多著名人物既是中华文明的继承者，又是中华文明的缔造者。一百年前相约建党的"南陈北李"，以及后来的毛泽东、邓小平等等，也都通晓我国传统文化，有着异常深厚的"国学"底蕴。然而，自世界进入近代，由于西方资本主义文明的飞速发展，曾经服务于封建文明的"国学"式微，社会上怀疑反对的声音越来越大。我国进入近代以来，随着西方列强的坚船利炮打开我国国门，既反封，更反帝，成为近代我国革命的根本任务。而反帝反封，首当其冲，那就是破旧立新，破除旧文化、传统文化，建立新文化、现代文化。正是基于此理念，1915—1923 年，中国大地上爆发了轰轰烈烈的新文化运动。

20 世纪一二十年代，我国最早的马克思主义信仰者与党的主要缔造者有三种人，其中第一种人便是五四运动前新文化运动的精神领袖，特别是"南陈北李"。正是如此，无论"南陈"还是"北李"，在对待中国传统文化方面，一方面，都深受早期新文化运动影响，很大程度上继承了早期新文化运动的反传统精神，对作为传统社会思想意识形态重要载体的中国传统文化基本持全盘否定排斥的态度。另一方面，他们也开始主动运用马克思主义特别是辩证唯物主义和历史唯物主义的立场观点理论方法对其进行科学理性的分析探讨和研究，甚至对马克思主义与中国优秀传统文化之间的高度相容性进行了比较深入的探讨和研究。

陈独秀认为，"孔教与帝制有不可离散之因缘"，指出孔教"别尊卑，重阶级，事天尊君，历代民贼所利用之孔教"①，认为"孔教"是制造专制帝王之根本恶因。1919 年，陈独秀在《新青年》杂志发表《罪案之答辩书》，将五四新文化运动对中国传统文化的反叛全面总结为九个"破坏"——"破坏孔教，破坏礼法，破坏国粹，破坏贞节，破坏旧伦理（忠、孝、节），破坏旧艺术（中国戏），破坏旧宗教（鬼神），破坏旧文学，破坏旧政治（特权人治）"，认为只有这样，才能够"救治中国政治上、道德上、学术上、思想上一切的黑暗"②。陈独秀反对做旧诗，在《做旧诗》一文中他说："旧诗难做，不能自由的表现思想，又易陷入窠臼。"③ 陈独秀对中国古代小说也主要持批评的态度，认为中国传统小说在创作上的最大弊病在于"小说家和历史家没有分工"。根据陈独秀的观点，他认为小说家和历史家著述的分工是不同的，前者应该专重"善写人情"，后者应该专重"善述故事"，而我国古代的小说作家却往往"善述故事和善写人情两种本领都有"，从而导致中国传统小说"琐屑可厌"。更有甚者，1923 年，陈独秀在中共中央机关刊物《前锋》第一期发表署名文章，直接讥讽胡适等整理国故是"在粪秽里寻找香水"。

同年 6 月，《新青年》复刊后改为季刊，成为中共中央的理论性机关刊物，瞿秋白在复刊词《〈新青年〉之新宣言》中写道："中国的旧社会旧文化是什么？是宗法社会的文化装满着一大堆的礼教纲常，固守着无量数的文章词赋；礼教纲常其实是束缚人性的利器，文章词赋也其实是贵族淫昏的粉饰。""中国古旧的宗法社会之中，一切思想学术非常幼稚。"④

李大钊也对我古代传统文化基本持全盘否定的态度，并最早尝试用马克思主义的唯物史观对其进行科学考察。李大钊认为，"孔子者，历代帝

---

① 陈独秀：《陈独秀文章选编》上，生活・读书・新知三联书店，1984 年，第 137 页。
② 陈独秀：《陈独秀文章选编》上，生活・读书・新知三联书店，1984 年，第 317~318 页。
③ 林文先：《陈独秀文选》，四川文艺出版社，2009 年，第 198 页。
④ 张宝明主编：《新青年》（百年典藏 1　政治文化卷），河南文艺出版社，2019 年，第 289 页。

王专制之护身符也"①，"历代君主，莫不为尊之祀之，奉为先师，崇为至圣"②。1920 年，李大钊在担任北京大学教授时撰写的讲稿《原人社会于文字书契上之唯物的反映》中，便已开始尝试用马克思主义历史唯物主义的观点去解释中国历史。同年 12 月，李大钊发表《唯物史观在现代史学上的价值》一文，认为"一切过去的历史，都是靠我们本身具有的人力创造出来的，不是哪个伟人圣人给我们造的，亦不是上帝赐予我们的"，提出要用唯物史观"创造一种世界的平民的新历史"③。

在我党历史上正式发布的最早涉及传统文化问题的文献，第一次向世人展示我党对传统文化的态度与政策的，当属 1923 年 11 月中国共产党在广州召开的三届一次中央执委会会议通过的《教育宣传问题决议案》。不过，内容非常简单粗糙——只是笼统地提出"反对宗法社会之旧教义"④。显然，这一时期我党对传统文化的态度与政策，主要仍局限于新文化运动主流对其的理解和认知。尽管如此，这也表明，如何对待我国古代传统文化，尤其是如何对待我国古代传统文化当中的核心价值观——"旧教义"，已经引起了党中央的高度重视。

二、开始非常有益的探讨：重新认识传统文化

不过，应该说，对于马克思主义与我国国情特别是同我国古代优秀传统文化之间的承继关系，这一时期，我党也开始了非常有益的探讨，并且取得了非常大的开创性成就。而对此做出开创性历史功绩的有李大钊、郭沫若。

1918 年 7 月，李大钊在《言治》季刊第 3 册发表《东西文明根本之异点》一文。关于当时西方资本主义文明、东方封建文明以及新兴的社会主义文明，文中有一段精彩的阐述："以余言之，宇宙大化之进行，全赖有二种之世界观鼓驭而前，即静的与动的，保守与进步是也。东洋文明与西洋文明，实为世界进步之二大机轴，正如车之两轮、鸟之双翼，缺一不可。而此二大精神之自身，又必须时时调和、时时融会，以创造新生命，而演进于无

---

① 杨琥：《中国近代思想文库　李大钊卷》，中国人民大学出版社，2014 年，第 118 页。

② 杨琥：《中国近代思想文库　李大钊卷》，中国人民大学出版社，2014 年，第 121 页。

③ 张宝明主编，《新青年》（百年典藏 2　哲学思潮卷），河南文艺出版社，2019 年，第 182 页。

④ 中共中央文献研究室、中央档案馆：《建党以来重要文献选编》（一九二一——一九四九）（第一册），中央文献出版社，2011 年，第 354 页。

疆。由今言之，东洋文明既衰颓于静止之中，而西洋文明又疲命于物质之下，为救世界之危机，非有第三新文明之崛起，不足以渡此危崖。俄罗斯之文明诚足以当媒介东西之任，而东西文明真正之调和则终非二种文明本身之觉醒万不为功。所谓本身之觉醒者，即在东洋文明，宜竭力打破其静的世界观；以容纳西洋之动的世界观；在西洋文明宜斟酌抑止其物质的生活，以容纳东洋之精神的生活而已。"① 文中的"西洋文明"，显然指的是西方资本主义文明，而"东洋文明"则主要指的是以中国封建文明为代表的五千年中华文明，"第三新文明"，指的是后文提及的以"俄罗斯之文明"为代表的新兴的社会主义文明。作为新文化运动中倡导社会主义新文化之第一人的李大钊，在此不仅对 20 世纪人类社会发展的走向做了天才预言，对以"俄罗斯之文明"为代表的新兴的社会主义文明同西方资本主义文明和以中国封建文明为代表的五千年中华文明之间的承继关系，也进行了开创性探索，那就是媒介东西——充分地吸收和借鉴人类社会创造的一切优秀文明成果。而对于以中国封建文明为代表的五千年中华文明，李大钊认为，其中最优秀的文明成果，当属"东洋之精神的生活"方面。"东洋之精神的生活"，显然，在今天来讲，指的主要就是我国古代优秀传统文化。

郭沫若（1892—1978），我国 20 世纪学术文化史上一位博古通今、学贯中西、百科全书式的文化巨人。早在 1927 年 8 月初，郭沫若在参加我党发起的八一南昌起义期间就经周恩来介绍加入中国共产党，而更早，就已经开始接触、学习马克思主义。1923 年，已经受到马克思主义影响的郭沫若曾大声告白："我们崇拜孔子。说我们时代错误的人们，那也由他们罢，我们还是崇拜孔子——可是决不可与盲目地赏玩古董的那种心态同论。"②

1926 年 1 月，郭沫若在《洪水》第一卷第七期发表《马克思进文庙》（原名《马克斯进文庙》）一文。这是一篇神奇的穿越文章。文中，作者以丰富浪漫的想象力和风趣幽默的笔调，描述了马克思穿越时空与孔子深度对话的场景。

十月十五日丁祭过后的第二天，孔子和他的得意门生颜回子路子贡三位在上海的文庙里吃着冷猪头肉的时候，有四位年轻的大班抬了一乘朱红漆的四轿，一直闯进庙来。

---

① 杨琥：《中国近代思想家文库　李大钊卷》，中国人民大学出版社，2014 年，第 213 页。

② 谢保成、魏红珊、潘素龙：《中国近代思想文库　郭沫若卷》，中国人民大学出版社，2014 年，第 7 页。

子路先看见了，便不由得怒发冲冠，把筷子一掼，便想上前去干涉。孔子急忙制止他道：由哟，你好勇过我，无所取材呀！

子路只得把气忍住了。

回头孔子才叫子贡下殿去招待来宾。

朱红漆的四轿在圣殿前放下了，里面才走出一位脸如螃蟹，胡须满腮的西洋人来。

子贡上前迎接着，把这西洋人迎上殿去，四位抬轿的也跟在后面。

于是宾主九人便在大殿之上分庭抗礼。

孔子先道了自己的姓名，回头问到来客的姓名时，原来这胡子螃蟹脸就是马克思卡儿。

一见面，真有点剑拔弩张，场面一度非常紧张。作者以这样的场景开头，实际上暗示的是20世纪一二十年代我党诞生以前社会上以孔子为代表的我国古代传统文化对以马克思为代表的科学社会主义思想的警惕与排斥。

接着，马克思道出了此番的来意。马克思说："我是特为领教而来。我们的主义已经传到你们中国，我希望在你们中国能够实现。但是近来有些人说，我的主义和你的思想不同，所以在你的思想普遍着的中国，我的主义是没有实现的可能性。因此我便来直接领教你：究竟你的思想是怎么样？和我的主义怎样不同？而且不同到怎样的地步？这些问题，我要深望你能详细地指示。"

这真有点兴师问罪的味道。然而，经面对面深入交流，最终对话的结果出人意料——孔子对马克思惊叹："你这个理想社会和我的大同世界竟是不谋而合。"马克思对孔子惊叹："我不想在两千年前，在远远的东方，已经有了你这样的一个老同志！你我的见解完全是一致的，怎么有人曾说我的思想和你的不合，和你们中国的国情不合，不能施行于中国呢？"

显然，在对待中国传统文化方面，处于草创初期的中国共产党，就已经开始试图摆脱早期新文化运动全盘否定的窠臼，开始主动运用马克思主义特别是辩证唯物主义和历史唯物主义的立场理论观点方法对其进行科学理性的分析探讨和研究，甚至对马克思主义与中国优秀传统文化之间的高度相容性进行了比较深入的探讨和研究。当然，这种探讨和研究才刚刚开始，还大多是文艺性的。

不过，也有较为深入的理论探讨，甚至革命实践。大革命后期，为了回应当时党内外对于农民革命斗争的各种责难，在湖南潜心调研考察32天后，

1927 年 3 月，毛泽东发表《湖南农民运动考察报告》。文中，毛泽东谈到，当时，湖南一些地方的农会，在中国共产党的领导下，开始大张旗鼓地同一些社会恶习、封建传统落后文化、糟粕文化作斗争。如：推翻祠堂族长的族权和城隍土地菩萨的神权以至丈夫的男权，从前祠堂里"打屁股""沉潭""活埋"等残酷的肉刑和死刑，再也不敢拿出来了。女子和穷人不能进祠堂吃酒的老例，也被打破。又如禁牌赌鸦片，禁吃酒席，禁买南货斋果送情、禁傩神游香，禁中元烧衣包，禁做道场，禁送奠仪。

第二节　初步形成阶段（1927—1949 年）

土地革命战争时期、抗日战争时期和解放战争时期，是中国共产党中国传统文化观的初步形成阶段。

大革命的失败，留给我党的教训非常多，其中最深刻的教训，表象上看，是照搬照抄——照搬经典，照抄模式，老祖宗怎么说的，我们就怎么做，老大哥怎么干的，我们也就怎么干，典型的本本主义、迷信思想。然而，假如透过表象看本质，大革命的失败留给我党的最深刻教训则是要很好地理论联系实际，把马克思主义的普遍原理与中国革命的具体实践相结合。理论联系实际的观点，实际上是马克思主义认识论的核心思想，是马克思主义的精髓。当然，鉴于我党当时才草创不久，接触学习研究运用马克思主义的时间还很短，这种情况在当时完全是可以理解的，也是正常的。

大革命失败后，以毛泽东为代表的中国共产党人，相继发动八一南昌起义、秋收起义、广州起义，开始探求中国革命的新道路。特别是秋收起义和全国第一个农村革命根据地——井冈山革命根据地建立后，在祖国的大地上，农村革命根据地如星星之火，呈燎原之势。工人阶级到农村去，建立农村革命根据地，以农村包围城市，最终武力夺取政权这条道路，马克思、恩格斯等老祖宗不曾说过，苏联老大哥也不曾干过，也有别于我党大革命时期的革命道路，是一条绝对的新道路，从此引导中国革命走上了胜利的征程。而大家知道，在农村，我党打交道、动员参军乃至发展党员的主要对象，就只有农民。同时，无论古代近代，还是现当代，农村都是传统文化保存最好的地方。因此，在开创中国革命新道路的过程中，如何进一步发掘传统文化中的优秀成分增强民族凝聚力，是我党必然要面对与解决的话题。特别是在抗日战争期间民族矛盾上升为主要矛盾的情况下，倡导"天下兴亡，匹夫有责""家国情怀"的传统文化对于民族团结共御强敌也具有非常积极的意义。正是如此，1935年遵义会议后，随着我党开始走向成熟，对待我国传统文化的态度与政策也开始走向成熟，这一时期中国共产党已经改变了建党以来对于传统文化主要持否定与批判的态度，开始强调既要批判，也要学习和利用。抗日战争时期，在日寇对中国实行亡国灭种的文化侵略时，我党挺身而出，成为"为往圣继绝学"的中华优秀传统文化的忠实的传承者和保护者。解放战争时期，我党也采取了许多保护和发展我国优秀传统文化的政策和措施。

中国革命新道路的开创，是以毛泽东为代表的中国共产党人开始真正活学活用马克思主义，把马克思主义的普遍原理融入中国革命的具体实践，即马克思主义中国化的首要成果。而马克思主义中国化，其中一个重要内容，就是马克思主义与中国优秀传统文化的融合，主要包括马克思主义对中国优秀传统文化的继承，以及以马克思主义为指导对中国优秀传统文化的改造与创新，赋予其新的时代内涵。

一、土地革命战争时期：改造利用

早在大革命时期的1925年12月，毛泽东发表著名的《中国社会各阶级的分析》，明确指出农民阶级是中国无产阶级最广大和最忠实的同盟军，从而解决了中国革命中最主要的同盟军问题。土地革命时期，在建立巩固农村革命根据地的过程中，中国共产党非常注重充分发挥中国古代优秀传统文化的积极作用。典型的比如"打土豪、分田地"的革命口号，就是在千百年来广大农民阶级在尖锐的阶级斗争中所积淀下来的优秀革命传统文化的基础上提出来的。正是如此，该口号不仅目标明确、言简意赅，还能极大地引起广大农民阶级思想上的共鸣，从而踊跃参加到革命洪流中来。

1929年12月，毛泽东发表《关于纠正党内的错误思想》一文。文中，毛泽东特别针对当时红军中严重的同时在我国古代传统文化中也非常典型的绝对平均主义思想进行了严厉的批评。例如，发给伤兵用费，反对分伤轻伤重，要求平均发给；官长骑马，不认为是工作需要，而认为是不平等制度；分物品要求极端平均，不愿意有特别情形的部分多分去一点；背米不问大人小孩体强体弱，要平均背；住房子要分得一样平，司令部住了一间大点的房子也要骂起来；派勤务要派得一样平，稍微多做一点就不肯；甚至在一副担架两个伤兵的情况，宁愿大家抬不成，不愿把一个人抬了去。毛泽东明确指出，绝对平均主义的来源和政治上的极端民主化一样，是手工业和小农经济的产物，不过一则见之于政治生活方面，一则见之于物质生活方面罢了。同时，他提出了纠正的方法，指出绝对平均主义不但在资本主义没有消灭的时期，只是农民小资产者的一种幻想；就是在社会主义时期，物质的分配也要按照"各尽所能按劳取酬"的原则和工作的需要，决无所谓绝对的平均。红军人员的物质分配，应该做到大体上的平均，例如官兵薪饷平等，因为这是当时斗争环境所需要的，但是必须反对不问一切理由的绝对平均主义，因为这不是斗争的需要，反而是于斗争有妨碍的。

1935 年遵义会议之后，毛泽东首先提出"马克思主义中国化"的重要命题，马克思主义理论思想与我国优秀传统文化的结合驶上了快车道，马克思主义理论思想开始更多与中国实际相结合，并用中国人喜闻乐见的形式表达出来。

在 1937 年 7 月发表的《实践论》中，为了深入浅出地向国人宣传马克思主义理论与实践方面的哲学思想，毛泽东对传统文化中"知行观"用"实践"实现了统一，并且还引用了不少中国古代优秀的文化典故，如"失败者成功之母""吃一堑长一智""眉头一皱计上心来""秀才不出门，全知天下事""不入虎穴，焉得虎子"。在 1937 年 8 月发表的《矛盾论》中，为了让国人准确把握马克思主义事物的矛盾性方面深奥的哲学思想，毛泽东又赋予我国千百年来家喻户晓的预言故事"矛盾"唯物辩证法内涵，用国人熟悉的"相反相成"阐释唯物辩证法。为了方便国人理解，毛泽东也引用了不少中国古代优秀的文化典故，如：唐代魏徵名言"兼听则明，偏信则暗"、《水浒传》中宋江三打祝家庄、《山海经》中所说的"夸父追日"、《淮南子》中所说的"羿射九日"、《西游记》中所说的孙悟空七十二变和《聊斋志异》中的许多鬼狐变人的故事等。可以说，《实践论》《矛盾论》是以毛泽东为代表的中国共产党用马克思主义哲学对传统旧哲学改造的典范。

二、抗日战争时期：批判继承、推陈出新

1938 年，在党的六届六中全会上，毛泽东首次明确了党对我国传统文化的基本态度——批判继承。会上，毛泽东指出："学习我们的历史遗产，用马克思主义的方法给以批判的总结，是我们学习的另一任务。我们这个民族有数千年的历史，有它的特点，有它的许多珍贵品质。对于这些，我们还是小学生。今天的中国是历史的中国的一个发展；我们是马克思主义的历史

主义者，我们不应当割断历史。从孔夫子到孙中山，我们应当给以总结，承继这一份珍贵的遗产。"①

1939年2月20日，毛泽东在《致张闻天》中，更是运用马克思主义的理论立场和观点，将我国古代朴素的辩证思维——孔子的"中庸"说推陈出新，赋以全新的内涵。信中，毛泽东指出："'过'即是'左'的东西，'不及'即是右的东西。依照现在我们的观点说来，过与不及指一定事物在时间与空间中运动，当其发展到一定状态时，应从量的关系上找出与确定其一定的质，这就是'中'或'中庸'，或'时中'。说这个事物已经不是这种状态而进到别种状态了，这就是别一种质，就是'过'或'左'倾了。说这个事物还停止在原来状态并无发展，这是老的事物，是概念停滞，是守旧顽固，是右倾，是'不及'。"②

1939年12月，毛泽东发表《中国革命和中国共产党》。文中，毛泽东以空前的民族激情高度评价了中华文明："在中华民族的开化史上，有素称发达的农业和手工业，有许多伟大的思想家、科学家、发明家、政治家、军事家、文学家和艺术家，有丰富的文化典籍。在很早的时候，中国就有了指南针的发明。还在一千八百年前，已经发明了造纸法。在一千三百年前，已经发明了刻板印刷。在八百年前，更发明了活字印刷。火药的应用，也远在欧洲人之前。所以，中国是世界文明发达最早的国家之一，中国已有了将近四千年的有文字可考的历史。"③中国文明为人类文明做出了积极贡献。

1940年1月，毛泽东在《中国文化》杂志创刊号上发表《新民主主义的政治与新民主主义的文化》一文，这就是后来著名的《新民主主义论》。在这篇著作当中，毛泽东不仅正确地规定了新民主主义革命的政治纲领和经济纲领，也正确地规定了新民主主义革命的文化纲领。关于新民主主义革命的文化纲领，毛泽东认为新民主主义的政治和新民主主义的经济必然要有新民主主义的文化来为他们服务，必须"发展以共产主义思想为指导的反帝反封建的文化，即民族的、科学的、大众的文化"④。关于新民主主义文化与传统文化的关系，文中，毛泽东明确指出："中国的长期封建社会中，创造了灿烂的古代文化。清理古代文化的发展过程，剔除其封建性的糟粕，吸收

---

① 毛泽东：《毛泽东选集》（第二卷），人民出版社，1991年，第533~534页。

② 毛泽东生平和思想研讨会组织委员会：《毛泽东百周年纪念——全国毛泽东生平和思想研讨会论文集》（中），中央文献出版社，1994年，第172页。

③ 毛泽东：《毛泽东选集》（第二卷），人民出版社，1991年，第622~623页。

④ 沙健孙：《中国共产党与抗日战争》（上），中央文献出版社，2005年，第240页。

其民主性的精华，是发展民族新文化提高民族自信心的必要条件；但是决不能无批判地兼收并蓄。"① 毛泽东简洁明了的一句话，就指明了中国共产党对待传统文化的基本原则。

民族的科学的大众的文化，即新民主主义文化，不是对传统文化的全盘否定，而是批判继承。"民族性"要求"中国文化应有自己的形式，这就是民族形式。民族的形式，新民主主义的内容"；"科学性"是对待传统文化的态度，即"剔除其封建性的糟粕，吸收其民主性的精华"，"尊重历史"不是"颂古非今"；"大众性"即要求文化的性质是"民主"而非"封建"，是为"工农劳苦民众服务"。

1941 年 5 月，毛泽东发表《改造我们的学习》，又以马克思主义为指导，对中国古语中的"实事求是"进行了全新解读。"实事求是"语出《汉书·河间献王传》，书载汉景帝之子刘德，喜好学问，收集典籍，"修学好古，实事求是"。显然，传统文化中的"实事求是"，主要指重实际、重考据的治学之道。在《改造我们的学习》一文中，毛泽东说："'实事'就是客观存在着的一切事物，'是'就是客观事物的内部联系，即规律性，'求'就是我们去研究。我们要从国内外、省内外、县内外、区内外的实际情况出发，从其中引出其固有的而不是臆造的规律性，即找出周围事变的内部联系，作为我们行动的向导。"② 通过这种解读，不仅继续保留了"实事求是"作为一个国人耳熟能详的成语典故这一古代优秀传统文化的优质载体，还古为今用，推陈出新，赋予其崭新的时代内涵，成为一个极具中国智慧、中国作风和中国气派的马克思主义科学命题，成为中国共产党人从此践行的核心价值理念。

1942 年 4 月，鲁迅艺术文学院所属鲁艺平剧团与八路军一二〇师政治部所属战斗平剧社合并，组建延安平剧研究院。同年 10 月，延安平剧研究院举行正式成立大会，毛泽东亲笔题词"推陈出新"。可以说，从此，"推陈出新"就成了我党对待我国古代优秀传统文化的主要工作方针。

1943 年整风期间，中共中央在关于共产国际解散的文件中指出，"中国共产党人是马克思列宁主义者。因为马克思列宁主义是科学，而科学是没有国界的。中国共产党人必将继续根据自己的国情，灵活地运用和发挥马克思

---

① 毛泽东：《毛泽东选集》（第二卷），人民出版社，1991 年，第 707～708 页。
② 毛泽东：《毛泽东选集》（第三卷），人民出版社，1991 年，第 801 页。

列宁主义"①。文件甚至明确指出："中国共产党人是我们民族一切文化、思想、道德的最优秀传统的继承者，把这一切优秀的传统看成和自己血肉相连的东西，而且将继续加以发扬光大。"② 中国共产党所进行的"整风运动就是要使得马克思列宁主义这一革命科学更进一步地和中国革命实践、中国历史、中国文化深相结合起来"③。

1945 年 4 月，党的七大在延安胜利召开，毛泽东在会上作的《论联合政府》报告中提出："对于中国古代文化，同样，既不是一概排斥，也不是盲目搬用，而是批判地接收它，以利于推进中国的新文化。"④ 同时，刘少奇也在大会政治报告中明确指出："对于中国的与外国的历史遗产，我们既不是笼统地一概反对，也不是笼统地一概接受，而是以马克思主义的辩证唯物主义与历史唯物主义为基础，批判地接受其优良的和适用的东西，反对其错误的与不适用的东西。"⑤ 6 月 11 日，党的七大通过的新党章明确规定：中国共产党以马克思主义的辩证唯物主义与历史唯物主义为基础，"批判地接收中国的与外国的历史遗产"。"批判地接收中国的历史遗产"，显然，主要指的就是批判地继承我国古代优秀的传统文化。毛泽东、刘少奇在党的七大上关于对待我国古代优秀传统文化的态度与思想的正式表述，特别是党的七大通过的新党章关于对待我国古代优秀传统文化的态度与思想的正式表述，可以说，就以党内最高文献的形式，把批判继承原则作为我党对待我国古代优秀传统文化的根本指导原则确立了下来。

三、解放战争时期：出台法规保护

文物往往是优秀传统文化的载体。解放战争时期，我党特别注重这一优秀传统文化载体的保护工作，出台一系列法律法规。1946 年 2 月，中共中央出台《关于注意爱护古迹的指示》，禁止各地破坏古迹，对各地破坏、流失的古迹勒令予以修复、收回。1947 年 7 月，中央工委出台的《关于禁止

---

① 中共中央文献研究室、中央档案馆：《建党以来重要文献选编（一九二一——一九四九）》（第二十册），中央文献出版社，2011 年，第 318 页。

② 中共中央文献研究室、中央档案馆：《建党以来重要文献选编（一九二一——一九四九）》（第二十册），中央文献出版社，2011 年，第 318 页。

③ 中共中央文献研究室、中央档案馆：《建党以来重要文献选编（一九二一——一九四九）》（第二十册），中央文献出版社，2011 年，第 318~319 页。

④ 毛泽东：《毛泽东选集》（第三卷），人民出版社，1991 年，第 1083 页。

⑤ 刘少奇：《刘少奇选集》（上卷），人民出版社，1981 年，第 332 页。

毁坏古书、古迹的指示》规定："对于现有书籍及古物，如已分散的，应当尽可能设法收集凑拢。还没有分散的，务必指定专人妥当管理，或暂就原地保存，或在必要与方便时，集中在一定适当地方保管，准备将来集中到地方适当的图书馆，绝对不要任意破坏，或出卖。古庙古迹亦必须保存，禁止拆毁。已开始破坏的必须停止，将来统一处理。"① 1947 年 9 月，《中国土地法大纲》第九条丙款更是明确规定："名胜古迹，应妥为保护。被接收的有历史价值或学术价值的特殊的图书、古物、美术品等，应开具清单，呈交各地高级政府处理。"②

第三节 基本形成阶段（1949—1978 年）

1949 年新中国成立后，特别是随着 1956 年社会主义改造基本完成之后，新民主主义文化逐渐发展为社会主义新文化。在前一阶段对新民主主义文化与中国古代优秀传统文化的融合卓有成效的探索的基础上，新中国成立后，一直到改革开放前，对于社会主义新文化与中国古代优秀传统文化的关系及其融合的探索与实践，我党也取得了巨大成就。

一、"双百方针"的提出

"舞台小世界，世界大舞台。"戏曲在我国源远流长，种类繁多。除京剧外，还有很多地方剧种。1950 年，全国戏曲工作会议在北京召开，在这次会议上，发生了京剧和地方戏到底谁是主要的争论。1951 年 4 月 3 日，以著名京剧表演艺术家梅兰芳为首任院长的中国戏曲研究院在北京正式成立，结合 1942 年给延安平剧研究院的题词"推陈出新"，毛泽东为中国戏曲研究院题词"百花齐放，推陈出新"。1953 年，在谈到有关历史研究问题时，毛泽东提出要鼓励不同的意见见解，鼓励百家争鸣。在 1956 年 4 月 28 日中共中央政治局扩大会议上，毛泽东讲道："艺术问题上的百花齐放，学术

① 中共中央文献研究室、中央档案馆：《建党以来重要文献选编（一九二一——一九四九）》（第二十四册），中央文献出版社，2011 年，第 418 页。

② 中共中央文献研究室、中央档案馆：《建党以来重要文献选编（一九二一——一九四九）》（第二十四册），中央文献出版社，2011 年，第 418 页。

问题上的百家争鸣，我看应该成为我们的方针。"① "在中华人民共和国宪法的范围之内，各种学术思想，正确的，错误的，让他们去说，不去干涉他们。"② 5月2日，毛泽东又在最高国务会议第七次会议上正式提出实行"双百方针"。"百花齐放"是清代章回小说《镜花缘》中花神奉御旨召集百花齐放的故事，"百家争鸣"形容春秋战国时期诸子百家相互辩论的风气和局面，毛泽东借用两个古语，形象说明了在社会主义意识形态指导下，包括我国古代优秀传统文化在内的一切思想文化都享有充分的自由空间。显然，"双百方针"的提出，不仅为新中国社会主义新文化对我国古代优秀传统文化的继承和弘扬，更为新中国社会主义新文化对我国古代优秀传统文化的繁荣与发展定下了基调、指明了方向。

二、"古为今用"的提出

1953—1956年"一化三改造"比较好地完成，标志着我国正式进入了一个继两千年前率先进入封建文明后又一次世界领先的全新时代——社会主义的新时代。1956年召开的党的八大，就对社会主义新文化建设中如何充分继承和弘扬我国古代优秀的传统文化、保持民族性提出明确要求。八大认为，"对于中国过去的和外国的一切有益的文化知识，必须加以继承和吸收，并且必须利用现代的科学文化来整理我们优秀的文化遗产，努力创造社会主义的民族的新文化"③，强调"在我们对于封建主义和资本主义的思想体系进行批判的时候，我们对于旧时代有益于人民的文化遗产，必须谨慎地加以继承"④。

中国共产党始终在马克思主义的世界历史语境下推动中国文化转型，提出"古为今用、洋为中用"，正确回答了"古今中西"这一近代以来争论不休的论题，指明中国文化的转型方向既不是"复古"也不是"西化"，而是转变为社会主义新文化。

1956年在毛泽东同音乐工作者的谈话中再次讲到"古今中西"问题，

---

① 中共中央文献研究室：《毛泽东文集》（第七卷），人民出版社，1999年，第54页。

② 中共中央文献研究室：《毛泽东著作专题摘编》，中央文献出版社，2003年，第1572页。

③ 中共中央文献研究室、中央档案馆：《建党以来重要文献选编（一九二一——九四九）》（第九册），中央文献出版社，1994年，第348页。

④ 中共中央文献研究室、中央档案馆：《建党以来重要文献选编（一九二一——九四九）》（第九册），中央文献出版社，1994年，第79页。

可以概括为"古为今用、洋为中用"，即"向古人学习是为了现在的活人，向外国学习是为了今天的中国人"①，"中国的面貌，无论是政治、经济、文化，都不应该是旧的，都应该改变，但中国的特点要保存。应该是在中国的基础上面，吸取外国的东西。应该交配起来，有机地结合"②。"古为今用、洋为中用"表明中国传统文化现代转型是实现传统与现代、民族与世界、历史与现实的统一。

1960 年，在接见两个外国代表团时毛泽东又一次谈到"对中国的文化遗产应当充分地利用，批判地利用。中国几千年的文化，主要是封建时代的文化，但并不全是封建主义的东西，有人民的东西，有反封建的东西"③，"封建主义的东西也不全是坏的……反封建主义的文化也不是全部可以无批判地利用的。封建时代的民间作品，也多少都还带有封建统治阶级的影响"④。这一认识的改进，体现了党对传统文化态度从简单革命思维向多元建设思维的转变。

第四节　基本成熟阶段（1978—2012 年）

党的十一届三中全会以来，随着改革开放的渐次推进，随着包括文化工作在内的各方面工作的拨乱反正，我国经济、政治、文化等各项建设重回正轨，并开始高速发展。这一时期，我党更加重视保护与发展我国优秀传统文化，对待传统文化的态度也逐渐趋于理性与客观。

之所以如此，有着深刻的国内国际背景。首先，从国内来讲，由于改革开放以来我国开始转移工作重心，以经济建设为中心带来的经济高速发展，广大人民群众日益增长的物质生活需求得到较好满足的同时，对广大人民群众日益增长的文化生活需求的满足却相对滞后。如何解决这对矛盾成为时代课题。从国际上看，这一时期，和平与发展成为时代潮流，全球化背景下民族文化交流互动频繁，文化软实力在国际竞争中地位日渐凸显。然而，打开窗子，在享受新鲜空气的同时，难免也会飞进来"苍蝇"。这一时期，享乐主义、拜金主义、自由主义等一些不良外来文化开始进入我国，对我国优秀

---

① 中共中央文献研究室：《毛泽东文集》（第七卷），人民出版社，1999 年，第 82~83 页。
② 中共中央文献研究室：《毛泽东文集》（第七卷），人民出版社，1999 年，第 82 页。
③ 中共中央文献研究室：《毛泽东文集》（第八卷），人民出版社，1999 年，第 225 页。
④ 中共中央文献研究室：《毛泽东文集》（第八卷），人民出版社，1999 年，第 225 页。

传统文化形成冲击。如何抵抗外来不良文化对我国优秀传统文化的冲击，成为摆在我党面前的又一时代课题。

一、邓小平时期

（一）拨乱反正

1966—1976 年持续十年之久的"文化大革命"，对我党我国及全国人民来讲，都是一场浩劫。十年期间，许多好的思想、政策被抛弃，社会主义新文化建设中，特别是我党在保护和发展我国古代优秀传统文化为社会主义新文化服务中探索出来的很多好的思想理念、方针政策同样如此，都被抛弃。

1978 年党的十一届三中全会实现了我党全方位的拨乱反正。具体到文化建设领域，特别是在对待传统文化方面，我党在大革命时期、土地革命时期、抗日战争时期、解放战争时期以及新中国成立后，特别是 1956 年进入社会主义初级阶段后探索出来的许多保护和发展我国古代优秀传统文化的好的思想理念、方针政策重新得以恢复。1979 年 10 月 30 日，邓小平在中国文学艺术工作者第四次代表大会上的祝词中指出："我国古代的和外国的文艺作品、表演艺术中一切进步的和优秀的东西，都应当借鉴和学习。"[1] 1981 年党的十一届六中全会通过的《中共中央委员会关于建国以来党的若干历史问题的决议》更是再次集中提出，要"发展民族的、科学的、大众的文化，实行百花齐放、推陈出新、古为今用、洋为中用的方针"[2]。

（二）邓小平理论对我国古代优秀传统文化的继承与发展

1. 邓小平理论进一步继承丰富和发展了我国传统民本思想

我国古代优秀传统文化中有很多关于民本的思想。如《尚书》"民为邦本"的思想、孔子"节用爱人"的思想、孟子"民贵君轻"的思想以及明末清初著名思想家黄宗羲"民主君客"的思想。

邓小平理论极大地继承、丰富和发展了我国传统民本思想。邓小平认

① 邓小平：《邓小平文选》（第二卷），人民出版社，1994 年，第 210 页。
② 《中共中央委员会关于建国以来党的若干历史问题的决议》，人民出版社，1981 年，第 45 页。

为：“党必须密切联系群众和依靠群众，而不能脱离群众，不能站在群众之上；每一个党员必须养成为人民服务、向群众负责、遇事同群众商量和同群众共甘苦的工作作风。”①　邓小平指出：“党只有紧紧地依靠群众，密切地联系群众，随时听取群众的呼声，了解群众的情绪，代表群众的利益，才能形成强大的力量，顺利地完成自己的各项任务。”②　邓小平还指出：“群众是我们力量的源泉，群众路线和群众观点是我们的传家宝。党的组织、党员和党的干部，必须同群众打成一片，绝不能同群众相对立。如果哪个党组织严重脱离群众而不能坚决改正，那就丧失了力量的源泉，就一定要失败，就会被人民抛弃。”③　同时，邓小平强调：“我们党提出的各项重大任务，没有一项不是依靠广大人民的艰苦努力来完成的。”④　正是在以邓小平为核心的党的第二代中央领导集体的坚决支持下，1981 年，党的十一届六中全会通过的《关于建国以来党的若干历史问题的决议》，第一次把群众路线确定为毛泽东思想的三个“活的灵魂”之一。在邓小平1992 年春视察南方发表的著名的南方谈话中提出的衡量一切工作是非得失的判断标准，即“三个有利于”——是否有利于发展社会主义社会的生产力、是否有利于增强社会主义国家的综合国力、是否有利于提高人民的生活水平，其中第三个有利于就是“是否有利于人民”。1992 年秋，党的十四大报告正式将群众路线高度概括为我们今天耳熟能详的五句话：“一切为了群众，一切依靠群众，从群众中来，到群众中去，把党的正确主张变为群众的自觉行动。”⑤　当然，最能体现邓小平传。统民本思想人民情怀的，还是那著名的最有情怀的经典句子：“我是中国人民的儿子，我深深地爱着我的祖国和人民。”⑥

　　2. 邓小平理论进一步继承丰富和发展了我国传统小康富民思想

　　“小康”一词最早出现在《诗经·大雅》，文载“民亦劳止，汔可小康”。在我国古代历史文明的长河中，“小康”渐渐被视作一种衣食无忧的理想社会模式为国人所向往。春秋战国时期，中国优秀传统文化最重要的缔造者、

---

①　邓小平：《邓小平文选》（第一卷），人民出版社，1994 年，第 217 页。
②　邓小平：《邓小平文选》（第二卷），人民出版社，1994 年，第 342 页。
③　邓小平：《邓小平文选》（第二卷），人民出版社，1994 年，第 368 页。
④　邓小平：《邓小平文选》（第三卷），人民出版社，1993 年，第 4 页。
⑤　中共中央文献研究室：《改革开放三十年重要文选》（下），中央文献出版社，2008 年，第 1748 页。
⑥　中共中央文献研究室：《回忆邓小平》（下），中央文献出版社，1998 年，第 248 页。

儒家学派的最早代表人物孔子提出了一系列的富民思想。《论语·里仁》说："富与贵，是人之所欲也。""贫与贱，是人之所恶也。"《论语·颜渊》云："足食、足兵、民信之矣。"《孔子家语·闲居》还说："政之所急，莫大于使民富且寿。"

邓小平极大地继承丰富和发展了我国传统小康富民思想。邓小平认为，"社会主义财富属于人民，社会主义的致富是全民共同富裕"[①]，社会主义的本质是"解放生产力，发展生产力，消灭剥削，消除两极分化，最终达到共同富裕"[②]。而在怎样解放和发展生产力上，邓小平著名的"猫论"（白猫黑猫，逮着老鼠就是好猫）、"摸论"（摸着石头过河），满满的都是中国元素、中国传统智慧。

不过，在具体的路径选择上，邓小平也明确指出，不同于传统思想，共同富裕不是同步富裕，也不是同等富裕，而是让一部分人先富起来，先富带后富，即"一部分地区有条件先发展起来，一部分地区发展慢点，先发展起来的地区带动后发展的地区，最终达到共同富裕"[③]。同时，邓小平还认为，共同富裕的实现必须循序渐进，走"三步走"发展战略。具体为：第一步，到 20 世纪 80 年代末，实现国民生产总值比 1980 年翻一番，解决人民的温饱问题；第二步，到 20 世纪末，使国民生产总值再增长一倍，人民生活达到小康水平；第三步，到 21 世纪中叶，人均国民生产总值达到中等发达国家水平，人民生活比较富裕，基本实现现代化。

二、江泽民、胡锦涛时期

（一）"三个代表"重要思想对我国古代优秀传统文化的继承与发展

1992 年，江泽民在党的十四大报告中明确提出：在实行市场经济的今天，更应该继承和弘扬中华民族的优秀文化成果，在社会主义现代化建设中，建设高度先进的精神文明。

1996 年 1 月 24 日，江泽民指出："一个民族只有在努力发展经济的同

① 邓小平：《邓小平文选》（第三卷），人民出版社，1993 年，第 172 页。
② 邓小平：《邓小平文选》（第三卷），人民出版社，1993 年，第 373 页。
③ 邓小平：《邓小平文选》（第三卷），人民出版社，1993 年，第 374 页。

时，保持和发扬自己的民族文化特色，才能真正自立于世界民族之林。"①

1997 年 11 月 1 日，在哈佛大学的演讲中，江泽民讲道："中国在自己发展的长河中，形成了优良的历史文化传统。这些传统，随着时代变迁和社会进步获得扬弃和发展，对今天中国人的价值观念、生活方式和中国的发展道路，具有深刻的影响。"②

2002 年，在党的十六大报告中，江泽民强调必须把弘扬民族精神放在极其重要的位置，更加表明了中华传统文化在建设社会主义现代化过程中不可替代的作用。

1. 批判继承"德治思想"，倡导"以德治国"

"德治思想"在我国古代源远流长。《论语·为政》中孔子认为："为政以德，譬如北辰，居其所而众星共之。"③ 孔子还认为："道之以政，齐之以刑，民免而无耻；道之以德，齐之以礼，有耻且格。"④

2000 年 6 月 28 日，在中央思想政治工作会议上，江泽民首次提出"法治""德治"相结合的思想。他讲道："法治以其权威性和强制手段规范社会成员的行为，德治以其说服力和劝导力提高社会成员的思想认识和道德觉悟。道德规范和法律规范应该相互结合，统一发挥作用。"⑤ 2001 年 1 月，在全国宣传部长会议上，江泽民明确提出了"把依法治国与以德治国紧密结合起来"的治国方略。他说："我们在建设有中国特色社会主义、发展社会主义市场经济的过程中，要坚持不懈地加强社会主义法制建设、依法治国；同时也要坚持不懈地加强社会主义道德建设，以德治国。对一个国家的治理来说，法治和德治，从来都是相辅相成、相互促进的。二者缺一不可，也不可偏废。法治属于政治建设、属于政治文明，德治属于思想建设、属于精神文明。二者范畴不同，但其地位和功能都是非常重要的。我们要把法制建设与道德建设紧密结合起来，把依法治国与以德治国紧密结合起来。"⑥ 2002 年，党的十六大报告正式提出，"实行依法治国和以德治国相结合"。

---

① 江泽民：《江泽民文选》（第一卷），人民出版社，2006 年，第 507 页。
② 中共中央文献研究室：《十五大以来重要文献选编》（上），人民出版社，2000 年，第 71～72 页。
③ 臧知非注说：《论语》，河南大学出版社，2008 年，第 112 页。
④ 臧知非注说：《论语》，河南大学出版社，2008 年，第 112 页。
⑤ 江泽民：《江泽民文选》（第三卷），人民出版社，2006 年，第 91 页。
⑥ 江泽民：《江泽民文选》（第三卷），人民出版社，2006 年，第 200 页。

2. 汲取古人"天人合一"思想，主张可持续发展

源远流长的中国古代优秀传统文化中包含着许多人与自然和谐相处的思想理念，具有代表性的首推"天人合一"思想。《周易》指出："大人者与天地合其德，与日月合其明，与四时合其序。"战国时惠施认为"爱万物，天地一体也"。汉代董仲舒明确提出"天人之际，合而为一"。宋代哲学家张载在其《正蒙·西铭》中明确提出"天人合一"的命题。

可持续发展是现代人为了解决人口与资源环境生态之间的良性发展问题而提出的一种新的社会发展理念。改革开放以来，我国经济持续高速增长，国家综合国力迅速增强，人民生活显著改善的同时，资源环境生态也付出了沉重代价。炎黄子孙需要一代代繁衍生息，中国特色社会主义事业需要后继有人，如何汲取古人智慧，古为今用，实现人与自然的和谐相处，实现可持续发展，成为摆在我国经济社会发展面前又一必须解决的重大时代课题。

1995 年 9 月，在党的十四届五中全会上，江泽民明确指出："在现代化建设中，必须把实现可持续发展作为一个重大战略。"[1]

1996 年 3 月，在中央计划生育座谈会上，江泽民再次指出："可持续发展，就是既要考虑当前发展的需要，又要考虑未来发展的需要，不要以牺牲后代人的利益为代价来满足当代人的利益。实现可持续发展，是人类社会发展的必然要求，已经成为世界许多国家关注的一个重大问题。中国是世界上人口最多的发展中国家，这个问题更具有紧迫性。"[2]

1997 年 9 月，在党的十五大报告中，江泽民指出："我国是人口众多、资源相对不足的国家，在现代化建设中必须实施可持续发展战略。"[3]

1999 年 3 月，在中央人口资源环境工作座谈会上，江泽民更是将可持续发展战略提升到了基本国策的高度。他说："在世纪之交，促进我国经济和社会的可持续发展……这是根据我国国情和长远发展的战略目标而确定的基本国策。"[4]

---

① 江泽民：《江泽民文选》（第一卷），人民出版社，2006 年，第 463 页。
② 江泽民：《江泽民文选》（第一卷），人民出版社，2006 年，第 518 页。
③ 江泽民：《江泽民文选》（第二卷），人民出版社，2006 年，第 26 页。
④ 中共中央文献研究室：《江泽民论有中国特色社会主义（专题摘编）》，中央文献出版社，2002 年，第 281 页。

（二）科学发展观对我国古代优秀传统文化的继承与发展

2006 年 4 月 21 日，胡锦涛在美国耶鲁大学的演讲中也指出："中华民族在漫长历史发展中形成的独具特色的文化传统，深深影响了古代中国，也深深影响着当代中国。现时代中国强调的以人为本、与时俱进、社会和谐、和平发展，既有着中华文明的深厚根基，又体现了时代发展的进步精神。"①

同时，胡锦涛强调："坚持中国特色社会主义文化发展道路，必须继承和发扬中华优秀文化传统，大力弘扬中华文化，建设中华民族共有精神家园。中华文化源远流长、博大精深，积淀着中华民族的深厚精神，是中华民族生生不息、团结奋进的不竭动力，是发展中国特色社会主义文化的深厚基础。"②

1. 汲取古人"民本思想"，主张"以人为本"

"以人为本"最早由我国春秋时期齐国政治家管仲提出，《管子·霸言》曰："夫霸王之所始也，以人为本。本治则固国，本乱则国危。"③

2003 年 7 月 1 日，胡锦涛在学习"三个代表"重要思想理论研讨会上指出，相信谁、依靠谁、为了谁，是否始终站在最广大人民的立场上，是区分唯物史观和唯心史观的分水岭，也是判断马克思主义政党的试金石。

2007 年，在党的十七大报告中，胡锦涛强调，以人为本，"要始终把实现好、维护好、发展好最广大人民的根本利益作为党和国家一切工作的出发点和落脚点，尊重人民主体地位，发挥人民首创精神，保障人民各项权益，走共同富裕道路，促进人的全面发展，做到发展为了人民、发展依靠人民、发展成果由人民共享。"④

2008 年，在纪念党的十一届三中全会召开 30 周年大会上的讲话中，胡锦涛再次要求全党"必须把尊重人民首创精神同加强和改善党的领导结合起来，坚持执政为民，紧紧依靠人民，切实造福人民"⑤。

---

① 胡锦涛：《胡锦涛文选》（第二卷），人民出版社，2016 年，第 438 页。
② 胡锦涛：《胡锦涛文选》（第三卷），人民出版社，2016 年，第 565 页。
③ 管仲撰，吴文涛、张善良编著：《管子》，北京燕山出版社，1995 年，第 207 页。
④ 胡锦涛：《胡锦涛文选》（第二卷），人民出版社，2016 年，第 624 页。
⑤ 胡锦涛：《在纪念党的十一届三中全会召开 30 周年大会上的讲话》，人民出版社，2008 年，第 17～18 页。

2. 汲取古人"和合文化"精粹，提出社会主义和谐社会思想

2005年2月19日，在中央党校省部级领导干部"提高构建社会主义和谐社会能力专题研讨班"上，胡锦涛第一次系统阐述了构建社会主义和谐社会的基本构想。讲话中，他引经据典，列举了我国历史上多位著名思想家的有关经典论断。如孔子的"和为贵"、墨子的"兼相爱"、孟子的"老吾老以及人之老，幼吾幼以及人之幼"、《礼记》中"大道之行也，天下为公，选贤与能，讲信修睦"、洪秀全的"务使天下共享"、康有为的"天下为公"。

2004年9月，在党的十六届四中全会通过的《中共中央关于加强党的执政能力建设的决定》，首次明确提出"中国共产党人需要拥有构建社会主义和谐社会的能力"，从而正式提出"社会主义和谐社会"这一概念。2005年2月19日，在中央党校省部级领导干部"提高构建社会主义和谐社会能力专题研讨班"上，胡锦涛首次对社会主义和谐社会的科学内涵进行了集中阐述。胡锦涛提出："我们所要建设的社会主义和谐社会，应该是民主法治、公平正义、诚信友爱、充满活力、安定有序、人与自然和谐相处的社会。"① 2006年10月，中共十六届六中全会审议并通过了《中共中央关于构建社会主义和谐社会若干重大问题的决定》，全面论述了构建社会主义社会的重要性和紧迫性、指导思想、目标任务和原则、主要任务，标志着社会主义和谐社会思想的成熟。2007年10月，社会主义和谐社会思想正式进入党的十七大报告，最终以党内最高文献的形式得以确认。

3. 汲取古人荣辱观思想，提出以"八荣八耻"为主要内容的社会主义荣辱观

我国古人很早就提出了一系列个人思想言行是否合乎规范评价标准的核心价值判断思想。一方面，古人高度重视抵制"邪气"。孔子明确要求大家要"行己有耻"，认为一个国家"道之以德，齐之以礼，有耻且格"②。孟子提出"人不可以无耻，无耻之耻，无耻矣"③。《礼记》认为"知耻近乎勇"④。《管子》更是提出："国有四维，一维绝则倾，二维绝则危，三维绝则覆，四维绝则灭。倾可正也，危可安也，覆可起也，灭不可复错也。何谓

---

① 胡锦涛：《胡锦涛文选》（第二卷），人民出版社，2016年，第285页。
② 臧知非注说：《论语》，河南大学出版社，2008年，第112页。
③ 孟轲著，王常则译注：《孟子》，山西古籍出版社，2003年，第209页。
④ 关立勋：《孔子名言译评》，华文出版社，2002年，第162页。

四维？一曰礼，二曰义，三曰廉，四曰耻。"① 另一方面，古人也高度重视弘扬正气，如以顾炎武"天下兴亡，匹夫有责"为代表的爱国主义精神，以孔子"君子喻于义，小人喻于利"② 为代表的义利观、"与朋友交，言而有信"③ "言必信，行必果"④ 为代表的诚信观，以孟子"老吾老以及人之老，幼吾幼以及人之幼"⑤ 为代表的博爱精神，以《尚书》"克勤于邦，克俭于家"为代表的勤俭思想，以范仲淹"先天下之忧而忧，后天下之乐而乐"、林则徐"苟利国家生死以，岂因祸福避趋之"⑥ 为代表的家国情怀，等等。

2006 年 3 月 4 日，在全国政协民盟、民进联组会上，胡锦涛首次提出以"八荣八耻"为主要内容的社会主义荣辱观思想。即："以热爱祖国为荣、以危害祖国为耻，以服务人民为荣、以背离人民为耻，以崇尚科学为荣、以愚昧无知为耻，以辛勤劳动为荣、以好逸恶劳为耻，以团结互助为荣、以损人利己为耻，以诚实守信为荣、以见利忘义为耻，以遵纪守法为荣、以违法乱纪为耻，以艰苦奋斗为荣、以骄奢淫逸为耻。"⑦

显然，胡锦涛社会主义荣辱观思想充分吸取了我国优秀传统文化的精髓，古为今用，推陈出新，成为我们今天大力构建社会主义和谐社会的思想基础。

第五节　全面成熟阶段（2012 年至今）

经过百年来一代代中国共产党人的不懈探索，我党对保护和发展中国优秀传统文化的态度与政策终于迎来了瓜熟蒂落、全面成熟的时候。2012 年党的十八大以来，以习近平同志为核心的党中央，倾力践行我党批判继承、古为今用、推陈出新、创新发展的文化方针，全面传承弘扬中华优秀传统文化，科学全面系统认识中华优秀传统文化，将中华优秀传统文化运用于治国理政，将中华优秀传统文化运用于构建"人类命运共同体"。2013 年 11 月，习近平在视察中华优秀传统文化的发祥地——山东时指出，"中华优秀传统

① 管仲撰，吴文涛、张善良编著：《管子》，北京燕山出版社，1995 年，第 20 页。
② 臧知非注说：《论语》，河南大学出版社，2008 年，第 131 页。
③ 臧知非注说：《论语》，河南大学出版社，2008 年，第 108 页。
④ 臧知非注说：《论语》，河南大学出版社，2008 年，第 203 页。
⑤ 孟轲著，王常则译注：《孟子》，山西古籍出版社，2003 年，第 10 页。
⑥ 赵存生：《中国精神读本》，安徽人民出版社，2008 年，第 1 页。
⑦ 胡锦涛：《胡锦涛文选》（第二卷），人民出版社，2016 年，第 430 页。

文化是中华民族的突出优势，中华民族伟大复兴需要以中华文化发展繁荣为条件，必须大力弘扬中华优秀传统文化"[①]。当前，中华优秀传统文化不仅成为我党不忘初心、牢记使命，为中国人民谋幸福、为中华民族谋复兴的强大精神动力，也成为我党胸怀世界、为世界人民谋大同的强大精神动力。

一、科学全面系统认识中国优秀传统文化

（一）中国优秀传统文化是中国特色社会主义文化的重要组成部分

2012 年 11 月 15 日，在同中外记者见面会上，刚刚当选新一届中共中央总书记的习近平说："我们的人民是伟大的人民。在漫长的历史进程中，中国人民依靠自己的勤劳、勇敢、智慧，开创了各民族和睦共处的美好家园，培育了历久弥新的优秀文化。"[②] 2013 年 6 月，习近平总书记在中共中央政治局第七次集体学习时指出，"实现中国梦必须走中国道路。这就是中国特色社会主义道路。这条道路来之不易，它是在改革开放 30 多年的伟大实践中走出来的，是在中华人民共和国成立 60 多年的持续探索中走出来的，是在对近代以来 170 多年中华民族发展历程的深刻总结中走出来的，是在对中华民族 5000 多年悠久文明的传承中走出来的，具有深厚的历史渊源和广泛的现实基础。"[③] 习近平这句话，特别是中国特色社会主义这条道路"是在对中华民族 5000 多年悠久文明的传承中走出来的"这句表述，全面肯定了中国特色社会主义特别是中国特色社会主义文化对中国优秀传统文化的继承和发展关系。

2017 年 10 月，在党的十九大报告中，习近平更是高屋建瓴、一锤定音："中国特色社会主义文化，源自于中华民族五千多年文明历史所孕育的中华优秀传统文化，熔铸于党领导人民在革命、建设、改革中创造的革命文化和社会主义先进文化，植根于中国特色社会主义伟大实践。"[④] 习近平这句话表明，同"革命文化""社会主义先进文化"和"中国特色社会主义伟

---

① 中共中央宣传部：《习近平总书记系列重要讲话读本》，学习出版社、人民出版社，2014年，第 99～100 页。

② 习近平：《习近平谈治国理政》（第一卷），外文出版社，2018 年，第 4 页。

③ 习近平：《习近平谈治国理政》（第一卷），外文出版社，2018 年，第 39～40 页。

④ 习近平：《习近平谈治国理政》（第三卷），外文出版社，2020 年，第 32 页。

大实践"一道，"中华优秀传统文化"已经成为中国特色社会主义文化理论来源的四大源头之一，已经成为中国特色社会主义文化的重要组成部分。

2014年9月，习近平在纪念孔子诞辰2565周年国际学术研讨会暨国际儒学联合会第五届会员大会开幕会上指出：我们今天传承和弘扬中华优秀传统文化，必须"坚持古为今用、推陈出新，结合新的实践和时代要求来进行正确取舍，而不能一股脑儿都拿到今天来照套照用。要坚持古为今用、以古鉴今，坚持有鉴别的对待、有扬弃的继承，而不能搞厚古薄今、以古非今，努力实现传统文化的创造性转化、创新性发展，使之与现实文化相融相通，共同服务以文化人的时代任务"①。

习近平"中华优秀传统文化是中国特色社会主义文化的重要组成部分"的思想，是我党自诞生以来对中华优秀传统文化的最重要的总结性认识。这个最重要的总结性认识，准确赋予了中华优秀传统文化在中国特色社会主义文化中应有的地位和作用；使中华优秀传统文化既能真正传承历史、横贯古今，又能服务现实、开拓未来；标志着我党一个世纪以来对保护和发展中华优秀传统文化的探索最终走向成熟。

（二）中国优秀传统文化已经成为中华民族的基因、民族文化血脉和中华民族的精神命脉

在2014年5月4日北京大学师生座谈会上的重要讲话《青年要自觉践行社会主义核心价值观》中，习近平明确指出，一个人有自己的基因，一个家族有自己家族的基因，一个民族有本民族的基因。习近平总书记强调："中华文明绵延数千年，有其独特的价值体系。中华优秀传统文化已经成为中华民族的基因，植根在中国人内心，潜移默化影响着中国人的思想方式和行为方式。"② 正是如此，习近平进一步指出，今天我们提倡和弘扬的社会主义核心价值观，都"必须从中汲取丰富营养"，"否则就不会有生命力和影响力"。在这个地方，习近平一口气举出了19种我们今天提倡和弘扬社会主义核心价值观都必须从中汲取丰富营养的中国优秀传统文化。习近平同时指出："像这样的思想和理念，不论过去还是现在，都有其鲜明的民族特色，都有其永不褪色的时代价值。这些思想和理念，既随着时间推移和时代变迁而不断与时俱进，又有其自身的连续性和稳定性。我们生而为中国人，最根

---

① 习近平：《习近平谈治国理政》（第二卷），外文出版社，2017年，第313页。

② 习近平：《习近平谈治国理政》（第一卷），外文出版社，2018年，第170页。

本的是我们有中国人的独特精神世界，有百姓日用而不觉的价值观。我们提倡的社会主义核心价值观，就充分体现了对中华优秀传统文化的传承和升华。"①

2014 年 5 月 31 日，习近平在北京市海淀区民族小学主持召开座谈会时的讲话中指出："中华民族有着 5000 多年的悠久历史和灿烂文化，而且中华文明从远古一直延续发展到今天。为什么中华民族能够在几千年的历史长河中顽强生存和不断发展呢？很重要的一个原因，是我们民族有一脉相承的精神追求、精神特质、精神脉络。"②

2014 年 9 月 25 日，习近平在纪念孔子诞辰 2565 周年国际学术研讨会暨国际儒学联合会第五届会员大会开幕会上的重要讲话中指出："总之，只有坚持从历史走向未来，从延续民族文化血脉中开拓前进，我们才能做好今天的事业。"③

2014 年 10 月 15 日，习近平在全国文艺工作座谈会上的重要讲话中更是明确指出："中华优秀传统文化是中华民族的精神命脉，是涵养社会主义核心价值观的重要源泉，也是我们在世界文化激荡中站稳脚跟的坚实根基。"④

习近平总书记强调中华优秀传统文化是中华民族的"民族基因""民族文化血脉""中华民族的精神命脉"的思想，把对中华优秀传统文化的认识提升到了一个新的高度。

（三）中国优秀传统文化中蕴藏着解决当代人类面临的难题的重要启示

2014 年 3 月 30 日，习近平在德国科尔伯基金会的演讲中讲道："中华民族是爱好和平的民族。一个民族最深沉的精神追求，一定要在其薪火相传的民族精神中来进行基因测序。有着 5000 多年历史的中华文明，始终崇尚和平，和平、和睦、和谐的追求深深植根于中华民族的精神世界之中，深深溶化在中国人民的血脉之中。中国自古就提出了'国虽大，好战必亡'的箴言。'以和为贵'、'和而不同'、'化干戈为玉帛'、'国泰民安'、'睦邻友

---

① 习近平：《习近平谈治国理政》（第一卷），外文出版社，2018 年，第 170~171 页。
② 习近平：《习近平谈治国理政》（第一卷），外文出版社，2018 年，第 180~181 页。
③ 习近平：《在纪念孔子诞辰 2565 周年国际学术研讨会暨国际儒学联合会第五届会员大会开幕会上的讲话》，人民日报，2014 年 9 月 25 日第 1 版。
④ 习近平：《在文艺工作座谈会上的讲话》，人民出版社，2015 年，第 25 页。

邦'、'天下太平'、'天下大同'等理念世代相传。中国历史上曾经长期是世界上最强大的国家之一，但没有留下殖民和侵略他国的记录。我们坚持走和平发展道路，是对几千年来中华民族热爱和平的文化传统的继承和发扬。"①

2014 年 9 月，在纪念孔子诞辰 2565 周年国际学术研讨会上，习近平指出，包括儒家思想在内的中国优秀传统文化中蕴藏着解决当代人类面临的难题的重要启示。习近平一口气列举了"蕴藏着解决当代人类面临的难题"的"道法自然、天人合一的思想，天下为公、大同世界的思想"等 15 种中国优秀传统文化。他进一步明确指出，"中国优秀传统文化的丰富哲学思想、人文精神、教化思想、道德理念等，可以为人们认识和改造世界提供有益启迪，可以为治国理政提供有益启示，也可以为道德建设提供有益启发"②。

二、将中国优秀传统文化运用于治国理政

（一）全面汲取中国优秀传统文化精髓，倡导社会主义核心价值观

每个社会都有每个社会的核心价值观，而任何国家、社会的核心价值观都不是凭空而来的，特别是同这个国家、社会，这个民族的历史文化，有很强的渊源关系。经过 90 年一代一代中国共产党人的不懈探索，2012 年党的十八大报告中，我党全面汲取中国优秀传统文化精粹，厚积薄发，首次提出并倡导全社会培育和践行以二十四字为主要内容的社会主义核心价值观。党的十八大报告提出："倡导富强、民主、文明、和谐，倡导自由、平等、公正、法治，倡导爱国、敬业、诚信、友善，积极培育和践行社会主义核心价值观。"③

以三个层面、十二个词语、二十四字为主要内容的社会主义核心价值观，满满都是中国元素，囊括了中国古代优秀传统文化的精粹。首先，二十四字社会主义核心价值观前四个词语、八个字"富强、民主、文明、和谐"，是从国家层面来探讨社会主义核心价值观的。这与西方主要都从个人、社会特

---

① 习近平：《习近平谈治国理政》（第一卷），外文出版社，2018 年，第 265 页。

② 习近平：《在纪念孔子诞辰 2565 周年国际学术研讨会暨国际儒学联合会第五届会员大会开幕会上的讲话》，人民日报，2014 年 9 月 25 日第 1 版。

③ 中共中央文献研究室：《十八大以来重要文献选编》（上），中央文献出版社，2014 年，第 25 页。

别是个人层面探讨核心价值观迥然不同，这就鲜明体现了中华民族千百年来始终弘扬传承至今的先国后家的浓浓的家国情怀，对祖国繁荣昌盛的殷殷期盼。其次，"自由、平等、公正、法治"，是从社会层面来探讨社会主义核心价值观，是对美好社会的生动表述，也体现了我党矢志不渝，为了追求人民美好生活长期实践的核心价值理念。最后，"爱国、敬业、诚信、友善"，是从公民个人层面来探讨社会主义核心价值观。而其打头的一个词语"爱国"，就是在要求我们公民个人要培育和践行这样一种家国情怀。这也与西方奉行个人主义、个人至上的核心价值观迥然不同。

2014 年 5 月 4 日，五四运动爆发 95 周年之际，习近平来到北京大学考察，在同广大师生的座谈会上，发表了题为"青年要自觉践行社会主义核心价值观"的重要讲话。在这篇 6000 字的讲话中，习近平旁征博引，其中，引用中国优秀传统文化经典就达 30 多处。在谈到我们提倡和弘扬社会主义核心价值观必须从中国优秀传统文化中汲取丰富营养时，习近平一口气就引用了 19 句中国优秀传统文化经典——"民惟邦本""天人合一""和而不同""天行健，君子以自强不息""大道之行也，天下为公""天下兴亡，匹夫有责""君子喻于义""君子坦荡荡""君子义以为质""言必信，行必果""人而无信，不知其可也""德不孤，必有邻""仁者爱人""与人为善""己所不欲，勿施于人""出入相友，守望相助""老吾老以及人之老，幼吾幼以及人之幼""扶贫济困""不患寡而患不均"。在谈到怎样树立和培育社会主义核心价值观时，习近平向广大青年特别是大学生提出了四点要求：一是要勤学，二是要修德，三是要明辨，四是要笃实。关于第一点要求——要勤学，习近平除了引用古希腊哲学家"知识即美德"的经典表述外，更是连续引用了三句中国优秀传统文化经典。其中，"非学无以广才，非志无以成学"，语出诸葛亮《诫子书》；"哪里有天才，我是把别人喝咖啡的工夫都用在工作上的"，语出鲁迅；大学阶段，"恰同学少年，风华正茂"，语出毛泽东《沁园春·长沙》。关于第二点要求——要修德，习近平也连续引用了三句中国优秀传统文化经典。"德者，本也"，语出《大学》；"若无德，则虽体魄智力发达，适足助其为恶"，语出蔡元培；"见善则迁，有过则改"，语出《周易》。关于第三点要求——要明辨笃实，习近平也引用了两句中国优秀传统文化经典。其中，"学而不思则罔，思而不学则殆"，语出《论语》，"千淘万漉虽辛苦，吹尽狂沙始到金"，语出唐刘禹锡《浪淘沙》。关于第四点要求——要笃实，习近平还是引用了两句中国优秀传统文化经典。其中，"博学之，审问之，慎思之，明辨之，笃行之"，语出《礼记》；"天下难事，必作于易；天下大事，必作于细"，语出《道德经》。习近平善于用典，不断激活优秀传统文化，赋予其鲜活的当代价值和现实意义，是弘扬优秀传统文化的典范。

（二）实施中华优秀传统文化传承发展工程

2017年1月，中共中央办公厅、国务院办公厅印发《关于实施中华优秀传统文化传承发展工程的意见》（以下简称《意见》）。以中央文件形式专题阐述中华优秀传统文化传承发展工作，在我党的百年发展历史上，还是第一次。

《关于实施中华优秀传统文化传承发展工程的意见》分四部分18条。第一部分，主要谈实施中华优秀传统文化传承发展工程的重要意义和总体要求，阐述了"为什么要实施中华优秀传统文化传承发展工程"。第二部分，主要谈实施中华优秀传统文化传承发展工程的主要内容，阐述了"实施什么样的中华优秀传统文化传承发展工程"。第三、四部分，主要谈实施中华优秀传统文化传承发展工程的重点任务、组织实施和保障措施，阐述了"怎样实施中华优秀传统文化传承发展工程"。

关于实施中华优秀传统文化传承发展工程的重要意义，《意见》指出，中华文化源远流长、灿烂辉煌。在5000多年文明发展中孕育的中华优秀传统文化，积淀着中华民族最深沉的精神追求，代表着中华民族独特的精神标识，是中华民族生生不息、发展壮大的丰厚滋养，是中国特色社会主义植根的文化沃土，是当代中国发展的突出优势，对延续和发展中华文明、促进人类文明进步，发挥着重要作用。

关于实施中华优秀传统文化传承发展工程的指导思想，《意见》指出，要高举中国特色社会主义伟大旗帜，全面贯彻党的十八大和十八届三中全会、四中全会、五中全会、六中全会精神，坚持以马克思列宁主义、毛泽东思想、邓小平理论、"三个代表"重要思想、科学发展观为指导，深入贯彻习近平总书记系列重要讲话精神和治国理政新理念、新思想、新战略，紧紧围绕实现中华民族伟大复兴的中国梦，深入贯彻新发展理念，坚持以人民为中心的工作导向，坚持以社会主义核心价值观为引领，坚持创造性转化、创新性发展，坚守中华文化立场、传承中华文化基因，不忘本来、吸收外来、面向未来，汲取中国智慧、弘扬中国精神、传播中国价值，不断增强中华优秀传统文化的生命力和影响力，创造中华文化新辉煌。

关于实施中华优秀传统文化传承发展工程的基本原则，《意见》提出了五大基本原则。一是牢牢把握社会主义先进文化前进方向，二是坚持以人民为中心的工作导向，三是坚持创造性转化和创新性发展，四是坚持交流互鉴、开放包容，五是坚持统筹协调、形成合力。

关于实施中华优秀传统文化传承发展工程的总体目标，《意见》提出，到 2025 年，中华优秀传统文化传承发展体系基本形成，研究阐发、教育普及、保护传承、创新发展、传播交流等方面协同推进并取得重要成果，具有中国特色、中国风格、中国气派的文化产品更加丰富，文化自觉和文化自信显著增强，国家文化软实力的根基更为坚实，中华文化的国际影响力明显提升。

关于实施中华优秀传统文化传承发展工程的主要内容，文件主要从核心思想理念、中华传统美德、中华人文精神三个方面进行了梳理，提出：大力弘扬讲仁爱、重民本、守诚信、崇正义、尚和合、求大同等核心思想理念；大力弘扬自强不息、敬业乐群、扶危济困、见义勇为、孝老爱亲等中华传统美德；大力弘扬有利于促进社会和谐、鼓励人们向上向善的思想文化内容。

关于实施中华优秀传统文化传承发展工程的重点任务，文件提出了 7 大重点任务：（1）加强中华文化研究阐释工作，深入阐发文化精髓；（2）围绕立德树人根本任务，贯穿国民教育始终；（3）坚持保护为主、抢救第一、合理利用、加强管理的方针，保护传承文化遗产；（4）善于从中华文化资源宝库中提炼题材、获取灵感、汲取养分，滋养文艺创作；（5）注重实践与养成、需求与供给、形式与内容相结合，融入生产生活；（6）综合运用报纸、书刊、电台、电视台、互联网站等各类载体，加大宣传教育力度；（7）加强对外文化交流合作，推动中外文化交流互鉴。

关于实施中华优秀传统文化传承发展工程的组织实施和保障措施，文件提出：（1）加强组织领导。各级党委和政府要切实把中华优秀传统文化传承发展工作摆上重要日程，推动形成党委统一领导、党政群协同推进、有关部门各负其责、全社会共同参与的中华优秀传统文化传承发展工作新格局。（2）加强政策保障。加强中华优秀传统文化传承发展相关扶持政策的制定与实施，注重政策措施的系统性、协同性、操作性。（3）加强文化法治环境建设。对中华优秀传统文化传承发展有关工作作出制度性安排，形成礼敬守护和传承发展中华优秀传统文化的良好法治环境。（4）充分调动全社会积极性、创造性，形成人人传承发展中华优秀传统文化的生动局面。

实施中华优秀传统文化传承发展工程，是我党坚定文化自信、努力发展中国特色社会主义文化、建设社会主义文化强国的重大战略举措。实施中华优秀传统文化传承发展工程，对于传承中华优秀文脉、全面提升人民群众优秀传统文化素养、维护国家民族文化安全、增强国家民族文化软实力、增强国家民族根植于共同的文化根基之上的民族凝聚力、向心力，具有重要意义。

　　总之，中国共产党是在近代中国无数志士仁人为了挽救民族危亡付出艰辛努力乃至生命的代价下孕育而生，是马克思主义与中国工人运动结合的产物，是在实践中把马克思主义与中国文化相结合而不断发展壮大的。中国传统文化是她生存与发展的土壤，中国共产党正是基于这样的文化底蕴在时代大潮中不断地做出了选择，才有了不同时期的对待传统文化的态度与政策的演变，并趋于更加理性、实用。

第三章　保护和发展中国传统文化
的法律法规

中国文化源远流长、光辉灿烂。中国共产党自诞生以来，对待传统文化的态度经历了一个不断演变的过程，在革命、建设和改革时期发生了激烈否定、基本否定，到理性看待和高度评价的变化。《荀子·君道篇第十二》中说："法者，治之端也。"新中国成立以后，中国共产党就开始利用法制来治理国家，并制定了相关的法律法规保护和发展中国传统文化，并不断完善规章制度来推动中国优秀传统文化创造性转化、创新性发展。2017 年 1 月，中共中央办公厅、国务院办公厅印发《关于实施中华优秀传统文化传承发展工程的意见》明确指出："中国共产党在领导人民进行革命、建设、改革伟大实践中，自觉肩负起传承发展中华优秀传统文化的历史责任，是中华优秀传统文化的忠实继承者、弘扬者和建设者。"①

第一节　中国传统文化保护立法的基本原则

中国传统文化立法是为了利用国家强制力使传统文化保留下来，能够"永存"赓续下去，但实际上是不现实的，文化作为上层建筑，总会在完成其历史使命后自然消亡。任何文化都有其产生、发展、消亡的必然过程。要想通过立法的形式，人为地利用国家强制力"永存"某种文化形式是难以实现的。因此，文化立法必须从实现最广大人民的利益出发，根据我国的国情、经济发展水平、中华民族的传统等实际情况，把人们的主观需要与客观实际统一起来，利用科学理念有效保护传统文化，使中国传统文化的精髓传

---

① 中共中央办公厅、国务院办公厅：《关于实施中华优秀传统文化传承发展工程的意见》，人民日报，2017 年 1 月 26 日第 6 版。

承和发展下去。我国在进行立法保护传统文化的时候，主要坚持以下的基本原则。

一、保护与利用相结合原则

传统文化在其形成和发展的过程中，必然会受到当时人们的认识水平和时代条件的制约和影响，也就会产生一些糟粕，不适应时代的发展和变化。能够在 5000 年的历史长河中积淀下来、传承下来的中国传统文化必然是精华部分，是能够为人们普遍接受和广泛认同的。在教育部印发的《完善中华优秀传统文化教育指导纲要》中明确指出："中华优秀传统文化是中华民族语言习惯、文化传统、思想观念、情感认同的集中体现，凝聚着中华民族普遍认同和广泛接受的道德规范、思想品格和价值取向，具有极为丰富的思想内涵。"① 所以营造保护优秀传统文化的良好社会氛围，更为重要的是，要对传统文化进行分类，特别是对一些文物遗址类遗产实行系统性立法保护。1949 年，新中国成立时，我国第一部具有临时宪法性质的《中国人民政治协商会议共同纲领》就明确规定："奖励优秀的文学艺术作品。发展人民的戏剧电影事业。"② "各少数民族均有发展其语言文字、保持或改革其风俗习惯及宗教信仰的自由。"③ 作为执政党的中国共产党第一次明确提出保护传统的戏剧，保护少数民族的语言文字，保护和改革风俗习惯及宗教信仰的自由。保护传统文化并不排斥对其合理开发利用，实践证明，唯有合理开发利用，传统文化才能得到更为有效的保护和传承。1954 年 9 月，我国制定了第一部宪法《中华人民共和国宪法》，在第三条中规定"各民族都有使用和发展自己的语言文字的自由，都有保持或者改革自己的风俗习惯的自由"（此款规定一直延续至今）。进一步明晰了合理保护与利用各民族的语言文字，或者保持或者改革风俗习惯都是法律所保障的。第一百零六条中规定"中华人民共和国首都是北京"，首次表明了我国对古老的北京城进行保护和合理开发利用，使其城市文脉持续延续下去。1982 年对宪法进行了修正，

---

① 教育部课题组：《深入学习习近平关于教育的重要论述》，人民出版社，2019 年，第 240 页。

② 中共中央文献研究室、中央档案馆：《建党以来重要文献选编（一九二———九四九）》（第二十六册），中央文献出版社，2011 年，第 767 页。

③ 中共中央文献研究室、中央档案馆：《建党以来重要文献选编（一九二———九四九）》（第二十六册），中央文献出版社，2011 年，第 767 页。

第一次明确规定"国家保护名胜古迹、珍贵文物和其他重要历史文化遗产"（此款规定一直延续至今），首次对传统文化进行分类保护。此后，国家机关和相关管理部门陆续出台了一系列的法律法规对传统文化进行分门别类的确权和保护，如《中华人民共和国文物保护法》《中华人民共和国著作权法实施条例》《中华人民共和国文物保护法实施条例》《宗教活动场所管理条例》《宗教事务条例》《风景名胜区条例》《长城保护条例》《历史文化名城名镇名村保护条例》《古生物化石保护条例》《全国年节及纪念日放假办法》《博物馆条例》《中华人民共和国公共文化服务保障法》《国家级非物质文化遗产保护与管理暂行办法》《中华人民共和国非物质文化遗产法》等等，真正体现了保护与利用相结合的原则。现有的法律法规将传统文化资源分为物质的和非物质的两大类进行分类立法保护，物质资源如古建筑、古遗址、文献古籍、古墓葬、中医中药等，非物质资源如民风民俗、乡规民约、口头文学、戏曲曲艺等。前者被称为物质文化遗产，后者被称为非物质文化遗产，我们希望通过立法的形式保护中华民族在数千年来创造的全部物质文明和精神文明的财富，并通过合理开发利用使其传承下去。正如习近平所说，"我们强调保护，并不是对这些自然景观和人文景观捂得严严实实的，一动也不能动，而是要在坚持保护的前提下进行适度合理开发和建设，通过适度合理开发和建设来实现更好的保护"[①]。1982年制定的《中华人民共和国文物保护法》，其目的是加强对文物的保护，继承中华民族优秀的历史文化遗产，促进科学研究工作。从1999年开始，敦煌莫高窟在敦煌研究院院长樊锦诗的带领下，探索如何解决世界文化遗产敦煌莫高窟保护和利用之间的矛盾，最终走上数字化发展道路，正确处理了文物保护和利用的关系，建立了莫高窟数字展示中心、实名制预约参观等解决方法。虚拟工程"数字敦煌"集虚拟现实、增强现实和交互现实三部分内容，使敦煌瑰宝数字化，打破了时空的限制，满足了人们在网上走进敦煌游览、欣赏、研究等需求，我国敦煌莫高窟的保护和利用成为世界文物保护的典范。

二、价值体现原则

习近平强调："我们不仅要了解中国的历史文化，还要睁眼看世界，了

[①] 习近平：《干在实处 走在前列——推进浙江新发展的思考与实践》，中共中央党校出版社，2016年，第480页。

解世界上不同民族的历史文化，去其糟粕，取其精华，从中获得启发，为我所用。"① 越是民族的，才越是世界的，一个民族传统文化的独特性决定了这个民族文化的世界价值。在立法保护传统文化时要坚持体现价值的原则，就是在承认传统文化自身价值的基础上，以法律上赋权的形式来体现传统文化的价值，阻止对一些传统文化的不当占有和不当利用，并在此基础上实现人与人之间的利益分享与互惠。如在 1982 年制定的《中华人民共和国文物保护法》（2017 年进行了五次修正）中规定，把文物分为可移动文物和不可移动文物，对具有历史、艺术、科学价值的文物进行保护和科学研究。

随着城市化、工业化的进程加快，一些传统村落逐渐解体，乡村文化日益凋敝，传统民俗文化逐渐失去往日风采。怎样让人们留得住记忆、记得住乡愁，传承乡村民俗中有价值有意义的东西？由国务院于 2008 年颁布的《历史文化名城名镇名村保护条例》规定，"严格按照国家有关评价标准，选择具有重大历史、艺术、科学价值的历史文化名镇、名村，经专家论证，确定为中国历史文化名镇、名村"。要申报成为中国历史文化名镇、名村的，应当具有历史沿革、地方特色和历史文化价值，保留了传统格局和历史风貌，特别是在历史上曾经作为政治、经济、文化、交通中心或者军事要地，或者发生过重要历史事件，或者其传统产业、历史上建设的重大工程对本地区的发展产生过重要影响，或者能够集中反映本地区建筑的文化特色、民族特色，说到底就是具有历史文化价值，无论是过去还是现在对中国的发展都有一定存在的价值。又如由国务院于 2003 年颁布的《中华人民共和国中医药条例》规定，继承和发展中医药学，保障和促进中医药事业的发展，是为了保护人体健康，这是制定中医药条例保护中医中药的实际价值所在。

三、国家利益原则

我国在立法保护传统文化时要坚持维护国家利益的原则。国家利益主要包括领土完整、国家主权和文化完整等。中国优秀传统文化是中华民族的根和魂，是中国特色社会主义文化的根基，"中国特色社会主义文化，源自于中华民族五千多年文明历史所孕育的中华优秀传统文化，熔铸于党领导人民在革命、建设、改革中创造的革命文化和社会主义先进文化，植根于中国特

---

① 习近平：《习近平谈治国理政》（第一卷），外文出版社，2018 年，第 406 页。

色社会主义伟大实践"①。以立法保护中国传统文化就是要坚定文化自信，传承优秀传统文化，维护国家利益。例如，1982 年中国颁布实施了《中华人民共和国文物保护法》。1985 年中国加入了《保护世界文化和自然遗产公约》，从 1987 年开始，周口店北京人遗址、甘肃敦煌莫高窟、山东泰山、长城、西安秦始皇陵及兵马俑和北京故宫被联合国教科文组织列入《世界遗产名录》；至 2019 年 7 月 6 日，中国共有 55 个项目被列入世界遗产名录。其中世界文化遗产 33 处，世界自然遗产 14 处，世界文化和自然遗产 4 处，世界文化景观遗产 4 处。1997 年国务院颁布了《传统工艺美术保护条例》，对传统工艺美术的保护和发展起了重要作用。2017 年我国第五次重新修订并颁布实施了新的《中华人民共和国文物保护法》。2003 年 7 月国务院颁布实施了《中华人民共和国文物保护法实施条例》，在有形文化遗产保护方面做到了有法可依，且基本与国际相关法律接轨了。这一系列规章制度的制定保护了中国宝贵的世界文化和自然遗产，既维护了国家利益，又促使人类的共同瑰宝延续下去，达到"美人之美""美美与共"。

四、坚持党的领导原则

近代中国曾经出现"莽莽神州，已倒之狂澜待挽；茫茫华夏，中流之砥柱伊谁"的哀叹，自从有了中国共产党，中国的命运发生了变化。中国共产党走过了百年的风雨兼程，拥有 9000 多万名党员，是世界上第一大党，是中华人民共和国唯一的执政党。纵观中国共产党的发展史，不难举出她有许多特色和优势。但是，始终重视文化建设，重视传统文化的传承和发展，是中国共产党发展壮大的特点之一。中国共产党是中华优秀传统文化的忠实继承者、弘扬者和建设者。自新中国成立以来，中国共产党作为执政党就一直不遗余力地制定相关政策和法律法规，保护优秀传统文化，推动传统文化的传承和发展。中国共产党先后提出了"文化建设"和"建设现代化国家"的任务，使中国文化结束了百余年的屈辱岁月，开始迈向复兴之路。从毛泽东在新民主主义革命时期提出的建设"民族的科学的大众的文化"到邓小平肯定"知识分子已经是工人阶级自己的一部分""科学技术是第一生产力"，从江泽民的"中国共产党始终代表中国先进文化前进方向"到胡锦涛建设"社会主义和谐文化"，再到习近平"努力实现传统文化创造性转化、创新性发

① 习近平：《习近平谈治国理政》（第三卷），外文出版社，2020 年，第 32 页。

展"，铸就中国文化新辉煌，一代又一代中国共产党领导人无论是通过制定政策还是制定法规，都在力所能及地领导文化建设和文化的融合发展。中国共产党都在"把弘扬优秀传统文化和发展现实文化有机统一起来，紧密结合起来，在继承中发展，在发展中继承"①。坚持古为今用、以古鉴今，有扬弃地对待传统文化。新中国的文化建设，是在满目疮痍的旧中国废墟上建立起来的，历程充满艰辛，取得的成就却有目共睹，特别是通过立法来保护优秀的传统文化，更是中国共产党做出的创举。"70多年来，在中国共产党的领导下，我们国家实现了从'人治'到'法制'再到'法治'的历史性飞跃，完成了几千年来中华民族国家治理方式的根本性转变。"② 在人类文明发展史上，法律在安邦定国中起着不可替代的作用。中国共产党坚定不移地走在中国特色社会主义法治道路上，有力推动"法治"在让文物"活"起来、让文化"兴"起来、让文明"靓"起来中发挥积极作用，促进传统文化进行创造性转化、创新性发展。

第二节　国家层面传统文化保护的规章制度

习近平指出："中国特色社会主义国家制度和法律制度是在长期实践探索中形成的，是人类制度文明史上的伟大创造。"③ 一代又一代中国共产党人长期奋斗，艰辛探索，力图在保护传统文化的道路上实现"中国之治"，通过国家层面的立法使中国优秀传统文化传承和发展下去。"凡将立国，制度不可不察也，治法不可不慎也，国务不可不谨也，事本不可不抟也。"④（战国《商君书·壹言》）面对中国文化遭遇外来文化的冲击，传统文化与现代文化的冲突，中央人民政府怎么处理古与今、中与外的关系？通过不断地实践和探索，逐渐摸索出了以下经验。

---

① 习近平：《习近平谈治国理政》（第二卷），外文出版社，2017年，第313页。
② 中共中央宣传部理论局：《中国制度面对面——理论热点面对面·2020》，学习出版社、人民出版社，2020年，第73页。
③ 习近平：《习近平在中央政治局第十七次集体学习时强调　继续沿着党和人民开辟的正确道路前进　不断推进国家治理体系和治理能力现代化》，人民日报，2019年9月25日第1版。
④ 商鞅等著，章诗同注：《商君书》，上海人民出版社，1974年，第34页。

一、参与世界保护遗产公约，为人类文明做出更大贡献

1972 年《保护世界文化和自然遗产公约》通过，中国于 1985 年 12 月 12 日加入《保护世界文化和自然遗产公约》，成为该组织的第 89 个成员国。在 1999 年 10 月 29 日的时候，中国当选为世界遗产委员会成员。1987 年，中国成功申报了第一批世界遗产项目，一共有 6 个项目，从此中国走上了与世界接轨并利用规章制度来保护传统文化的发展道路。从 1987 年开始，到 2019 年 9 月，中国共有 55 个项目被列入世界遗产名录，这充分体现了中国对世界文化和自然遗产的尊重和重视。

二、以国家根本大法的形式写入宪法重视传统文化的保护和开发利用

1949 年制定的具有临时宪法性质的《中国人民政治协商会议共同纲领》中关于"戏曲""少数民族语言文字、风俗习惯""宗教信仰"等规定，就第一次鲜明地表明了自己的立场和态度。1954 年制定的第一部宪法《中华人民共和国宪法》中关于"各民族语言文字、风俗习惯""北京城作为首都"的规定，是第一次以国家根本大法的形式表明了对待传统文化的态度和政策。

三、分门别类地立法对传统文化进行保护和开发利用

就文物、中医中药、古村落古镇古城、古遗址、古建筑、非物质文化遗产、宗教事务、风景名胜资源、语言文字、传统节假日、中国的世界文化和自然遗产等进行分类立法。国家陆续制定的法律法规有《中华人民共和国民族区域自治法》《中华人民共和国文物保护法》《中华人民共和国著作权法》《中华人民共和国中医药条例》《中华人民共和国文物保护法实施条例》《宗教活动场所管理条例》《宗教事务条例》《风景名胜区条例》《长城保护条例》《历史文化名城名镇名村保护条例》《古生物化石保护条例》《全国年节及纪念日放假办法》《博物馆条例》《中华人民共和国公共文化服务保障法》《国家级非物质文化遗产保护与管理暂行办法》《中华人民共和国非物质文化遗产法》等等，不断地完善和健全各种法律法规，分门别类地对中国传统文化

进行依法保护。

第三节 地方层面传统文化保护的规章制度

中国是拥有五千年悠久历史的文明古国，在历史长河中各民族创造了丰富多彩的地方民族文化。地方文化是一定区域、民族在长期实践中创造和积累的精神财富和物质财富，反映了人们所依赖的自然环境、风俗习惯、生产生活等现象，充满了鲜明的地域特色和浓郁的民族风情。然而随着社会的发展、时代的变迁，各民族传统文化越来越多地受到各种不确定因素的冲击和挑战，特别是在传统文化开发中的各种掠夺性开发、破坏性建设等问题，仅仅依靠宣传和教育是远远不够的，需要切实进行相关的制度建设，尤其是法治建设才能够保护传统文化。

在世界全球化、文化多样性、社会法治化的背景下，党和国家制定了一系列法律法规保障中国传统文化的传承和发展，地方各级政府也根据自己的地域特色，制定了相关的法规来保护地方传统文化，传承民族文化命脉。"在经济全球化必然带来文化多元化的形势下，保护不同民族、地域的传统文化，维系世界文化的多样性，已成为国际社会关注的焦点问题之一。不仅越来越多的发展中国家意识到民族民间文化保护的重要性，一些发达国家和国际组织也逐渐认识到民族民间传统文化保护的意义。"[1]

一、建立健全民族民间传统文化立法保护制度

1984年5月31日第六届全国人民代表大会第二次会议通过，根据2001年2月28日第九届全国人民代表大会常务委员会第二十次会议《关于修改〈中华人民共和国民族区域自治法〉的决定》修正的《中华人民共和国民族区域自治法》中第三十八条明确规定："民族自治地方的自治机关自主地发展具有民族形式和民族特点的文学、艺术、新闻、出版、广播、电影、电视等民族文化事业，加大对文化事业的投入，加强文化设施建设，加快各项文化事业的发展。民族自治地方的自治机关组织、支持有关单位和部门收集、

---

[1] 宋才发：《论民族民间传统文化保护立法的意义》，《中央民族大学学报》，2004年第3期，第5页。

整理、翻译和出版民族历史文化书籍，保护民族的名胜古迹、珍贵文物和其他重要历史文化遗产，继承和发展优秀的民族传统文化。"① 这是通过法律形式第一次提出对民族文化特别是少数民族文化的重要历史文化遗产进行立法保护。

2002 年 8 月，原文化部向全国人大教科文卫委员会报送了《中华人民共和国民族民间传统文化保护法（建议稿）》。此后，第十届全国人大教科文卫委员会形成了《中华人民共和国民族民间传统文化保护法（草案）》，2011年 2 月 25 日，第十一届全国人民代表大会常务委员会第十九次会议审议通过《中华人民共和国非物质文化遗产法》。从行政保护角度提出了制订保护规划，建立保护名录，建立传承和命名制度，从民事保护的角度规定了民族民间传统文化的知识产权保护制度，等等，不断地建立和完善民族民间传统文化的立法保护，为地方制定法规保护传统文化树立了典型。

二、立法保护呈现了由面到点的趋势

我国地域辽阔，人口众多，东、中、西部政治、经济、社会、文化发展不平衡，沿海与内地、城市与乡村情况也不尽相同。国家层面的相关法律涉及传统文化保护的内容比较注重解决普遍性、一般性原则问题，但是，现有的法律法规没有就某个区域或某个民族制定专门性法规对传统文化进行立法保护，同时因为缺乏系统性的法律保护和配套监管措施，在实践中通常会使立法保护传统文化的效果大减，因此，还需要地方制定一些法规进行针对性的保护，做到由面到点。如北京市制定的《北京市非物质文化遗产条例》《北京市宗教事务条例》《北京历史文化名城保护条例》等，福建省制定的《福建省历史文化名城名镇名村和传统村落保护条例》《福建省文物保护管理条例》《福建省"海上丝绸之路·漳州史迹"文化遗产保护管理办法》《厦门市风景名胜资源保护管理条例》等，广东省制定的《惠州市非物质文化遗产保护管理办法》《粤剧保护传承规定》，江苏省制定的《江苏省中医药条例》《淮安市非物质文化遗产保护实施办法》《大运河扬州段世界文化遗产保护办法》等，浙江省制定的《浙江省文物保护管理条例》《浙江省普陀山风景名胜区条例》等，湖南省制定的《湖南省风景名胜区条例》《湘西土家族苗族

---

① 中共中央文献研究室：《十五大以来重要文献选编》（中），人民出版社，2001 年，第 1167页。

自治州凤凰历史文化名城保护条例》等，湖北省制定的《湖北省风景名胜区条例》《武汉市历史文化风貌街区和优秀历史建筑保护条例》等，安徽省制定的《安徽省非物质文化遗产条例》《歙县徽州古城保护条例》等，河北省制定的《石家庄正定古城保护条例》《长城保护办法》等，山东省制定的《山东省历史文化名城名镇名村保护条例》《枣庄市文物保护管理办法》等，四川省制定的《四川省传统村落保护条例》《四川省都江堰水利工程管理条例》等，青海省制定的《青海省非物质文化遗产保护办法》《青海省发展中药藏药蒙药条例》等，西藏自治区制定的《昌都市藏文社会用字管理办法》《日喀则市文物保护管理办法》等，云南省制定的《云南省少数民族语言文字工作条例》《云南省非物质文化遗产保护条例》《云南省三江并流世界自然遗产地保护条例》等。

三、制定更有针对性的地方法规保护地方传统文化

梳理当前各个地方制定的法规，不难发现主要围绕文物保护、中医中药、古村落古镇古城、古遗址、古建筑、非物质文化遗产、宗教事务、风景名胜资源、语言文字、各地的世界文化和自然遗产、服饰文化等。由于各个地方的地域差异和实际情况不同，由各地方制定不同的法规进行差异化的保护，有利于维护地方传统文化的传承和发展。如，"1999 年出版的《中国戏曲志》收集了各地、各民族剧种 374 种（木偶、皮影不包含在内），到 2013 年，全国仅存剧种 286 种，15 年间消亡了 88 种"①。各地出台的非物质文化遗产法就是确保对传统戏剧和曲艺的传承和发展。

总之，对一个国家和民族来说，传统文化是安身立命之根本、民族灵魂之归依和维系民族的纽带。一个缺乏传统文化传承的民族，容易在外来文化的侵蚀中被动改造和重塑。我们今天以立法的形式保护传统文化所作的努力，将决定我国未来传统文化保护和发展的水平和质量。构筑切实可行的保护和发展我国传统文化的路径，是中国特色社会主义文化发展的迫切要求，更是保护和发展我国传统文化的现实呼唤。

---

① 郭万超、孟晓雪：《中华传统文化传承和弘扬存在的主要问题》，《人民论坛·学术前沿》，2017 年第 2 期，第 87 页。

第四章　中国语言文字的保护和发展

　　语言文字作为一种重要的信息交际载体，积淀了人类文明发展和社会进步的重要印记，是文化的基本要素和鲜明标志。语言文字工作是国家社会发展和文化建设的有机组成部分，事关国家历史文化传承、民族团结、公民素质提升和全面发展，在国家发展中具有重要的战略地位和积极作用。语言文字的保护与发展，尤其是语言文字法制建设为语言文字工作提供了制度保障前提，也为进一步推进语言文字工作提供了行动方针和依据。准确理解和运用语言文字，可以更好地对中国语言文字的保护和发展提供帮助。

第一节　中国语言文字的演变和使用概况

一、国家通用语言文字是普通话和规范汉字

　　1915年兴起的新文化运动在社会上掀起了思想解放的潮流，推动了文学革命运动和白话文运动，开启了中国语言文字的革命。之后在中国共产党的领导下，特别是在中华人民共和国建立以后，语言文字迎来了发展的春天。

　　《中华人民共和国国家通用语言文字法》于2001年颁布实施，其规定了我国通用语言文字为普通话和规范汉字，确立了标准汉语（普通话）和规范汉字作为国家通用语言文字的法律地位。推动国家通用语言文字的标准化和规范化，使国家通用语言文字在社会生活中更好地发挥作用，促进民族间、地区间协同交流和经济发展。

　　"普通话"一词最早出现在清末，清政府将北平官话定为国语。新中国成立后1955年国务院规定国家通用语言为普通话。普通话是现代标准汉语，

"以北京语音为标准音"，"以北方官话为基础方言，以现代白话文著作为语法规范的通用语"。普通话的推行和少数民族方言是和谐共处的关系。推广普通话并不是代表要把方言消灭，两者并非简单意义上的对立关系。普通话的推广，主要是以消除区域间方言隔阂、便于各民族之间的社会交流和发展为目的。

普通话作为联合国工作语言之一，已经成为中外文化交流的重要桥梁和国外人士学习汉语的首选。截至 2018 年，中国有 75％的人口具备普通话的应用能力，但尚有部分人口局限于"听"的单向交流。《国家通用语言文字普及攻坚工程实施方案》计划 2020 年在全国基本普及国家通用语言文字，使得普通话普及率达到 80％以上。

汉字是承载中国优秀文化的重要工具和表现形式，历经甲骨文、金文、小篆、隶书、楷书等多个历史阶段最终演变发展成为如今的规范汉字。

规范汉字主要是经国家部委以《简化字总表》和《通用规范汉字表》两种形式，整理简化后正式公布的简化字和传承字。简化字主要是以 1986 年由国务院批准发布的《简化字总表》为准，传承字则是由历史流传并沿用至今，未进行整理或者不需要简化的字。

我国现行的语言文字的通用范围有所不同，分为国家通用语言文字和民族自治地方和少数民族聚居地通用语言文字两个层次。普通话和规范汉字是国家通用语言文字，在全国范围内通用，包括民族自治地方和少数民族聚居地方。

二、汉语和汉字的使用概况

（一）汉语的使用概况

广义的现代汉语主要包括汉民族共同语标准汉语（普通话）和现代各地方言。标准汉语是汉民族长期使用的语言，是我国各民族之间交往使用的主要语言，也是世界上主要语言之一。

标准汉语，即普通话，其使用呈现人口多、范围广、历史悠久的特点。根据数据显示，在世界范围内现存有 4000 种以上语言，有的语言使用人数不足千人，而汉语的使用人数超过 12 亿人，位居首位。普通话除中国大陆地区外，港、澳、台地区和世界各地华人华侨也同样使用普通话。同时，作为世界上最古老的语言之一，普通话自产生以来体现出强大的生命力，其时代特性不断演进和更新。

现代各地方言主要分为七个区域，包含北方方言、吴方言、湘方言、赣方言、客家方言、闽方言、粤方言。我们一般将北方方言称为官话，主要代表为北京话，2021 年国内的使用人口在 7.5 亿以上，占全国总人口 65%，其主要分布在长江以北以及湖北大部分、湖南西北部和云贵川区域。而以上海话为代表的吴方言主要分布在江浙一带，整体使用人口在 7000 万左右。湘方言主要以湖南湘江流域人群为主，使用人口在 4000 万左右，以长沙话为主要代表。赣方言则主要分布在江西，以南昌话为代表，使用人口大约2000 万。客家方言和闽方言主要分布在福建省及周边部分省份，但各自有所不同。客家方言以梅县话为代表，因历史等原因使用人口比闽方言多，大约为 4000 万。闽方言则分为两支，分别以福州话和厦门话为代表，使用总人口大约在 3500 万。粤方言主要分布在广东省、广西南部地区和港澳地区，使用人口大约在 6000 万，主要是以广州话为主要代表。

（二）汉字的使用概况

汉字作为记录汉语的重要工具，是汉民族智慧的结晶。汉字自新石器时代产生以来，不断演进，历经多个历史时期，最终由古汉字演变成为如今使用的汉字。

自 20 世纪 50 年代以来，国家对现行汉字进行整理和简化，制定公布了《第一批异体字整理表》《简化字总表》《现代汉语常用字表》《现代汉语通用字表》《印刷通用汉字形表》《GB13000.1 字符集汉字字序（笔画序）规范》等标准。2013 年 6 月 5 日，《国务院关于公布〈通用规范汉字表〉的通知》（国发〔2013〕23 号）发布。《通用规范汉字表》是贯彻《中华人民共和国国家通用语言文字法》，适应新形势下社会各领域汉字应用需要的重要汉字规范标准。《通用规范汉字表》公布后，社会一般应用领域的汉字使用以《通用规范汉字表》为准，原有相关字表停止使用。

中华人民共和国成立前，有 21 个少数民族有自己的文字。中华人民共和国成立后，政府陆续为壮、布依、彝、苗、哈尼、傈僳、纳西、侗、佤、黎等民族制订了文字方案。

从文字类型上看，我国的文字有表意文字、意音文字、音节文字，从字母文字体系上看，我国的文字有古印度字母、回鹘文字母、阿拉伯字母、方块形字母、拉丁字母、斯拉夫字母等。

1958 年 2 月 11 日，第一届全国人民代表大会第五次会议通过决议公布

《汉语拼音方案》。《中华人民共和国国家通用语言文字法》规定："国家通用语言文字以《汉语拼音方案》作为拼写和注音工具。《汉语拼音方案》是中国人名、地名和中文文献罗马字母拼写法的统一规范，并用于汉字不便或不能使用的领域。初等教育应当进行汉语拼音教学。"经国际标准化组织批准，由我国主导修订的国际标准 ISO-7098《信息与文献——中文罗马字母拼写法》于 2015 年 12 月 15 日正式出版发布。这是汉语拼音在国际上得到认可并推广使用的重要依据，是用以规范国际上汉语拼音使用的统一标准。

多年来，我国坚持不懈推广国家通用语言文字，全国普通话普及率已经达到 73% 以上，识字人口使用规范汉字的比例超过 95%。

党的十八大以来，全国语言文字系统充分发挥语言文字事业在培育和践行社会主义核心价值观、全面提高公民道德素质、增强文化软实力、增进民族凝聚力等方面的独特作用，扎实推进语言文字规范标准建设，不断完善语言文字督导评估机制，在坚持城市语言文字规范化建设、普通话水平测试、全国推广普通话宣传周等行之有效的工作举措的基础上，适应信息时代要求，大力实施中华经典诵读工程，不断创新中华经典诵写讲、中国诗词大会、中国语言资源保护工程等工作载体，提高了广大人民群众的语文素养，加强了对各民族语言文字的科学保护，弘扬了中华美德，传播了中华优秀文化。

党的十九大召开，中国特色社会主义事业进入了新的发展阶段，我国的语言文字工作也迈入了新征程。全国语言文字系统将认真学习贯彻习近平新时代中国特色社会主义思想，按照新时代要求，锐意进取，埋头苦干，不断提升语言文字服务社会发展能力，为全面建成小康社会、实现第一个百年目标切实发挥基础性、全民性、全局性作用。

三、我国少数民族的语言文字使用概况

我国是一个多民族国家。语言多、文种多是一大特点。在 56 个民族中，除汉族及少数民族回族、满族外，其他 53 个民族都有自己的民族语言或文字。

我国少数民族的语言文字使用大概可以分为以下三种：

第一，以维吾尔族、蒙古族、藏族为主要代表。这些民族人口数量均超过百万级别且生活聚集而且面积大，同时使用本民族的语言文字有久远的历史。在这些区域，本民族的语言文字不仅作为社会交流工具，也在政府行政

交流、经济文化交流中扮演重要角色。

第二，以彝族为主要代表。不同于第一种类型，这类民族虽有自己的语言文字，也居住在相对集中的区域。但是本民族间的文字并没有规范统一起来，这使得在交流过程中，使用语言文字会有所差异。这样就逐渐造成本民族间无法形成通用的共同语言，文字也逐渐在不同区域内消亡。

第三，使用本民族语言文字需在特定场合。这类民族没有本民族的文字，即使有也和本民族语言不匹配，我国大多数的民族属于这一类特征。一般情况下只有在重要场合才使用本民族的语言文字，平时则主要以汉语和汉字为主。

为了保存并发展少数民族文化，政府相关部门先后组织语言学专家调研，为只有语言没有文字的民族创造文字，先后为 10 个民族制定了以拉丁字母为表现形式的文字方案和拼音文字方式的文字方案。

第二节　保护和发展中国语言文字的政策和法规

深入贯彻执行国家关于语言文字事业发展的政策与法规，有助于促进语言标准化、文字规范化，使语言文字在国家社会主义现代化的伟大工程中发挥积极重要的作用。

一、保护和发展中国语言文字的政策

国家围绕《国家通用语言文字法》实行积极的语言文字政策，大力推广普通话和规范汉字，多渠道提高全社会语言文字的应用能力。首先将学校作为主战场，发挥公共教育和党政窗口示范效应，通过普通话水平测试、普通话宣传推广周活动、城市语言文字评估工作、语言文字规范化示范单位建设、中华经典咏流传活动等有效措施，建立一套完整的保护和发展中国语言文字工作机制体系。在全社会的共同努力下，普通话和规范汉字普及水平和应用能力提高显著。

在民族语言政策方面，强调各民族间语言文字的和谐共存，鼓励各民族同胞学习、使用、宣传本民族的语言文字。各民族间也能够包容交流，相互学习其他民族的语言文字。国家通用的语言文字和当地的语言文字能够共同使用，国家推广普通话和规范汉字并不是要消灭少数民族语言文字，而是使少数民族同胞能够扩大自己的"朋友圈"，在更大范围的交际场合使用。

语言文字是国家的文化宝藏，其中也包含汉语方言。汉语方言对语言文字发展具有重要的研究价值和实际意义。区域文化的认同需要方言引路，但是普通话的推广能够使文化价值更深入也更无障碍地进行交流与沟通。繁体字是汉字书写的特殊形式之一，尤其是在特定领域内有其独特的价值。针对繁体字，国家推行规范汉字并不是将其取消，而是做一些限制，必须要在特定的空间内，这样既不影响交流，也不会造成误解。

二、保护和发展中国语言文字的法规

我国作为一个多民族国家，推广普通话和规范汉字工作从 1986 年以来取得了令人瞩目的成绩，陆续出台了一系列的规范标准和法规来推动语言文字工作的健康向上发展。

《中华人民共和国国家通用语言文字法》的颁布，顺应时代需求和社会发展，标志着我国通用语言文字的使用全面走上规范轨道走向法制化。这对进一步推进全面教育和素质提升、民族团结、社会进步有着非常重要的作用。

除此之外，《中华人民共和国宪法》《中华人民共和国教育法》《中华人民共和国民族区域自治法》等多部法律法规共同确定了我国语言文字应各民族平等共存，各民族同胞有使用和发展本民族语言文字的自由和权力，国家鼓励各民族间相互学习语言文字、教育机构要使用规范汉字和普通话教学等等。例如：《中华人民共和国教育法》第十二条规定："国家通用语言文字为学校及其他教育机构的基本教育教学语言文字，学校及其他教育机构应当使用国家通用语言文字进行教育教学。"

国家实行这些重要的语言政策，保证了各民族语言和谐发展，对维护国家统一、民族团结，促进社会、经济、文化发展做出重大贡献。

三、保护和发展少数民族语言文字的法规

中华人民共和国成立后，党和国家根据民族平等互助原则，结合民族语言文字的特点及实际，制定了一系列关于少数民族语言文字的法规，对少数民族语言文字的保护和发展起到重要的作用。

（一）尊重少数民族语言文字发展自由

在第一届中国人民政治协商会议中具有临时性纲领文件的《中国人民政府协商会议共同纲领》中就明确提出："各少数民族均有发展其语言文字、保持或改革其风俗习惯及宗教信仰的自由。"1954年第一部《中华人民共和国宪法》之第四条也有规定："各民族都有使用和发展自己的本民族语言文字的自由。"《中华人民共和国民族区域自治法》针对语言文字发展自由部分也有重要规定，"民族自治地方的自治机关保障本地方各民族都有使用和发展自己的语言文字的自由。"从法律层面上，明确保障和尊重了少数民族发展自己语言文字的自由。

（二）保障少数民族语言文字发展权力

少数民族的语言文字主要的功能还是在于作为本民族之间的交流工具存在，为保障少数民族该权力，《中华人民共和国宪法》第一百二十一条规定："民族自治地方的自治机关在执行职务的时候，依照本民族自治地方自治条例的规定，使用当地通用的一种或几种文字。"《中华人民共和国宪法》第一百三十九条规定："各民族公民都有用本民族语言文字进行诉讼的权利。人民法院和人民检察院对于不通晓当地通用的语言文字的诉讼参与人，应当为他们翻译。在少数民族聚居或者多民族共同居住地区，应当用当地通用的语言进行审理；起诉书、判决书、布告和其他文书应当根据实际需要使用当地通用的一种或几种文字。"《中华人民共和国民族区域自治法》第二十一条还规定："民族自治地方的自治机关在执行职务的时候，依照本民族自治地方自治条例的规定，使用当地通用的一种或者几种语言文字；同时使用几种通用的语言文字执行职务的，可以以实行区域自治的民族的语言文字为主。"这些法律，从自治地方机关的任务执行、公民诉讼到少数民族日常生活中语言文字使用都做了具体相近的规定，不仅体现民族平等原则，而且也为发展少数民族语言文字提供了必要的条件，保障了发展语言文字的权力。

（三）鼓励各民族间相互学习语言文字

少数民族语言文字主要是交流工具，一些民族自治区域不仅通用普通话和规范汉字，而且还通用少数民族语言文字。《中华人民共和国民族区域自治法》第四十九条规定："民族自治地方的自治机关教育和鼓励各民族的干部相互学习语言文字。汉族干部要学习当地少数民族的语言文字，少数民族干部在学习、使用本民族语言文字的同时，也要学习全国通用的普通话和规范汉字。民族自治地方的国家工作人员能够熟练使用两种以上当地通用的语言文字的，应当予以奖励。"

第三节　中国语言文字发展面临的问题

一、汉字书写功能弱化

汉字的演变经历了从甲骨文到隶书楷体，由繁体到简体，在书写上也经历了毛笔、钢笔到键盘的转变。这些转变则是在特定的历史和社会背景下产生的，符合事物发展的客观规律。尤其是科技日新月异的今天，键盘书写速度效率提升，"写"也逐渐地变成了"拇指按键"。而文字交流方式不再仅仅依靠文字一类，而更多依赖多媒体如图片、声音等载体，真正意义的书写，则同我们的生活渐行渐远。另外，无纸化办公普及也进一步弱化了汉字书写功能。但我们不能忽视汉字书写的存在价值，单单从文化传承角度看，汉字书写应该是每一位华夏儿女应当具备的基本文化素质，代表着对中国灿烂文化的认同和热爱。

如今，汉字书写功能悄然弱化，国家有关部门应该采取必要措施阻止这样的现象持续下去。弘扬中国文化，尤其是汉字文化，政府主导引领至关重要，应该从语言文字推广的主战场——学校培养学生汉字书写的能力，为汉字文化培养传承人和接班人。在社会层面上，应多注重汉字书写的艺术性特征，让公民感受汉字由内而外散发的魅力，进而使越来越多的人关注、研究、使用汉字，让汉字书写的功能性回归日常。多一份对汉字书写功能的重视，就多一份对中国传统文化的典藏。

二、汉语国际推广传播面临的挑战

汉语的国际推广之路随着中国的经济飞速发展逐步链接全球，上千家孔子学院布局证明中国的汉语推广步入新时代。汉语作为联合国官方语言之一，随着"一带一路"建设的开展，逐步走到国际舞台，成为重要的国际社会交流工具。

众所周知，汉语国际推广作为增强国家软实力的一部分，越来越受到国家的重视。近些年，每年多达1亿中国公民去往世界各地旅游、学习、工作，世界各国对于汉语的需求也随之增加，近半数国家都掀起了学汉语、说汉语的浪潮。2019年俄罗斯更是将汉语作为国家统一考试科目纳入学生升学考试范畴。

自新中国成立以来，我们经历从站起来、富起来到强起来的转变。但真正的强起来不仅仅是经济的繁荣，更是软实力在国际上的增长，这就给汉语的国际传播和推广带来了"东风"，但是在实际操作层面却面临巨大的挑战。

（一）国际形势面临百年未有之大变局

2020年以来，国际形势发展预期不明朗，全球经济在疫情影响下更是受挫，经济持续下行。"中美贸易战"的持续、英国脱欧、世界局部区域冲突，恐怖袭击不断，这一系列的政治、经济冲突对国际经济发展、文化交流都造成了不利影响；中国政治经济在全球的发展也有诸多不利的因素产生，汉语的国际推广面临挑战。

（二）汉语国际推广阻力重重

伴随中国经济腾飞，中国对外贸易也步入新台阶。但无论是货物出口还是文化输出，都让一些资本主义国家感到不安，怕中国的崛起会打破原有的国际秩序。"一带一路"最初设想提出时，一些国家对中国的"一带一路"倡议提出质疑和反对。汉语的国际推广被别有用心的人称为"中华文化侵略""中国文化威胁"，由此导致汉语推广难度较大。同时，国际上其他语种的竞争导致汉语在国际上的传播要面临更多难关，不同国家地区的语言政策、文化特征和当地民众的心理特征对汉语的国际传播要求不同，需要制定不同的推广政策来应对国家间的客观需求和文化差异。

（三）英语依然是国际上主流的社交用语

虽然汉语是联合国规定的六种官方语言之一，但是联合国成员国中只有中国使用汉语，最主要的交流语言依然是英语。与此同时，国际上的重要学术会议、政见交流等依然还是以英语为主，汉语在该领域的地位需要进一步的提高。目前为止，互联网上以英语为主的信息依然占据较大比重，达到85％以上，汉语虽然使用人数较多，但是使用范围局限在中国及华人区域。若要改变这样的现状，需要中国政府及各种国际组织不懈努力，提高汉语在国际社会中的地位。

（四）汉语的国际推广史较短

汉语在整个语言国际传播历史发展长河中占据较小的篇幅，国际推广的时间短，显得微不足道。"汉语热"的产生和持续发酵依赖于我国经济在国际上比重的增长，也就是说汉语的国外学习者数量是伴随着我国改革开放的不断深化而急剧增多的。但受限于发展模式单一、时间较短等因素，目前作为汉语国际推广传播机构的孔子学院发展还是较为迟缓，在教师数量、教学质量、教学方法上都无法同汉语学习者需求相适应，无法完全紧跟汉语快速传播推广的步伐和节奏。

（五）汉语自身学习的客观困难

众所周知，作为世界上最难学习的语言之一，汉语让很多学习者望而却步。现代使用的汉字数量超过 6000 多个，但相比于英语、意大利语等拼音文字而言，汉语是一种表意性文字，单从发音上来讲，就有很多的同音字、多音字等。汉字作为方块语素的文字，从字形结构说看，每个汉字的结构都有所不同，这就让国外学习者在识字中有困难，间接造成汉语的学习难度。另外，从词汇、语法等多方面来看，汉语的学习就更困难，需要理解量词、关联词等多重意思，才能构成丰富的句子。相比较而言，英语的音节文字就容易学得多。

三、少数民族语言文字功能弱化或濒危

语言文字作为重要的社交工具，多样化的语言文字则是人类重要的非物质文化遗产。每一种语言文字都保存着使用者的文化血脉和历史记忆，蕴藏着该种语言文字独特的文化智慧。任何一种语言文字的使用都是这个族群的文化根基，任何一种语言文字的消亡则是一种文化的消失。

到 2020 年 2 月，世界上仅存的语言大概有 7117 种，但是多数语言文字面临着消失的危险。有的语言虽说现在使用者众多，但是没有传承者和学习者，也逐渐面临消失境地。如今，世界上大约 98% 的人使用着大约 3% 的语言，从另一个侧面可以看出，全世界 97% 的语言使用者不足 2%，语言的多样性正在受到冲击。

一旦一种语言的使用者不再使用该语言，或者这种语言的社交场景变得

越来越少，就不会有传承者代代传承，这种语言就要面临消亡。外部因素一般有经济、政治、军事、文化等方面，尤其是军事冲突，会造成少数族裔灭种的危害。内部因素主要是不同族裔或者同族裔对于使用母语的消极态度，使得语言文字逐渐消亡。目前，世界各国少数族裔或民族都将自己的社会地位和文化相联系，定义为弱势一方，认为自己使用的语言没有保留价值，于是为了稳定生活、摆脱歧视而选择使用人数多的语言和文字。

在我国，少数民族数量众多，分布也比较分散，目前总人口在 30 万人以下的民族就有 28 个，他们掌握着绝大多数目前濒危的语言文字。除此之外，风俗习惯、语言文化等都是宝贵的财富。这些少数民族对于中华文化认同感强，也是优秀传统文化的组成部分，是实现伟大中国梦不可或缺的组成部分。比如，云南佤族的语言，应该源于印缅语系，但使用这类语言的国家和地区，由于历史上长期被殖民统治，他们祖先使用的语言实际上已经全部或者大部分被英语所代替。云南佤族保留至今的语言，理应是印缅语系广大国家和地区历史文化的母语之一，对于这些国家和地区有着极其重要的研究价值。

目前，我国少数民族语言文字的多样性正在遭受严峻的威胁。一些人口较少的民族有 20% 的语言已经濒危，如怒语、仡佬语、普米语、基诺语等；40% 的语言已经显露濒危迹象或正在走向濒危。譬如塔塔尔族总人口 5000余人，但是塔塔尔语的使用人口不到 1000 人；在赫哲族聚居区，只有二十几人会赫哲语，所占比例还不到人口总数的 0.5%，而这些会赫哲语的人中绝大多数都已经是 60 岁以上的老人；仙岛语（阿昌族一个支系使用的语言）的使用人数也仅为百人左右。

一些人口较多的少数民族的语言文字使用状况也同样令人担忧。例如，满族虽然有 1000 多万的人口，但是目前会说满语、能看懂满文的就只有几位年过八旬的老人，他们居住在黑龙江的北方村落，一旦这些老人辞世之后，那么满文很可能就成为一种灭绝的文字了。彝族在 2010 年的普查人口为 860 多万人。彝族有着历史悠久的语言文字，但是现在只有 40% 的人会彝族母语了，50 岁以下的彝族人几乎都不会说纯粹的彝语了，他们说的都是汉、彝的混合语言。2016 年，我国有 80 余种语言、30 多种文字。没有文字的语言使用人数都少于万人，仅仅保留在老人的山歌、传说等口头语言形式中，实际上处在消亡的边缘。

第四节　保护和发展中国语言文字的对策

一、改变"提笔忘字"局面，强化汉字书写功能

汉字不仅是一种文化符号，还具有文字交际的功能。信息时代变化快，在当今我们对于手写的功能需求量变得较少，但是汉字不能仅作为书写时和交流时的交际工具，仍要将其作为中国文化传承和发展的重要承载。同时，我们可以看到，汉字的视觉审美价值极高，一旦汉字的书写功能弱化并逐渐蔓延，无疑对我国的文化传播带来影响，如汉字的生疏、汉字文化的失忆等等。

在互联网时代，尤其是移动互联网应用这么广泛的时代，如何保持手写能力，改变"提笔忘字"的情况，值得思考。首先，要对"汉字"产生敬畏与热爱。汉字文化是中华民族的精神诉求，汉字文化活着，历史才能活着，民族才能活着。如今，很多年轻一代对电子产品依赖度非常高，网络语言表达不规范和粗俗现象逐年增多，归根到底，就是对汉字和汉字艺术没有敬畏和不够热爱。其次，需要针对不同年龄学段的学生加强书写的训练，培育书写习惯。通过识字和书写的基础教育，传承中国传统文化尤其是汉字文化的认同，使学生在课堂学习中，能够理解汉字、理解汉字文化，增强学生汉字审美能力。最后，要讲究书写方法和勤于练习，多读、多看、勤书写。社会积极推进电子产品汉字手写输入法识别系统的技术创新，促进手写汉字在各种多媒体信息化平台、工具中得到更为广泛的应用。

汉字书写能力的强化，最根本的还是要与时俱进，不断创新，这样才更有利于汉字文化的挖掘利用和传播传承。第一，大力推进语言文字信息化和智能化，进一步促使汉语汉字深度融入当代科技发展。一方面努力用现代科技手段促进语言文字在无纸化办公场景中的使用，使大众能够进行学习、研究、传播和传承。另一方面积极发挥语言文字在当代科技发展中的作用，使汉字永葆活力。第二，要大力促进汉语汉字更加广泛、更加深入地融入当代大众生活中，使之成为不可或缺的生活资源、生存依赖和精神家园。第三，不断创新和丰富汉语汉字学习、传播和传承的方式手段，激发大众对汉字的热爱和珍视。第四，加大汉语汉字教育力度，提升国民语言文字素养。

二、汉语国际化推广的对策

汉语在全球化传播的同时，也面临着与世界各国文化间的冲突与融合。为了克服障碍，让汉语全球化广泛传播，需要在开展对外汉语文化传播时，积极加强开展中外文化精神间的对话意义内涵的阐释工作；与此同时，要积极培养具备自觉自信的跨文化传播素养及能力的传播推广者，我们也要积极理解汉语和中国文化的内涵，让汉语在文化推广中更加互补和互通。只有这样，汉语才能够在全球遍地开花。

（一）加强中外文化对话，减少差异趋于大同

由于汉语与各国语言文化背景差异，我们在传播推广的过程中就需要考虑到这样的突出问题。传播推广的主要障碍还是来自世界各国语言文化中蕴含着的各国传统文化思想所反映的世界观和方法论，因思维方式和价值观念的不同，反映出的文化就有明显的差异，这就需要在推广过程中熟知对方的文化特点和方法。知己知彼，掌握丰富的世界各国文化知识，深层次地理解汉语是中国文化精神交流对话的核心，缩小理解性差异的基础，差距小了、交流近了就可以找到互补点，也能促进文化互通与融合。

（二）借助国家整体实力，开展全球汉语交流

国家主导的全球汉语传播，政府扮演的是主导角色。政府将汉语全球化传播作为长远期目标逐步推进，成为繁荣世界语言文化和丰富文化交流活动的重要力量。积极参与对外文化交流离不开政府，政府参与的对外交流更能体现出有效性和权威性。背后有政府支撑，在时效性上要比民间传播来得更快，接受度也更高。此外，政府作为汉语传播的主导，在传播内容上更规范，也更严肃。传播的内容也是经过反复论证后符合国家战略目标和主流价值观的。

（三）学习理解汉语精髓，遵从语言互通性

进一步深入学习理解汉语文化内涵，缩小跨语言文化交流的差异，提高全球对于汉语文化的认知水平，为全球化推广汉语打好坚实基础。善于运用文化载体，推动优秀汉语产品传播，好莱坞大片《长城》就是一个非常好的例子，借助宣传中国文化精神，将中美两国文化融合，使之在不同市场热

映，这是传播汉语文化的一个非常好的方式。

三、少数民族语言文字保护的对策

（一）记录与保存濒危语言文字

积极推进对少数民族濒危语言文字的认定工作，组织民族语言专家，深入调查各地濒危语言，鼓励对濒危语言进行记录立档，创造各种条件记录、描写、保存这些语言资料，出版这些语言的研究专著、词典，逐渐建立少数民族语言音库，录制、保存濒危语言的声像资料。

（二）利用多种途径传播濒危语言文字

目前我国的濒危语言文字面临最主要的问题是使用人数逐年减少，我们可创造条件继续使用和传播它们。语言文字本身是工具，目的是便于沟通交流，利用这一属性，创造出丰富多样的少数民族语言艺术作品，比如民歌、戏曲、小说，充分地发挥这些濒危语言文字的艺术性，扩大其传播范围。同时，加大对与这些语言文字相关的非物质文化遗产的保护力度，传承民族的优秀文化。

（三）保护工作侧重点需要平衡

我国绝大多数的濒危语言文字掌握在人口较少的民族的手中，这些语言文字承载了本民族和地区的历史、文化，因而是非常独特的，有其无可替代的价值。目前，这些人口较少民族的语言文字还没有得到充分的重视，政府应适时地将保护工作的侧重点向这些民族和地区转移，平衡濒危语言文字保护策略，均衡地集中各方面的资源，向这些人口较少的民族倾斜。

（四）制定相关的法规条例，加大人力和资金投入力度

在条件允许的情况下制定《濒危语言文字保护条例》，从制度上确保濒危语言文字的地位。另外，政府应成立专门的机构，主导濒危语言文字的保护工作，同时协调相关的政府职能部门，争取在较短的时间内形成合力，开展保护濒危语言文字的工作。设立专项资金，对濒危语言文字的记录、复兴和促进等计划提供资金支持。加大人力、物力、财力投入力度，正式把保护濒危语言文字纳入政府工作中来。

（五）改善教育政策，鼓励使用双语教学

加强和改进濒危语言文字的母语教育，少数民族地区努力贯彻双语教学的政策，为少数民族语言教师提供基本的语言学、语言教学方法和技能、课程设置与教材编写等方面的训练。在少数民族地区设立研究中心，培训濒危语言使用者去记录、整理和研究自己的母语材料。可在适当的地区建立"濒危语言文字保护示范村"，以激发其自觉维护本民族和地区语言文字尊严的积极性，延续濒危语言文字的寿命。

第五章　中国古代哲学思想的继承和发展

中国古代哲学萌芽于殷商、周，形成于春秋末期，在战国时期出现了百家争鸣的繁盛局面。中国古代哲学的发展已有 3000 多年的历史，在历史长河中留下了浓墨重彩的一笔。

第一节　中国古代哲学思想概述

一、中国古代哲学思想的发展脉络

中国古代哲学，最初是从原始宗教中逐渐分化出来的。早在原始社会（距今约 170 万年—公元前 2100 年）就已经孕育着哲学的胚芽。原始人在自己的劳动中了解自然界，有了唯物论萌芽的基础，主要体现在阴阳五行的观念上。远在公元前 1000 余年，在农业和畜牧业发展的基础上，人们有了现在、过去、未来的时间观念，称当今为"今"，过去的日子为"昔"，旬内之某日为"翌"，次旬之某日为"来"。同时为了区分土地，进行商业交通和军事征伐，人们也有了东、西、南、北、中五方的空间观念。在生产发展基础上，人们除了时空观念外，还产生了原始的阴阳五行观念。阴阳观念记载于《周易》。人们长期观察天地、风雷、水火、山泽等自然现象和人类自身的生殖现象，于是概括出天与地、雷与风、水与火、山与泽的对立。再观察鸟兽，有牝有牡；观察草木，有雄有雌；观察人类，有男有女。所以就把阴阳的对立看作宇宙间普遍的根本的对立。五行观念记载于《尚书·周书·洪范》。所谓五行：一曰水，二曰火，三曰木，四曰金，五曰土。这些反映人们对衣食住行所必需的五种物质资料及其性能的认识，具有唯物论的因素。可以说，阴阳五行观念，是中国原始的朴素的唯物论和辩证法的胚芽。但是，由于生产力的低下和知识的贫乏，人们在自然灾害面前显得无能为力，便产生了原始宗教观念，如对天、地、日、月、风、雨、山、水、鸟、兽等的多种崇拜和对祖先、神灵的崇拜，有了哲学思想的萌芽。然而，哲学作为对整个宇宙认识的系统化和理论化的学说，作为一种比较完整的通过文字记载的世界观，产生于奴隶社会。在早期的奴隶国家——殷商（约公元前1562年），有了文字典籍《尚书》。中国史学界比较一致断定：商（殷）代是中国历史上的奴隶制时代，《尚书·商书·盘庚》以后各篇和殷墟小屯发掘出来的甲骨文片，是中国最早的成文史料。《诗经·商颂》说："帝立子生商。"商代统治者自认为是上天的子孙，是代表上天来管理臣民的。周灭商时，周统治者宣称："丕显文王，受天有（佑）大命。"（《大盂鼎》）意即文王创立了灭商事业，是受天命保佑的，周天子是上天在天上的投影。《庄子·天下篇》也指出这时期的哲学思想是"以天为宗，以德为本"的。这道出了哲学同宗教、伦理的结合。但是这时的哲学思想只是处在萌芽状态，尚未形成哲学学派，还没有建立真正的哲学体系，因而没有什么著名的哲学家。

现在一般把中国传统哲学划分为七个阶段，即先秦子学、两汉经学、魏晋玄学、隋唐佛学、宋明理学、明清实学、乾嘉朴学。

春秋战国时期（公元前770至公元前221年），是中国奴隶制向封建制急剧转变的时期。这时，哲学领域进入了诸子风起云涌、"百家争鸣"的新阶段。所谓"百家"，就学派而言，可归纳为十多家，其中主要是儒、墨、道、法、名、阴阳六家，此外，还有兵家、农家、纵横家、杂家和小说家等。百家之争发端于春秋末期的显学，即儒墨之争，鼎盛于战国初期，总结于战国末期的荀子。"百家"的哲学课题，主要是围绕着礼治与法治、王道与霸道、性善与性恶、古与今、天与人、名与实以及宇宙的起源等问题。这时期的争鸣标志着中国古代哲学的成熟。论争的中心问题，是天人关系问题。"天"的本质是什么？是精神的，还是物质的？是"天人相分"，还是"天人合一"？这已涉及哲学的基本问题。先秦哲学探讨的重点侧重政治、伦理、道德、人生等问题。可以说，先秦子学奠定了中国哲学的基础，掀起了中国哲学发展的第一次高潮。

两汉时期，地主阶级中央集权制的形成，迫切要求对王权神圣不可侵犯作理论上的论证。汉代统治者经过长时间的思考后，终于在汉武帝时期采纳了董仲舒"罢黜百家，独尊儒术"的建议。从此，儒家思想始定于一尊，成为官方意识形态和主流思想。于是董仲舒的"天人感应"说和"王承天意"的神学目的论就成了官方的正统哲学。而王充的"天道自然无为"的元气自然论与董仲舒的"天人感应"的神学目的论形成对立。这种哲学上的对立斗争与当时经学上的今古文之争有一定的联系，所以，学术史上称之为两汉经学。

魏晋时期，门阀士族地主取得了绝对统治，一反两汉时期繁琐的经学及神学目的论，尊崇老子、庄子及《周易》，号称"三玄"。这一时期，在思想上和思维方式上出现了一次大的解放。魏晋玄学讨论的核心问题主要有：一是名教与自然的关系，二是本与末、有与无、动与静、一与多的关系，三是语言和思想的关系，四是肉体和精神的关系。何晏、王弼建立了玄学（运用老庄思想糅合儒家经义而形成的一种哲学思潮），通过体用、本末等"纯粹哲学"命题的论辩，为门阀士族统治辩护。这种玄学与外来的佛教结合，成为南北朝、隋唐时期占统治地位的意识形态。裴頠等人对玄学作了批判。南北朝时期，一些皇帝、宰相带头信佛，佛教成为国教。范缜作《神灭论》，以形神相即、形质神用证明人死神灭，在中国哲学史上写下了光辉的一页。

隋唐时期，是中国封建社会中转时期，统治者采取儒、道、佛并用政策，强化思想统治。佛教自汉代传入中国后，经魏晋南北朝数百年的碰撞与融合，至隋唐时期出现了繁盛的局面，形成了众多的佛教流派。在隋唐佛教诸宗派中，禅宗是流传最广、影响最大的，是佛教中国化、世俗化的典范。隋唐佛学探讨的中心议题之一是佛性问题，也就是心性论问题，内容包括人的心理活动、感觉经验、道德观、社会观、认识论以及宗教实践等。这时期，信奉儒家天命论的韩愈坚决反对佛教；而柳宗元、刘禹锡则提出"天与人交相胜""还相用"的思想，对天人关系之辨作了新的唯物主义的总结。

宋明时期，是官僚地主阶级高度集中的中央集权统治，哲学上出现了程朱理学和陆王心学，合称宋明理学。宋明理学是以儒家思想为主，糅合了释、道两家思想而创立的一种新的哲学形态，主要有程朱（程颢、程颐、朱熹）理学、陆王（陆九渊、王阳明）心学和张王（张载、王夫之）气学三大流派。宋明理学探讨的内容和范围十分广泛，如宇宙论、本体论、人生论、心性论、知行观、修养论、境界论等。这是儒家思想发展的第二次重大转折，它继承了传统的唯心论，改造并吸收了佛教的某些成分，形成了完备而系统的唯心主义体系。而张载、王廷相，特别是王夫之、戴震等人猛烈地抨击宋明理学，并审视、总结了各派哲学，把中国哲学推向了高峰。

明清之际的思想家大都反对宋明理学，把理学看作是虚学。明清实学反对空谈心性，提倡经世致用；反对封建专制，提倡思想解放，因而具有早期启蒙思想的性质。实学思潮遍及当时的政治、经济、科学和文学艺术等各个领域，主要代表人物是顾炎武、黄宗羲、王夫之、颜元等。

清王朝建立后，开始实行文化专制主义，大兴文字狱，人们不敢再谈论政治，因而转向了训诂考据。乾嘉朴学以考据为主要治学方法，文风朴实简洁，重证据罗列，少理论发挥，也称乾嘉汉学、乾嘉考据学。乾嘉朴学最突出的学术贡献就是对传统的文字学、音韵学、训诂学、目录学等进行了系统整理，并使之获得了空前发展。

二、中国古代哲学的思维方式

思维方式就是人们思维活动中用以理解、把握和评价客观对象的基本依据和模式。中国古代哲学不同于西方哲学的关键所在就是思维方式的不同。整体思维、直觉思维、践履思维是中国古代哲学三种最主要的思维方式。

（一）整体思维

整体思维是中国传统哲学思维方式中的一个重要特征，也是中国传统哲学思维方式的一个总体特征。哲学的研究对象是世界，但研究什么样的世界，中国传统哲学与西方哲学是有区别的。中国传统哲学关注的不是主客相分的世界，也不是世界的一个部分，而是主客相融的世界，即整体世界，是由人联系也因人而繁衍、延续的无限整体世界。在中国哲学中"道""气""太极""理"等范畴就是代表整体和全体的基本范畴。中国哲学在世界的把握中产生了整体思维方式。所谓整体思维方式就是在研究世界时，强调人与自然是一个整体，社会是一个整体，天地是一个整体。整体世界不是混沌的整体，也不是神秘的整体，而是一个有序、可以体悟的整体。整体之中包含着各个部分，各个部分之间存在着相互联系，各部分内部又存在着内在的联系，整个世界是一个由有机部分组成的有机整体。之所以有机，不是指物理世界的无生命的有机，而是以人为重点和核心的有生命、生生不息的有机整体。应该说，这种观点在中国传统哲学中，无论是儒家、道家还是佛家的思想中，都有明确的体现。儒家以"性"为中介（"尽心、知性、知天"）建构了天人的世界整体。道家以"自然"为核心（"人法地、地法天、天法道、道法自然"）建构了天人的世界整体。佛家以"佛"为核心（"自佛是真佛，自若无佛心，向何处求佛"）建构了天人的世界整体。中国传统哲学的整体思维方式比较集中地体现在"和合"的思想中。

（二）直觉思维

直觉思维是无须凭借概念、推理等逻辑思维而直接把握对象本质的一种非理性思维形式。它是对事物本质的直接洞察和领悟，具有直观性、整体性、直接性以及非逻辑性和突发性，是逻辑思维的中断。直觉思维消解了主客、内外、物我的界限，达到了与天道浑然合一的境界。人们普遍认为直觉思维是与逻辑思维不同的一种思维方法，直觉就是直接觉悟、当下贯通。中国古代并无"直觉"一词。"直觉"概念在五四新文化运动时期被引入中国思想界，尽管这样也不能认为中国传统哲学没有直觉思维方式。梁漱溟先生在《东西文化及其哲学》中认为"西方重理智，中国任直觉"。张岱年先生也提出中国哲学"重了悟不重论证"（《中国哲学史大纲》）。实际上，中国传统哲学中虽然没有直觉概念，但有相近的概念，如"体认""体道"。朱熹曾解释"体认"为"置心物中"，与直觉思维是相近的。直觉思维方法是儒道释共同的思维方式。中国古代首倡直觉思维的是道家，并以老庄为代表。老子说："致虚极，守静笃，万物并作，吾以观复。"（《老子·第16章》）如何"致虚极，守静笃"？老子提出"涤除玄览（鉴）"（《老子·第10章》），就是要把主体的私欲、杂念、见地统统去掉，犹如把鉴（镜子）上的尘污清洗掉。即"损之又损"的"为道"，"为道"不同于"为学"，不是"日益"，不是积累，而是不断减少，减少关于"物"的知识，不受"物"的牵引和束缚便通向达"道"之路。庄子主张"坐忘"，"堕肢体，黜聪明，离形去知，同于大通（道）"（《庄子·大宗师》），提倡通过"无听之以心，而听之以气"（《庄子·人世间》）的"心斋"而"坐忘"的方式体道，不仅要忘掉外界万物和世界，而且要忘掉自己的身体和精神，使自己与整个世界融为一体，最后达到"天地与我并生，万物与我为一"（《庄子·齐万物》），实现对世界的把握。

方立天先生在《中国佛教哲学要义》中，对佛教哲学的直觉思维有精到详尽的阐述，代表性的有僧肇、竺道生、慧能三人。僧肇在《不真空论》中说："道远乎哉？触事而真。圣远乎哉？体之即神。"他的《般若无知论》则是专论"体之即神"，体现了他的直觉论。竺道生倡导顿悟说，认为佛性玄妙不可分，只能通过顿悟的方式才能获得。他提出："夫象以尽意，得意忘象；言以诠理，入理则息言。若忘筌取鱼，始可与言道矣。"[1] 慧达在《肇

---

[1] 张建永：《艺术思维哲学》，作家出版社，2001年，第336页。

论疏》中简述了竺道生的顿悟说："竺道生法师大顿悟云，夫称顿者，明理不可分，悟语照极，以不二之悟，符不分之理。理智惠释，谓之顿悟。"[①]竺道生认为，真理玄妙，不可分，只能通过顿悟的方式才能获得。禅宗六祖慧能进一步阐发了顿悟说。他认为，万法尽在自心，要识得万法，得到真如本性，只需自识本心，明心见性。他强调主体内心修养，自我觉悟，"不悟即佛是众生，一念悟时众生即佛"。[②] 如何才能明心见性，一悟成佛？慧能认为，佛性，真如人人有，只是为尘世的欲望迷，为了自识本心，只需排除一切杂念，"以心传心"。慧能提倡人人皆有佛性，人人皆能靠自己成佛，反对烦琐的修行，提倡顿悟成佛，这是中国佛教史上的一次变革，也是慧能的禅宗遍及全国、远播海外的一个重要原因。禅宗高扬人的主体能动性，特别是倡导"运水搬柴，无非妙道"，禅宗的直觉（体佛悟道）不离弃日常生活，更不抛弃、否定日常生活，这是其与道家和道教的直觉论不同之处。

儒家孔子主张"默而识之""叩其两端而竭矣"的观点，这应该是儒家直觉思想的渊源。宋明儒家吸取佛、道的直觉论，提出了"体悟"和"豁然贯通"的直觉形式。程朱理学讲得最多的直觉形式是"豁然贯通"。特别是朱熹进一步发挥了程颐的"脱然贯通"思想，在解释"格物致知"时说到，即物穷理时，"至于用力之久，而一旦豁然贯通焉，则众物之表里精粗无不到，而吾心之全体大用无不明矣"[③]。王阳明推崇向内直觉，他说："知是心之本体，心自然会知，见父自然知孝，见兄自然知弟，见孺子入井自然知恻隐，此便是良知。"[④] "致良知"不是"今日格一物，明日格一物"，犹如"磨镜复明"。实际上王阳明的"磨镜复明"固然重要，但也是"今日格一物，明日格一物"的结果。陆王空疏与程朱支离是有不同点，甚至对立，但亦有联系，正如老子言"为道日损""为学日益"，益不是损，损不是益，但损益有联系，损也是一种益，磨也是一种益，也就是说损不能否定益，而要依赖益，"豁然贯通"既是损的结果，也是益的结果。这也是几次"鹅湖之会"难成共识的症结所在。不过道家、佛家的直觉排斥名言，悟理遗教，而宋明儒学家则力图把两者统一起来，提倡直觉，又主张"用力之久"，所以直觉思维较为合理。

---

① 章人英：《华夏文明圣火薪》（第一卷），上海三联书店，2015 年，第 109 页。

② 鸠摩罗什译：《四库家藏 妙法莲华经》，山东画报出版社，2014 年，第 331 页。

③ 冯友兰著，赵复三译：《中国哲学简史》，文化发展出版社，2018 年，第 286 页。

④ 贾丰臻：《中国理学史》，上海古籍出版社，2014 年，第 153 页。

（三）践履思维

"践履"一词出于《诗·大雅·行苇》："敦彼行苇，牛羊勿践履。"指牛羊脚踏苇地。后儒者引申为身体力行。如朱熹《答何叔京》："想见前贤，造诣之深，践履之熟。"（《朱子文集》卷四）但朱熹强调知先行后，"义理不明，如何践履"（《朱子语类》卷九），"只说践履，而不务穷理，亦非小病"（《朱子文集》卷三十八）。明清之际，王夫之认为践履为第一，以"笃行"为"第一不容缓"、"必以践履为主"（《读四书大全说》卷六）。

中国传统哲学具有强烈的践履性，践履思维是中国传统哲学的又一重要特征。所谓践履思维，强调实践的重要性。实践不仅是"行"，"知"也需要实践。诚如张岱年先生所言，"中国哲学中有许多名词与理论，都有其实践的意义；离开实践，便无意义。想了解其意义，必须在实践上做工夫，在生活中用心体察"①。由于强调践履性，因此中国哲学，无论是儒、道还是佛，都提倡修行，并且都各有一套细密的工夫论或修养论，也提出诸多境界。也由于强调践履，因此中国哲学并不太过重视哲学思想体系的建造。换言之，对于中国哲学来说，所谓哲学从来不是抽象的概念思辨的游戏，而是道德的实践与修行。反过来，仅仅从概念出发，对于哲学问题的思考是不得要领的。这也是为什么中国哲学不重视形式逻辑，不重视逻辑推理，而强调身体力行的体会与证悟的原因。

中国传统哲学的践履思维方式表现出强烈的人间性。所谓人间性，就是对于"有"的世界的重视，对于人的生活的关注。中国哲学既强调"无"，又要将这种"无"落实于"有"，就是这种人间性的品格所决定的。由于提倡人间性，因此中国哲学的思维虽然强调"无"的世界，但不离弃"有"的世界，即世俗社会、生活世界，这与西方哲学将现象界与本体界严格划界，以及基督教主张此岸与彼岸的对立是截然不同的。因此中国传统哲学，无论是儒家、道家还是佛家，其心目中的最高境界虽不一样的，儒家是圣人、道家是真人、佛教是成佛，但都强调在现世中的修行。儒家自不必言。老子哲学尽管提倡无、反对物欲，却仍然主张"和其光，同其尘"（《老子·五十六章》）。庄子也提倡"游世"。而中国佛教，无论是大乘其他各宗，还是禅宗，都主张修"世间法"。张岱年先生说得很清楚：因为中国哲学家重视人生、重视生活，所以"人生论是中国哲学之中心部分，其发生也较早。中国哲学

---

① 张岱年：《中国哲学大纲》，商务印书馆，2017年，第27页。

的创始者孔子，及继起者墨子，都是谈论人生问题，而未尝成立宇宙论系统。孔子所以是中国哲学的开端，乃因为他是第一个提出一个人生论系统的"①，"北宋以后的哲学家，大都比较注重宇宙论，然其学说的核心部分，仍在人生论。所以人生论实是中国哲学所特重。可以说中国哲学家所思所议，三分之二都是关于人生问题的"②。重视人生、重视人的生活，也就通过知行合一追求人的高层次生活。

中国传统哲学践履思维方式特别反映在贯穿中国哲学始终的知行合一思想中。知和行是中国古代哲学中的一对重要范畴，贯穿于本体论、认识论和人生论。方克立先生认为中国古代哲学的知行观，不仅仅限于认识论，与"伦理道德问题是紧密结合很难分开的"。所以，知是为了行，知的伦理含义是一个重点。知的伦理含义就是通过"知善知恶""知是知非"，而正确、适当的行为，正确地处理和应对生活，如孟子的"良知"、张载的"德性之知"、朱子的"所当然之理"、王守仁的"致良知"等。张岱年先生认为中国传统哲学中"与知相对待的是行，行指行为、活动。在近古哲学中，行亦称为实践。王廷相《慎言》云：'笃行实践，以守义理之中也'。所谓实践指道德的行为"③。中国古代哲学的行，是一种伦理的处理和应对活动，就是道德实践、道德修养。中国古代哲学对知行范畴的讨论，围绕着知行的难易、先后、轻重、分合问题来展开，主要探讨知行的分合。

知行的分合，就是知行的对立和统一。知行统一在先秦时就已出现了。孔子倡言行一致："听其言而观其行。"（《论语·公冶长》）宋时的程朱学派主张知行统一于知，程朱的知行合一，强调不知不能行，能知必能行，知而不能行，只是未真知，知始终决定行。因此有人说程朱是"重知的知行合一"。明代王守仁明确提出知行合一。王守仁不满意程朱以知为本、以行为末，以知为先、以行为后的知行之分，而主张知行是一个本体，知行工夫不可分离。"某尝说知是行的主意，行是知的功夫；知是行之始，行是知之成。若会得时，只说一个知，已自有行在；只说一个行，已自有知在。"④ 王夫之将程朱、王守仁的知行合一论分别批评为"先知以废行""销行以归知""离行以为知"，故以行来统一知行，说"行可兼知"，从而达到知行合一。

整体思维、直觉思维、践履思维是中国传统哲学中三个重要的，也是三

---

① 张岱年：《中国哲学大纲》，商务印书馆，2017年，第275页。
② 张岱年：《中国哲学大纲》，商务印书馆，2017年，第273页。
③ 张岱年：《张岱年全集》（第四卷），河北人民出版社，1996年，第678页。
④ 冯友兰：《冯友兰文集》（第十二卷），长春出版社，2017年，第152页。

个不同于西方哲学的思维形式。三者既相区别，又有内在的联系。三者同是中国人身处世界之中、社会之内思考世界、思考社会、思考人生的方式，是研究、解决"安身立命"的智慧。整体思维是其研究对象及把握对象的方式；直觉思维是把握整体世界特有的较好的思维方式。因为整体世界是一个"全""一"的世界，对此的把握不能依靠有限的积累。有限的积累还是有限的，整体世界是无限的，有限与无限不是量的区别，而是层次、境界的差异，"顿悟"式的直觉思维才能完成"瞬刻把握永恒"，达到层次的超越和境界的升华。这种超越和升华不是玄思的结果，而是践履的效果。迦叶尊者的"拈花微笑"、程颢"不觉手之舞之、足之蹈之"，不是纯思，只有践履，才能融入世界，把握世界整体。只有践履才能实现超越。所以整体思维、直觉思维、践履思维相辅相成，自为一体。

第二节　对传统哲学思想的继承和发展

中国传统哲学思想博大精深，具有强大的生命力，对实现民族独立和人民解放有着重要的支撑作用，为中国化的马克思主义理论的形成和发展注入了精神动力，提供了文化渊源。对传统哲学思想的继承和发展主要表现在以下几个方面。

一、对发展变化思想的传承

《吕氏春秋·尽数》中讲到"流水不腐，户枢不蠹"，就是说万事万物都要按照它的本质规律去发展、去变化，不能停滞不前。《周易·系词》中讲到"穷则变，变则通，通则久"，是说事理到了窘困穷尽的时候，就应该有所变动，变动之后即可遇事通达，通达之后即可行运长久。在中国历史上，有众多的改革理论和改革实践，均说明了"变则通"的道理。

邓小平同志是我国改革开放的总设计师，一生最大的贡献当属实施的对内改革对外开放，带领中国人民走上经济发展、生活富裕的道路。刚刚步入社会主义社会的人们，还不能够用辩证的眼光去看待市场经济与计划经济的问题，很多人认为搞市场经济就是要走资本主义道路，这是坚决行不通的。所以，社会主义经济的发展受到了极大的束缚。邓小平为了能让人民摆脱贫困过上富裕的生活，决定实施经济体制改革。在农村实行家庭联产承包责任制，创造性地将市场经济纳入社会主义经济体制之中，在城市的国有企业实施了股份制、股份合作制改革，改变了原有的、单一的计划经济体制。邓小平的这一独具特色的经济决策，引导着中国经济体制改革走向成功的彼岸，使中国取得了举世瞩目的成就。中国在经济上的这个举措轰动了世界，对中国未来的发展奠定了良好的理论和实践基础。

以江泽民同志为代表的党的领导集体在继承古代"发展变化"思想的基础上形成了"与时俱进"的思想，并把与时俱进确立为党的思想路线的内容，使党的思想路线呈现出鲜明的时代性。与时俱进的思想反映了时代的发展变化，要求党的工作要富于创新性。与时俱进的思想推进了中国特色社会主义事业的发展，与时俱进思想要求全党必须紧跟时代的步伐，把握时代的变化。

以胡锦涛同志为代表的党的领导集体根据中国社会的实际情况与时俱进地提出了"科学发展观"。科学发展观的第一要务就是发展，基本要求是全面、协调、可持续发展以及人与人、人与社会、人与自然的和谐发展，确保子孙后代的永续传承和兴盛。

总体来说，"三个代表"重要思想和科学发展观的创立，都是党深刻反思改革开放以来为追求经济发展而带来的各种问题，着眼于中国特色社会主义未来发展方向而提出来的，为全面建设小康社会提供了理论依据，为中国未来的发展明确了方向、为中国梦的实现奠定了基础。

以习近平同志为核心的党中央，继往开来、与时俱进，在理论和实践中不断创新。在中国经济经历了迅猛发展、平稳发展的阶段，经济总量跃居世界第二，成为经济大国的时候，以习近平同志为核心的党中央没有让中国经济发展停滞在当前的状态，而是不断地谋求新的发展和变化。因为停滞或倒退是没有任何出路的，唯有改革才能推动社会主义事业的进步。因此，为了实现中华民族伟大复兴的"中国梦"，习近平总书记于十八届三中全会的报告中，提出了"全面深化改革"，包括经济、文化、社会事业、政府职能、党的建设制度等诸多方面。"全面深化改革"立足于改革开放理念的基础之上，遵循与时俱进的发展原则，以科学发展观为指导，解决当前中国发展面临的一系列问题。

无论是改革开放的战略、与时俱进的思想，还是全面、协调、可持续的发展，无论是全面深化改革的提出还是社会主义核心价值观的凝练，都是对"流水不腐，户枢不蠹"以及"变则通"思想的深切领悟，为中国特色社会主义理论增添了新的内容，为中国特色社会主义建设凝聚了强大力量。

二、对民本思想的发展

民本思想在中国早已根深蒂固，《尚书》中有"惠民""裕民"的观点，《周易·益》中有"损上益下，民说无疆"的观点。再如，儒家强调"以民为本"，主张"富民"。孟子讲的"桀纣之失天下也，失其民也；失其民者，失其心也"（《孟子·离娄上》）① 以及"民为贵"（《尽心下》）的理论，都揭示了一个道理，即统治者只有满足了人民衣、食、住、行等基本的生存要求，才会赢得民心，得到人民的支持与拥护。武王伐纣的历史告诉我们统治者只有做到重民、爱民才能国运恒昌。例如《孟子·公孙丑下》中所说："得道者多助，失道者寡助。"② 再如荀子所说："水则载舟，水则覆舟。"③ 经历了隋末唐初战乱的唐太宗，同样感受到了人民群众的强大力量，所以唐太宗十分重视君民关系，也就有了"贞观之治"。但是传统的重民、爱民的种种表现，只是统治者维护其统治地位的一种手段，人民绝不可能当家作主，成为国家的主人。

邓小平同志在传统的贵民、富民思想的影响下，时刻关注着人民的生活，并由此提出了社会主义共同富裕的目标。从"温饱"到"小康"再到"比较富裕"的"三步走"战略目标，以及最终达到共同富裕的重要思想，都充分体现了他对人民生活水平改善与提高的高度关注和全力推进。

以江泽民同志为代表的党的领导集体着眼于国家建设、党的建设以及传统文化中"民本"思想的弘扬，并多次强调中国共产党要不断"实现好、发展好、维护好最广大人民群众的根本利益"④。"三个代表"重要思想中"党始终代表最广大人民的根本利益"，加强了党与人民之间的关系，为科学发展观的形成做了充分的思想准备。

以胡锦涛同志为代表的党的领导集体提出了"科学发展观"，其内容之一"坚持以人为本"，就是强调一切工作都要以为人民谋福利为中心，就是要人民享有在经济、政治、文化等方面的权益，从而真正地实现全面而自由的发展。胡锦涛与时俱进并实事求是地将邓小平的人民当家作主的理念、

---

① 孟轲著，王常则译注：《孟子》，山西古籍出版社，2003年，第110页。
② 孟轲著，王常则译注：《孟子》，山西古籍出版社，2003年，第53页。
③ 荀子著，孙安邦、马银华译注：《荀子》，山西古籍出版社，2003年，第103页。
④ 中共中央文献研究室：《十六大以来重要文献选编》（中），中央文献出版社，2006年，第705页。

江泽民的代表中国最广大人民根本利益的思想，发展成为"坚持以人为本"的观点。2002年，胡锦涛提出了"全面建设小康社会"，这是实现人民共同富裕、人民幸福的一个发展过程。他在2003年7月1日的讲话中就曾引用了《孟子·梁惠王下》中的"乐民之乐者，民亦乐其乐；忧民之忧者，民亦忧其忧"。胡锦涛强调："人心向背，是决定一个政党、一个政权盛衰的根本因素。"① 由此可见，胡锦涛在充分理解古代民本思想的基础之上，又形成了自己独到而精准的见解。

以习近平同志为核心的党中央对传统文化中民本思想的领悟更为深刻，且时刻牢记执政为民的理念。党的十八大提出了"两个一百年"的奋斗目标，第一个一百年，是指在中国共产党成立100年时全面建成小康社会。"全面建成小康社会"的提出意味着，一代又一代中国共产党人在理论的创新、实践的创新中而取得的飞跃式进步，这也意味着真正实现了人民的幸福。第二个一百年，是指在新中国成立100年时建成富强、民主、文明、和谐、美丽的社会主义现代化强国。其中，"民主"充分蕴含了传统文化中的民本思想，真正实现人民当家作主。党的十八大报告中提出了"五位一体"总体布局，新纳入其中的生态文明建设同样蕴含着深刻的民本思想。习近平总书记指出："良好生态环境是最公平的公共产品，是最普惠的民生福祉。"② 十八大结束后，习近平在参观"复兴之路"展览时，提出"中国梦"。而"中国梦"的本质之一就是人民幸福，因此说实现中华民族伟大复兴的"中国梦"就是要以人民的利益为最高价值目标，不断为人民造福。2014年3月，习近平总书记在"两会"期间，参加安徽代表团审议时所作的关于推进作风建设的讲话中，提到了"三严三实"。无论是"三严"还是"三实"都是对领导干部的严格要求，实则更是为了百姓谋福利。

无论是"共同富裕思想"、"三个代表"重要思想，还是"全面建设小康社会"；无论是"全面建成小康社会"、"生态文明建设"，还是"中国梦"抑或"三严三实"，其最终目标之一就是要实现人民幸福。在为实现"人民幸福"而不断奋斗的过程中，中国共产党时刻牢记"以民为本"的思想，秉承"执政为民"理念，为中国特色社会主义的发展做出了新的贡献，为实现中华民族伟大复兴提供有力支撑。

---

① 胡锦涛：《在"三个代表"重要思想理论研讨会上的讲话》，人民出版社，2003年，第17页。

② 中共中央文献研究室：《十八大以来重要文献选编》（中），中央文献出版社，2016年，第493页。

三、对和谐思想的超越

和谐思想贯穿中华民族历史发展的各个时期，成为中国传统文化中历久弥新的基本精神。和谐最早出现在《管子·兵法》中："和合故而能谐"，《论语·学而》中提出"礼之用，和为贵"，《中庸》中提出"致中和"的标准。这种和谐的思想早已深深嵌入到每一个中国人的心中。在中国传统文化中，和谐思想占据了重要的地位，涉及了诸多方面的内容，儒家提倡"天人合一"，道家讲求"道法自然"，君王在处理民族关系、国家关系时倡导"协和万邦、睦邻友好"。

邓小平认为只有很好地传承古代的和谐思想，才能促进民族的融合与团结，才能更好地建设中国特色社会主义。为了实现祖国的统一大业，面对港、澳、台长期以来的资本主义制度，邓小平提出了"和平统一、一国两制"的新构想。发展是第三世界国家面临的首要问题，邓小平在和平与发展的时代主题下，在马克思主义、毛泽东思想的指导下，继承古代的和谐思想，结合中国的基本国情提出了和平共存谋发展的新战略构想。为营造和平的国际环境、促进中国经济的发展，邓小平代表中国人民声明：中国始终是维护世界和平的坚定力量。正如孟子主张"以德服人"，和平与发展的战略构想为中国人民的生活带来了新的转机，为社会主义现代化建设迎来了新的机遇，为当代中国经济发展营造了稳定的国际环境。

以江泽民同志为代表的党的领导集体在传承古代和谐思想的基础上，对外遵循"和平共处五项原则"的外交政策，对内继承了邓小平同志"和平统一、一国两制"的新构想，分别于1997年和1999年使香港和澳门回归祖国的怀抱，实现了祖国的统一，证明中国的实力。

以胡锦涛同志为代表的党的领导集体在十六届四中全会上提出了"构建和谐社会"，和谐社会一直是人类追求的美好社会，要求人们做到与自身的和谐、与他人的和谐以及社会各个阶层之间的和谐。在党的十七大报告中提出了"坚持以人为本，全面、协调、可持续发展"的科学发展观。追根溯源，无论是全面发展还是协调发展或是可持续发展都是和谐发展。胡锦涛继承了周恩来的"和平共处"五项原则，在邓小平"和平统一"的治国理念的基础之上，侧重强调人与自然的和谐。中国早在两千年前就有"天人合一"的主张，以及"道法自然"（《道德经》）、"天地与我并生，而万物与我为一"（《齐物论》）、"序四时，载万物，兼利天下"（《荀子》）等观念，这些都是在强调人类与自然和谐相处的重要性。胡锦涛继承了中国古代"天人合一"的思想，又结合中国自然资源的实际情况以及为子孙后代谋福利的观念，提出了人与自然要实现可持续发展的理念。

党的十八大报告创造性地提出了包括经济建设、政治建设、文化建设、社会建设、生态文明建设在内的"五位一体"总体布局。这五个方面是相互影响、相互依存而又协调发展的关系，其中"生态文明建设"对传统文化中和谐思想的传承最为全面，它包含了人与人、人与社会、人与自然的和谐，它最终要实现和谐共生、可持续发展的局面。总体来说，"五位一体"总体布局的提出蕴含了深刻的"和谐"思想。党的十八大报告提出，倡导富强、民主、文明、和谐，倡导自由、平等、公正、法治，倡导爱国、敬业、诚信、友善，积极培育和践行社会主义核心价值观。其中和谐这一基本内容，不仅是传统文化中的基本理念，更是当代中国发展的基础；和谐与生态文明一道要求构建人与人、人与社会、人与自然相互共存的生态环境，可见作为中国传统文化的基本理念之一的和谐思想在中国历史发展进程中的重要价值。在外交方面，习近平总书记传承了古代君王"协和万邦、睦邻友好"的和谐思想，遵循和平共处五项原则，坚持走和平发展的道路。在和平共处五项原则发表60周年纪念大会上的讲话中，习近平总书记强调："中国将坚定不移在和平共处五项原则基础上发展同世界各国的友好合作。"[①] 同时也表达了"推动建设持久和平、共同繁荣的和谐世界"的美好愿望。

无论是"和平统一，一国两制"的新构想、"和平与发展"的战略思想，还是"可持续发展"的观念，无论是"生态文明建设"的和谐理念、社会主义核心价值观中的"和谐"内容，还是推动世界和平的美好愿望，都是在诠释着传统文化的基本理念——和谐，为中国特色社会主义的建设营造了良好的氛围，为中国再次崛起于世界赢得机遇。综上所述，优秀传统文化为中国特色社会主义理论的形成和发展提供宝贵的思想资源和精神滋养，并且如影随形地伴随着中国特色社会主义的发展。因此，推进中国特色社会主义伟大事业的进一步发展，必须弘扬中国传统文化，繁荣中国传统文化，振兴中国传统文化，守住中国传统文化的根和魂。

---

① 习近平：《弘扬和平共处五项原则　建设合作共赢美好世界——在和平共处五项原则发表60周年纪念大会上的讲话》，人民出版社，2014年，第12页。

第三节 对传统哲学思想的改造和利用

我党对中国古代哲学进行了积极的探讨，在总结中国古代哲学中的唯物论和辩证法的基础上，结合中国的实际需要，对中国传统哲学进行了马克思主义的改造与利用。我党领导哲学工作者对中国传统哲学的改造与利用主要体现在对中国哲学中唯物论和辩证法思想的挖掘与阐述、引导中国传统哲学与马克思主义哲学相融合，在对中国传统哲学进行积极改造的基础上使中国传统哲学服务于客观现实。

一、对中国哲学中唯物论和辩证法思想的挖掘与阐述

中华民族是一个富有哲学思维的民族，炎黄子孙在数千年的历史长河中，创造出了许多哲学性的思考和总结，这些都是中华民族宝贵的精神财富。受历史和时代的局限，虽然中国传统哲学中存在着许多唯心主义、形而上学的因素，但也包含着众多的唯物论和辩证法思想。我党对待中国传统哲学采取了科学的态度，一方面积极挖掘中国传统哲学中的唯物论和辩证法思想加以利用，一方面又积极批判和改造中国传统哲学中的唯心主义及形而上学观念。

在对待儒家的"中庸"思想时，毛泽东、张闻天都从分析问题和解决问题的角度出发，指出了"礼之用，和为贵""过犹不及""质胜文则野，文胜质则史，文质彬彬，然后君子"等中庸之道都包含着一种质与量的关系，同时质与量是互为表现的，"但重要的是从事物的量上去找出并确定那 定的质，为之设立界限，使之区别于其他异质"①。即是说，中庸的方法就是从这种质与量的关系中去寻求事物的矛盾双方相互统一、相互对立的界限与转折点，反对过犹不及、走极端。不难看出，这一方法包含着认识论和辩证法的积极因素。同时，毛泽东、艾思奇、陈伯达等人在肯定了中庸思想积极意义的同时，认为中庸思想也有不足的地方，即中庸思想本质上是建立在唯心论的基础上的，没有指出事物向前发展的思想，是因循守旧、形而上学的。陈伯达认为孔子对质的阐释主要是从个人主观出发的，而不是把质看成是一

---

① 中共中央文献研究室：《毛泽东书信选集》，中央文献出版社，2003年，第131页。

种客观存在的东西，艾思奇认为的错误不在于了解量变质的道理，而在于从形而上学的观点把这个道理绝对化，使它变成死的不变的道德标准。通过对中庸思想一系列的探究，毛泽东从马克思主义唯物辩证法的立场，对中庸作了崭新的、科学的说明，在给张闻天的一封信中，毛泽东指出："过与不及乃指一定事物在时间与空间中运动，当其发展到一定状态时，应从量的关系上找出与确实其一定的质，这就是'中'或'中庸'，或'时中'。"① 毛泽东为中庸思想增添的这一新的内容，正是对中庸思想改造后的结果。

在对"名实观"的探究中，陈伯达是成就最为突出的。陈伯达从孔子对"名不正，则言不顺；言不顺，则事不成；事不成，则礼乐不兴"的名实观的阐述中发现了名实的倒置关系，指出"名是第一，实（事物）是被名所决定，而不是名被'事'所决定"②。"名实的关系在这里是被倒置的"，因此，陈伯达认为孔子的名实观倒置了名实的关系，是唯心主义的。但同时，在毛泽东"作为实践论来说则是对的"的影响下，陈伯达也肯定了孔子名实观的积极意义，即承认"正名"对"成事"的能动作用，陈伯达在批判孔子正名思想的同时，也指出孔子在一定意义上强调了"正名"对于"成事"的能动作用。③ 陈伯达认为墨子的名实观与孔子的名实观不同，是主张"实为主，名为宾；实是第一，而名是第二；名是实的反映，是从实摄取来的"④。在陈伯达看来，墨子把名实与知行问题相结合对待，把"实""行"看作是"名""知"的出发点和检验标准，故墨子的名实观是唯物主义的。陈伯达对儒墨两家名实观的研究，不仅从唯物主义与唯心主义的角度对二者作出评价，而且还对二者的积极意义进行肯定，是对传统哲学中名实观的研究与利用的一大贡献。

延安时期的哲学研究者对中国传统哲学中的"知行观"进行了研究与评价，认为墨子的知行观是唯物主义倾向的，因为墨子及其门徒把实践和行为即"行"看成是"知"的准则，把"知"与"行"看成是统一的；同时墨子的《墨经》一书已经初步具备了辩证法的思想，其精髓是对立的统一。而王阳明的知行观认为"知是行之始，行是知之成"，把"知"看作是最初的出

---

① 中共中央文献研究室：《毛泽东书信选集》，中央文献出版社，2003 年，第 131~132 页。

② 张正光：《马克思主义中国化的肇始与擘画：以抗战时期党的理论工作者为视角》，人民出版社，2019 年，第 130 页。

③ 张正光：《马克思主义中国化的肇始与擘画：以抗战时期党的理论工作者为视角》，人民出版社，2019 年，第 130 页。

④ 黄延敏：《延安时期中国共产党人的墨家思想研究》，《理论学刊》，2010 年第 12 期，第 107 页。

发点，显然是唯心论的知行合一观。延安时期哲学研究者十分赞赏孙中山的知行观，孙中山认为人类的发展，首先是从"行"出发的，而"知"是在"行"中不断地发现和获得的。通过对传统知行观的研究与探究，延安时期的哲学研究者提出，不仅应该正确处理"知"与"行"的关系，而且还应该重视人类知行是随着历史的不断向前发展而不断进步的，同时指出人类的知行必须要经得起历史的考验。

对中国传统哲学中唯物论和辩证法思想的研究与挖掘，对其中唯心主义及形而上学因素的批判，使中国传统哲学与马克思主义哲学间有了共同点，为马克思主义哲学中国化提供了坚实的传统哲学基础。

二、传统哲学与马克思主义哲学相结合

中国哲学发展的一个重要方向就是实现中国传统哲学的现代化和马克思主义哲学的中国化。引导马克思主义哲学与中国传统哲学相结合，实现马克思主义哲学的中国化，是中国共产党人和哲学工作者的一大历史任务，也是其研究、改造、利用中国传统哲学的一个重要原则。中国传统哲学与马克思主义哲学的融合使中国传统哲学的发展进入了一个新的历史发展阶段。

中国共产党人用中国传统哲学中的"中庸"思想来解释和宣传马克思主义的认识论原理，认为中庸思想在一定程度上是从质与量的关系上考量事物的矛盾双方相互统一、对立的界限与转折点。又反过来用马克思主义的认识论知识来阐释和弘扬"中庸"思想，指出这是辩证唯物主义的实际体现。这种对中庸思想的理解和改造性利用，在一定意义上促进了马克思主义哲学的中国化，同时也为"中庸"这一传统哲学思想增添了新的内涵，实现了传统哲学与辩证唯物主义的现代化结合。

中国共产党人和哲学工作者十分重视对中国传统哲学中唯物论和辩证法思想的挖掘与研究，多方吸收中国传统哲学中的优秀部分，对传统哲学在内容上和时代性上进行了卓有成效的改造，如对儒家中庸思想的新诠释、对墨家思想中唯物辩证思想的挖掘和利用、对道家社会历史观和迷信的批判与改造、对佛教思想中消极因素的认识与改造等。毛泽东在阅读过陈伯达的《墨子的哲学思想》后，曾写信给陈伯达，认为题目"似改为'古代辩证唯物论大家——墨子的哲学思想'或'墨子的唯物哲学'较好"[①]。从中不难看出，

---

① 中共中央文献研究室：《毛泽东书信选集》，中央文献出版社，2003年，第127页。

当时对传统哲学的研究重在寻找其中的辩证唯物思想，即与马克思主义哲学相结合的地方，并对传统哲学中的唯心主义及形而上学思想进行马克思主义的改造，以便在中国传统哲学中寻求到马克思主义哲学理论依据的同时，找到马克思主义哲学与中国传统哲学的结合点，实现了马克思主义哲学的中国化。

在马克思主义哲学中国化的过程中，毛泽东的作用十分突出。毛泽东在大量阅读中国传统哲学典籍和马克思列宁主义哲学经典著作的基础上，联系中国革命建设和党的建设的实际情况，撰写了一系列的哲学心得及文章，尤其是1937年7月完成的《辩证法唯物论（讲授提纲）》一书（其中的第二、三章在收录《毛泽东选集》时分别提名为《实践论》《矛盾论》），指出要想使马克思主义哲学在中国长期地、深入地发展下去，就必须对中国传统哲学遗产进行系统的研究、批判、改造与利用，使人们在思想上树立对传统哲学改造与利用的观念。该书的完成与发表，标志着马克思主义哲学中国化的初步形成。中国共产党其他学者及延安的哲学工作者对传统哲学也进行了积极的研究、改造及利用，如艾思奇对孙中山哲学思想的研究与诠释、范文澜对中国经学的探索与利用、陈伯达对中国古代墨家哲学思想的分析与改造等等，都为马克思主义哲学中国化作出了巨大贡献。

道法自然、天人合一的自然观，天下为公、世界大同的世界观，和而不同、求同存异的价值观，以民为本、为政以德的治世之道，仁者爱人、以德立人的人生哲学，自强不息、厚德载物的精进精神——中华文明的哲学内核与中华民族的精神品格，都在中国传统文化中有着丰富全面的呈现。党的十八大以来，以习近平同志为核心的党中央站在历史与时代相结合的高度，十分重视传统哲学思想的历史传承和创新发展，将其作为治国理政的重要思想文化资源，使之成为加深民族记忆、培育中华民族共同体的认同感、彰显文化自信，从而坚定走中国道路的精神纽带和道德滋养。中国自近代以来就产生的重要文化命题——如何以民族文化为基点推进中国现代化、如何打通传统文化与现代中国的阻隔，正在经历一场历史性的破解。

中国共产党对中国传统哲学的研究、改造与利用，是中国共产党人与唯心主义哲学斗争、宣传马克思主义哲学，也是中国传统哲学与马克思主义哲学相结合的具体实践，在客观上促进了马克思主义哲学的中国化。

三、改造、利用中国传统哲学服务于客观现实

对传统哲学的改造与利用，归根结底是为了使中国传统哲学更好地服务于中国革命的客观现实。因此，中国共产党在对传统哲学改造与利用的过程中，就十分重视改造、利用中国传统哲学以服务于社会客观现实。

中国传统文化中的"实事求是"既是一种教人做学问的求真态度，也是教人做事的哲学态度。毛泽东对中国的"实事求是"思想进行了新的解释与改造，赋予其马克思主义的内容，即"'实事'就是客观存在着的一切事物，'是'就是客观事物的内部联系，即规律性，'求'就是我们去研究"[1]。从马克思主义辩证唯物主义的高度出发解释实事求是这一思想，是毛泽东对这一思想的新贡献。这就把实事求是这一中国古老的哲学俗语提升到马克思辩证唯物主义精神的中国传统文化的表现形式的高度，"实事求是"的这一改造成果也逐渐为全党所接受、认可，成为毛泽东思想活的灵魂的同时，也最终发展成为中国共产党的思想路线。

在对待国民党顽固派消极抗战、积极反共的反动态度时，中国共产党从当时社会的主要矛盾出发，采取了以斗争求团结的策略，认为既要积极联合国民党一道抗击日本侵略者，又要适当回击国民党的反共政策。正如毛泽东指出："一个质有两方面，但在一个过程中的质有一方面是主要的，是相对安定的，必须要有所偏，必须偏于这方面，所谓一定的质，或一个质，就是指的这方面，这就是质，否则否定了质。"[2]

2017年2月10日，联合国社会发展委员会第55届会议通过了"非洲发展新伙伴关系的社会层面"决议，"构建人类命运共同体"理念首次被写入联合国决议中。2017年1月18日，中华人民共和国主席习近平在联合国日内瓦总部发表了题为"共同构建人类命运共同体"的主旨演讲，引发全场30多次热烈掌声。第七十一届联合国大会主席彼得·汤姆森将构建人类命运共同体理念视为"人类在这个星球上的唯一未来"。这一充满中国智慧的理念和倡议，深深植根于中国优秀传统文化沃土之中。中华文化"天人一体"的宇宙情怀、"天下一家"的人类情怀、"中和之道"的协调智慧，培育了中华文明数千年绵延不断的文化韧性，天然为解决当代人类面临的共同性

---

[1]　毛泽东：《毛泽东选集》（第三卷），人民出版社，1991年，第801页。

[2]　中共中央文献研究室：《毛泽东书信选集》，中央文献出版社，2003年，第128页。

问题提供了思想资源。以习近平同志为核心的党中央，正是在充分吸收、提炼中国传统哲学思想的基础上，面向世界文明提出了人类命运共同体概念。

此外，党的领导人在日常生活中，还经常借用中国古代典籍中富有哲学意味的神话故事、成语故事、语言故事及民间俗语、谚语等来向人民群众说明某些较为深刻的唯物辩证法原理，时时处处用传统哲学的知识为现实服务。

第六章 中国传统礼仪习俗的保持和改革

中国是一个有着五千年文明的古国，是礼仪之邦，且文化的传承与发展从未断流。在浩浩荡荡的文化长河中，在人们的生产生活中，传统礼仪一直存在且发挥着不可替代的重要作用。传统礼仪习俗作为一种文明，它产生于人们日常的生产生活中，同时也在生产生活水平的提升中不断演进。

第一节 中国传统礼仪习俗概述

自伏羲氏结绳记事起，历经炎帝、黄帝，然后是夏、商、周三代，后来有我们为之骄傲的盛唐、宋、元、明、清，一直延续至今日，中华文化没有断流，一直如一条奔腾不息的大江。华夏热土滋养的中华文化，以及在文明中孕育出的传统礼仪果实正在越来越多地为世界人类进步提供着中国智慧和中国方案。

一、传统礼仪习俗的起源和发展

华夏文明亦称中华文明，以礼乐为制度，上古汉语为源泉，是世界上最古老的文明之一，也是世界上屈指可数的原生文明之一。

在西方语言中没有"礼"的同义词，目前翻译的词语"etiquette, rite, protocol, amenity, comity, ceremony"都不能代表中国人对礼的认识。在中国，"礼"是一个家庭的准则，管理着从一个人出生、成年、婚嫁到死亡等一切家务和外事。同样，"礼"也是政府的准则，统辖着一切内务和外交，小到士人相见、文教礼乐，大到国家建制、外交拜访，都离不开礼仪。

（一）传统礼仪习俗的起源

中国古代的"礼"，是一个无所不及的文化体系。以礼经《周礼》《仪礼》《礼记》为主的礼，是指以宗法制度为核心的各种社会政治制度、社会道德行为规范以及种种礼仪形式，几乎囊括了社会各个领域①。政治、经济、文化、军事、教育伦理道德等一切成文或不成文的制度规范、生活中人们衣食住行所应遵循的礼节仪式等，都属于礼的范畴。因此，中国古代的礼有着重要且独特的文化意义，几乎被认为是中国文化的同义语。

按照历史唯物主义的观点，礼仪是社会历史的产物，是人类脱离动物界并形成人类礼仪文明以后，在长期的生产实践中逐步形成的。"大量的历史学材料证明，原始社会时期，同一氏族成员间在共同的聚集、狩猎、饮食生活中形成的习惯性的语言、表情、动作，是构成礼仪的萌芽。"② 而不同氏族、部落间为沟通而使用的一些被普遍认同的语言、动作、表情，可以看成是礼仪所表现出来的最初形态。随着生产力水平的不断提升以及社会生产中分工形式的出现，人们在社会生产中逐渐形成了群体观念，使群体内部和各个群体之间的新型关系逐步出现。随之产生的便是一些反映等级权威的礼制和协调社会关系的习俗，这些礼仪制度和习俗可能相对较粗糙，而且极不完善，但是这种在小范围内起作用的礼仪具有其自身的功能。人类随着阶级和国家的出现而进入了文明时代，礼仪相对完整的形态逐渐成熟，它是人类文明的标志和结晶，从而使人和动物、文明和愚昧区别开来。

辛亥革命以后，西方文化大量传入中国，受西方资产阶级"自由、平等、民主、博爱"等思想的影响，中国的传统礼仪规范、制度等受到强烈冲击。新中国成立后，逐渐确立起了具有中国特色的新型社会关系和人际关系，其以和平共处、平等往来、友好互助等为主要原则；改革开放以来，中国与世界各国交往日益频繁，陆陆续续传入中国的西方礼仪，同我国的传统礼仪一道，融入社会生活的各个方面，构成了社会主义礼仪的基本框架，使得现代礼仪的发展进入了全新的发展时期。人们学习礼仪知识的热情空前高涨，讲究礼仪、遵守文明蔚然成风。

---

① 朱宁虹：《中华民俗 风情博览》，中国物资出版社，2005年，第1页。
② 石应平：《中外民俗概论》，四川大学出版社，2002年，第332页。

（二）中国礼仪的发展历程

1. 礼仪的萌芽阶段

公元前 21 世纪的夏王朝产生以前，中国传统礼仪进入了萌芽阶段，这一部分就属于史前民俗。这一时期原始民族在社会生活中已经形成了对后世颇具影响的礼仪规范，原始的政治礼仪、宗教礼仪、生产礼仪、婚姻礼仪等在这个时期均有雏形，尤以敬神礼仪更为突出。《礼记·祭统》说："凡治人之道，莫急于礼。礼有五经，莫重于祭。"因此，礼是原始人类祈福的宗教仪式。同时，礼也是用来帮助我们确定人际关系的亲疏远近、判断事情的正误、解决疑虑、分辨事物的异同、明确对错的道德规范。

2. 礼仪的发展阶段

礼仪的发展阶段大约在公元前 21 世纪到公元前 771 年的夏、商、周三代时期。在这个阶段，中国第一次形成了比较完整的周代礼仪与制度。最早记载中国古代礼制的名典有三部：《周礼》《仪礼》《礼记》，统称"三礼"。"三礼"的主要内容大体反映了周代的礼仪制度，提出了许多极为重要的礼仪概念，如"五礼"等。礼仪文化的发展经过了礼神、礼制、缘情而制礼三个阶段。上古的中国人由于对天道自然的敬畏，开始了各种各样的祭祀活动。东汉许慎的《说文解字》中将"礼"解释为"礼，履也，所以事神致福也"。这些祭祀活动在历史发展的过程中逐步完善，具备了一定的规范和制度后，便演变成了一种正式的祭祀礼仪。随着人类对自然认知的不断透彻、对各种社会关系认识的深入，"仅仅以祭祀天地鬼神祖先为礼，已经不能满足人们日益发展的精神需求和调节日益复杂的现实关系的需要"[①]。于是，人们将最根本的祭祀礼仪扩展到了各种人际交往活动中以及社会生活的各个领域。

3. 礼仪的变革阶段

礼仪的变革阶段约在公元前 770 年到公元前 221 年的春秋战国时期。这一时期是我国奴隶制向封建制转变的过渡时期，学术界百家争鸣，以孔子、孟子为代表的儒家学者系统地阐述了礼的起源、本质和功能。到了春秋末

---

① 李欣、司福亭：《现代交际礼仪》，北京交通大学出版社，2009 年，第 3 页。

期，群雄争霸，人们被欲望和利益所驱使，精神世界已经混乱无序，也就是"礼崩乐坏"的阶段。这个时候，出现了一位圣人——孔子。孔子对当时的现状非常痛心，他在思考如何让周公创立的礼乐文化得以延续，如何推动社会向有序的方向发展，于是提出了"克己复礼"。孔子把"礼"作为治国安邦的基础，他主张"克己复礼"，主动倡导人们"约之以礼"，做"文质彬彬"的君子。孟子重"礼"，重视以"仁、义、礼、智"为核心的道德规范，在他的思想中，"辞让之心"和"恭敬之心"是礼的起源和重要部分。荀子的礼仪思想则比孟子更加严谨，把礼看作待人接物的重要标准，把是否识礼、循礼作为衡量人的贤能愚蠢和身份高低的参考。从这些思想家的观点中可以看出，礼仪产生的条件是适应人际交往变化和发展的需要。

4. 礼仪的蜕变阶段

公元前 220 年的秦朝时期到公元 1911 年的清末时期，属于礼仪的蜕变阶段。出现在封建社会时期的礼仪习俗发生了改变，礼仪规则分化为与政治有密切关系的习俗制度，以及在交往中会有所涉及的行为规范。汉代时，董仲舒提出"三纲五常"的学说。宋朝时期，礼仪发展出了两个特点：一是程朱理学的出现，二是家庭关系中也出现了礼仪的影子。到了明朝，虽然礼仪在理论上并没有太大改观，但是讲究的事情增多，礼仪形式也渐渐多样化，例如，家礼讲究忠、贞、节、烈、孝，除此之外，还有君臣之礼、尊卑之礼、交友之礼等。

5. 现代礼仪发展阶段

从 1912 年中华民国初期，一直到新中国成立前属于现代礼仪的发展阶段。资产阶级理性思想借着辛亥革命的发生传入了中国，不仅改变了政治体制的封建落后面貌，还深刻改善了人们的生活风貌和礼仪习俗。传统的仪式制度逐渐被摒弃，如废除祭礼读经，替代它的是大众教育的普及；废除留长辫子、裹足的陋习，"科学、民主、自由、平等"的观念逐渐深入人心，新的礼仪标准和由此产生的一系列价值观念也广为流传。

鸦片战争发生后，广泛受到西方服饰文化影响的中国通商口岸的一系列城市，出现了穿西装的中国人，他们多数是为外国人办事的买办，也被称为中国最早的摩登一族。民主革命兴起后，青年学生和仁人志士率先奋起，丢弃清王朝的象征，剪掉了留长的辫子，反对封建专制。辛亥革命后期，南京临时政府颁布了"剪辫令"，几年的时间，几乎全国男子都剪掉了辫子；服饰上也发生了变化,青年学生和进步分子换上了被称为"学生装"的简便西服。后来,孙中山先生提倡的中山装既简便又蕴含着重要的意义。中山装的五颗纽扣代表着中国五大民族,袖口的三颗纽扣代表三民主义,上衣的四个口袋代表着全国的统一,即东西南北的四个方位。中山装因具有特殊的政治含义,很快被人们接受并得以迅速推广。

6. 当代礼仪阶段

从1949年至今属于当代礼仪的发展阶段。新中国成立后,在马克思主义、毛泽东思想的指引下,人们逐渐从"神极天命""愚忠愚孝"以及妇女"三从四德"等封建礼教的束缚中解脱出来,认识到了互助合作和男女平等的新型人际关系、社会关系。党的十一届三中全会以来,改革开放的大潮更使得中国礼仪获得重生,使其具备更广阔的发展空间。

中国优秀传统礼仪习俗有着悠久的历史,它应中华民族社会发展的需求而产生,在中国独具特色的自然与文化环境中发展、沉淀。从传统礼仪习俗在不同阶段的发展来看,习俗源于传统,同时也是在现实生活中有着特定功能的一种社会文化现象,我们每个人都在这样一种与时俱进的习俗中出生、成长,同时也在这种民俗环境中,按照一定的社会生活方式生活着、工作着,同样也在适应着新的历史条件下新的习俗的出现。

二、传统礼仪习俗的类型

传统礼仪生活能很好地代表周代以来中国礼仪文化主体。所谓"礼经三百,威仪三千",它的每一项礼仪都与人们的社会生活休戚相关,人们从出生起到生命结束,从物质生活到精神生活,从衣食住行到喜怒哀乐的情绪表达,都处在礼的监督之下和约束之中。对于这些纷繁复杂的礼仪,有的以国家为主体概括为吉、嘉、军、宾、凶"五礼";有的分为冠、昏、丧、祭、乡、相见"六礼";还有"八礼""九礼"的说法[①]。至于"六礼""八礼"和"九礼"可以说几乎全部属于人生旅程和人际交往过程中的仪式和礼文。传统礼仪习俗可分为物质生活民俗、人生礼仪民俗、精神生活民俗三大类型。

---

① 朱宁虹:《中华民俗 风情博览》,中国物资出版社,2005年,第1页。

（一）物质生活民俗

生活中的衣、食、住、行和娱乐方面无不是物质生活民俗的体现。中国有句老话叫作"民以食为天"，古代圣人制礼作乐，关于食物总是想得尽善尽美。从古至今每个地区吃的食物都各具特色，不仅食物品种多样，滋味鲜美，烹饪技术讲究，饮食的礼仪更是严格丰富，食礼可谓是礼仪之始。

《礼记·礼运》里面讲"夫礼之处，始诸饮食"，说明古人认为，最早的礼仪是从食物开始，从饮食活动中产生的。同时，古人又把饮食礼仪看作是最外在的表现形式，是一种礼仪规范下的生活事项。中国人吃的是典型的东方型饮食，由于自然环境、气候条件、民族习俗等差异，因而我国的饮食文化呈现出复杂的地域差异。一直以来有"南米北面"的说法，但是放在现在已经没有特别严格的区分了，随着气候条件的潜移默化以及人口的流动，几乎在每一个城市都可以不用出远门，就能吃到全国各地的美食、小吃。除了一直以来"南甜、北咸、东辣、西酸"的广义区分，现在我国在饮食上的地区差异有所减小。我国有八大菜系或十大菜系之分，各个菜系的原料不同、制作工艺不同、风味不同。川湘菜以"辣"著称，调味多样，选取食材广泛，麻辣、泡椒、怪味、黄香等自成体系，"江西不怕辣、湖南辣不怕、四川怕不辣"的说法，突出反映了川湘菜以辣为主的特色，这与西南地区潮湿多雨的气候密切相关。再细致区分的话川菜更偏向于利用花椒和麻椒的麻辣味道，而湘菜更多是偏向于香辣，少了麻椒的口感，更注重辣味的体现。此外，淮扬菜、北京菜、粤菜等各具特色，各据一方，充分显示了我国饮食体系的地域性和繁复性。

由于各地的风俗不同，影响着人们的饮食礼仪习俗。比如春节，各地饮食习惯就差别很大。南方渔产很丰富，除夕夜晚餐也少不了鱼，有"年年有余"的寓意；华北地区除夕晚上家家户户都要包饺子，取"交子"，新年伊始的寓意，并且还有"初一饺子，初二吃面"的习俗；而在西北地区的人们则在除夕全家共吃煮熟的猪头，又称"咬鬼"，以防恶鬼勾魂等。诸如此类的节日庆祝方式还有很多，为我国饮食文化增添了很多新的内容。

中国饮食中的茶文化独具魅力，源远流长。"开门七件事，柴米油盐酱醋茶"，可见茶在中国百姓生活礼仪中的重要地位。数千年的饮茶文化，各类茶品荟萃，主要品种有绿茶、黄茶、白茶、乌龙茶、黑茶、红茶、花茶。品茶待客是中国人最为重视的社交活动，坐茶馆、茶话会等茶艺活动极为普遍。

　　喝茶起源于中国，中国人喝茶注重一个"品"字。品茶不光是为了鉴别茶的优劣，同时也带有品读意境和领略饮茶趣味的意思。品茶的工序和工具由品饮的茶类型所决定，不同的茶叶要根据其茶性，选取适宜的茶具和冲泡流程。品茶的环境也很讲究，一般由建筑物、园林、摆设、茶具等因素组成，要求整体环境要安静、雅致、舒适、清新。中国是礼仪之邦、文明古国，这一点在待客敬茶上面也有所体现。凡是客人来访，沏茶、敬茶的礼仪是必不可少的。从国家用茶接待外宾，到寻常百姓品茶，客来献茶，端茶送客，似乎已经成为重情好客的礼节和传统美德，所谓的"君子之交淡如水"也是指清香宜人的茶水。

（二）人生礼仪民俗

　　礼仪是陪伴我们一生的媒介，是一种"交流的媒介"，人与人、人与社会之间正是通过这样一种媒介相互认知和认同，从而不断地接纳新的成员。人生之礼是一个人一生中不同年龄阶段所举行的仪式，人生礼仪又称生命礼仪，国际上称作"通过礼仪"。如梁漱溟先生所讲："礼的要义，礼的真意，就是在社会人生各种节目上要人沉着、郑重、认真其事，而莫轻浮随便苟且出之。"①

　　在人一生的历程中，每个人所经历过的最重要的人生礼仪包括诞生礼、成年礼、婚嫁礼和丧葬祭礼，出生时众人的祝福标志着新生命的诞生，而丧礼上的丧钟则是代表着生命的结束。诞生礼也叫作报喜礼，居于人生四大礼仪之首，是人从所谓的"前世"到达"此世"举行的一种仪式，它作为一种社会生活礼仪涉及了很多的文化现象。每一个民族都有属于自己民族的关于妇女产子、婴儿出生的民俗事项和礼仪规范。例如，汉族民俗中就有为初生婴儿剪胎发的礼仪，同时还有"三朝礼""满月礼"等仪式。"三朝礼"属于一种人生礼仪，是小孩子从母亲身体里分离出来，独立地进入婴儿时期的标志。"三朝礼"之后还要陆续举为"满月""百日""周岁"等仪式表示庆贺。

　　现在社会上层出不穷的开笔礼、拜师礼比比皆是，但往往只注重了形式而忽略了精神内涵。所谓"生我者父母，教我者师父""一日为师，终身为父"，尊师之礼开始于周代，然而拜师却一直无专门礼仪。孔子说"自行束脩以上者，吾未尝无诲焉"②，可以看出师徒关系的建立其实很简单，心仪

---

① 梁漱溟：《人心与人生》，上海人民出版社，2005年，208页。

② 臧知非注说：《论语》，河南大学出版社，2008年，第151页。

成礼，辅以束脩而已。束脩就是干肉。先秦诸子，私家讲学，大抵都是这样。要上学了，提上干肉和芹菜，到学堂见老师。汉代以后，国家设学，此时拜师还没有进入国家正式的礼仪制度中。唐代政治家、史学家杜佑所撰《通典》才开始提到拜师礼，书中提到汉成帝等人敬师的事，"天子拜敬保傅"，意思就是说天子也要拜师，这是才正式把拜师纳入了国家典制之中。可是并没有记载拜师的礼仪细节，也就是说在唐代以前很有可能不存在正式的拜师礼仪，拜师礼是唐代才正式确立的。

（三）精神生活民俗

精神生活民俗的定义是，"在物质文化与精神文化基础上形成的有关意识形态方面的民俗，主要包括民间信仰、民间巫术、民间哲学伦理观念以及民间艺术等等"①。这样的想法一旦被大众认可成为一种礼仪习惯，或者是成了一种具有特殊代表意义的行为，就成为精神民俗。

在民间经济生活和社会生活中，一直都有许许多多具有信仰色彩的民俗事象。这些民俗事象一般表现为某种行为礼仪仪式或行为手段，再或者是通过神话、魔法故事、歌谣和祝辞等形式形成的口头文字，从而表现出影响着人们心理和精神信仰的某种力量，都是从人类原始思维的原始信仰中不断传承和演绎中变异而来的。另外，对自然现象的崇拜从古至今一直存在，把自然现象视为神灵并加以崇拜和信仰。对天、地、日、月、星、风、雨、雷、水、火等自然物象的信仰，是人们在生产生活过程中，处于屈服状态下而产生的一种意识形态，也是人们寄托自己的精神需求于自然事物上的一种意识表现。

对星的信仰古已有之，我国古代神话中有关星的神话就是对其信仰的直接表现。织女星和牵牛星的神话，早在《诗经·大东》中就已经有所反映，后来演变为民间流传的牵牛织女的爱情悲剧故事，同时出现了"七夕""乞巧"等有关星星的信仰的习俗，后来人们慢慢将其拟人化为民间农家的牛郎。人们对星的信仰甚至渗透到唯心主义哲学中，有着星陨落预示着灾祸、有人去世的迷信说法，有着彗星出现会大丰收的唯心想法。

人们把生活中的顺境逆境、凶吉祸福、喜乐悲伤等事象都附上某些自然力和自然物的思维观念，世代传承，在人们的心理上或精神上起着某些支配作用，这就是精神生活民俗的一般理解。

---

① 石应平：《中外民俗概论》，四川大学出版社，2002年，第7页。

传统礼仪习俗的事象纷繁复杂，以上所谈及的，从一个社会的经济基础到上层建筑的各种制度和意识形态，大都附有社会文化中遵循礼仪的行为和心理。

三、传统礼仪习俗的特点

任何一种文化现象的存在都有其不可替代的社会功能。中国从古至今的生活礼仪，以其民族性、礼法约束性和相对稳定性的特征，为广大民众所接受，深深扎根于人民群众之中。众多的传统礼仪其实更多体现的是贵族生活方式的仪节。作为一种上层文化和大众传统的体现，也必然会对民间社会产生众多影响。所谓"礼失而求诸野"，这句古语强调的便是礼在民间。

中国古代，无论是人头攒动的闹市，还是人迹罕至的穷乡僻壤，无不有"礼"的存在；无论是地位显赫的高官贵戚，还是出身普通的布衣耕夫，无不受到"礼"的影响。正是因为在"礼"的浸润下发展了几千年，才有了"礼仪之邦"的称号。当今社会中传统礼仪体现出了如下几个特点。

（一）传统礼仪习俗具有集体性

任何一种礼仪习俗都是一种文化的象征，所以常被称为礼仪习俗文化。礼仪习俗是伴随着人类群体的互动活动而产生的，因此，礼仪习俗对社会最大的影响就是使社会大众的行为具备了一致性。这里强调的一致性是指礼仪习俗增强了人们对于自己民族的认同感，强化了整个民族的精神，塑造了人民的精神品格。可以说，没有社会生活中人类的交往活动，就没有礼仪习俗文化的演变，所以礼仪习俗所折射出来的是一种人民群众的集体智慧。

（二）传统礼仪习俗具有传承性

礼仪习俗是一种习得常识，它需要在不同时代的传递过程中得以延续，也是一个地域人文积淀的客观反映，是一种地方文化的象征。放在全国整体的大环境中，可以说传承优秀的传统民俗文化也是一种延续古老的文明和人文信仰的方式。传统礼仪习俗传承着我国优秀的民间文化，延续传统文化精神，增强了广大群众的民族认同感，也让我们的社会更加富于人性化。这是一种自觉的传承，且具有原生态的特性，因此更具亲和力。

例如，我国华北地区的很多地方至今仍然保留着春节时给长辈拜年的跪拜礼。汉朝以前，古人见尊者或长辈会保持上半身直立向前，然后略微俯身向下行礼，后来便慢慢地发展为跪拜礼。如今，更多的家庭用拱手礼或者是直接拜年代替了跪拜礼，形式不重要，重要的是一家人的团圆，但跪拜礼作为一种地域性的礼仪形式仍然具有重要的传承意义。

（三）传统礼仪习俗具有地方性

传统礼仪习俗的传承是以人为主体，世代相传的结果，除了中华民族文化大传统之外，如春节活动等具有全国性特点，各个地方根据自己的特殊环境也分别形成了地方文化的小传统。同一种传统习俗事象，在不同的时期、不同的地域文化环境中，也会呈现出各地方的形态差异。乡民的生活文化具有明显的地方性，所谓"十里不同风，百里不同俗"，还有一种说法是"百里而异习，千里而殊俗"，这是较概略的区分。总之，传统礼仪习俗文化的发生、发展、演变是在一定地域空间下进行的，它受地理环境、人们谋生方式与历史传统的影响和制约，因此传统礼仪习俗显现出浓厚的地方特色。

（四）传统礼仪习俗具有变异性

传统礼仪习俗因其传承的特殊性，在日常生活中代代相传，具有相对稳定的特性。但民俗作为一种基础文化，它在传承与传播过程中不是一成不变的，会一边融合一边发展，从而具备了变异性的特征。传统礼仪民俗在传承中变异，在变异中传承。民俗的变异性总的来看，与历史性、地方性相关联，同类民俗在不同时代、不同地区都会有各自的特点。民俗的变异性，一般说来有三种情况：一种是民俗表现形式的变化，一种是民俗性质的变异，再一种是旧俗的消亡。民俗的变异性特征为移风易俗提供了学理的依据，人们可以依据民俗变异的规律，"化民易俗"，删繁就简，推陈出新，为建设民族的新文化服务。

（五）传统礼仪习俗具有丰富性

中国是一个多民族国家，56个民族"一家亲"的和睦景象便是传统礼仪习俗在各个民族得以延续和发展的结果。同一种民俗在各民族的不断融合中被接纳，同时又都保留着各自的民族特性，从而丰富了各地区不同形态的礼仪形式。自古到今民族文化的融合都有民俗文化层面的接纳，民俗文化起了潜移默化的作用，影响极度深远。汉族礼仪习俗中复合了不少少数民族习俗，可以说从来就没有纯粹意义上的汉族礼仪习俗，只有习俗融合的结果而已。同样，现存的各少数民族也不同程度地受到汉族习俗的影响。因此，中国传统礼仪习俗的形式极为丰富。

（六）传统礼仪习俗具有实用性

实用性是中国传统礼仪习俗最本质的特征之一，礼仪习俗文化服务于人们的生产和生活，人民同样依赖礼仪习俗开展生产，繁衍后代，寻求精神愉悦。人们对于礼仪习俗的信仰，最直接的功利性是它区别于一般宗教信仰的根本特征，礼仪习俗的实用性不仅仅表现在信仰心理方面，更重要的是许多民族礼仪习俗文化活动在民众实际生活中发挥着效用。

礼仪习俗本身就是人类社会生活及其服务的文化系统的一个组成部分，其功能主要就是它在社会生活和文化系统中的地位、与其他社会文化因素之间的关系、以及所发挥的客观效用。

第二节 尊重传统礼仪习俗的政策和法律法规

习俗是指历代相沿积久而成的风尚、习俗，习惯则是指由于重复或练习而固定下来并变成需要的行为方式。传统礼仪习俗从古形成，发展至今都从生产生活的各个方面约束、规范着人们的行为。法律和法学意义上的礼仪习俗是指以人们的社会关系为调整对象，并具有普遍约束力的社会习俗和惯例。传统习俗也是法律诞生的母体，并在法律发展的漫长历史过程中给法律施加着重要的影响。即便是在成文法高度发达的今天，习俗仍是支撑法律有效运作的重要因素。

一、对传统礼仪习俗的基本政策

传统礼仪习俗作为传统文化中重要的组成部分，是中国人民思想观念、风俗习惯、生活方式、情感样式的集中表达，党和国家历来高度重视传统文化的保护和传承问题。

（一）中共中央办公厅、国务院办公厅印发了《关于实施中华优秀传统文化传承发展工程的意见》

2017年1月，中共中央办公厅、国务院办公厅印发了《关于实施中华优秀传统文化传承发展工程的意见》（以下简称《意见》），并发出通知，要求各地区各部门结合实际认真贯彻落实。《意见》中强调要牢牢把握社会主义先进文化前进方向，坚持中国特色社会主义文化发展道路，培育民族精神和时代精神，解决现实问题、助推社会发展。总体目标是，到2025年，中华优秀传统文化传承发展体系基本形成，研究阐发、教育普及、保护传承、创新发展、传播交流等方面协同推进并取得重要成果。

例如现在很多高校都在举办的"传统礼仪文化进校园"活动，传统礼仪走进学校，走进课堂，走到青年学生身边。借助"互联网+"的线上平台，借助传统礼仪文创产品的线下体验，学习和宣传的模式也越来越多样化。同时，在目前整体环境礼仪缺失的背景下，高校依托礼仪文化产业背景、融媒体发展背景、政策支持背景和市场需求背景可推出多种礼仪学习的方式。

（二）中共中央、国务院印发了《中长期青年发展规划（2016—2025年）》

2017年4月，中共中央、国务院印发了《中长期青年发展规划（2016—2025年）》，并发出通知，要求各地区各部门结合实际认真贯彻落实。党的十八大以来，以习近平同志为核心的党中央高度重视青年发展事业，反复强调青年一代有理想、有担当，国家就有前途，民族就有希望，实现中华民族伟大复兴就有源源不断的强大力量；进一步明确中国特色社会主义青年运动方向，全面加强对青年的思想政治引领和成长成才服务，制定实施一系列促进青年发展的政策措施，激励引导青年与民族同命运、与祖国共奋进、与时代齐发展，为广大青年指明了正确成长道路，创造了良好成长环境。

在这其中就包括了对青年学习与使用传统礼仪习俗的发展规划，青年婚恋礼仪观念更加文明、健康、理性，青年婚姻家庭和生殖健康服务水平进一步提升，青年的相关法定权利得到更好保障，倡导结婚登记颁证、集体婚礼等文明节俭的婚庆礼仪。

（三）对于少数民族传统礼仪习俗的政策保护

少数民族习俗注重仪式感，通过仪式形成氛围，引导受众进入仪式环境；通过仪式调动受众情绪，引导受众积极参与仪式活动；通过仪式激活受众认知，促进受众认可活动效果。在少数民族习俗的仪式价值探究基础上，以现存的礼仪习俗对少数民族仪式价值的借鉴为例，对少数民族仪式价值的拓展进行了研究，试图探索一种全新的民族传统文化传承模式，即通过对民族传统文化元素进行提炼并嫁接到现代流行文化上，通过现代流行文化的传播传承民族传统文化。

苗族人对银子爱不释手，无论是婚丧嫁娶、日常服饰首饰还是煮水壶，都喜欢用银器。这种尚银文化发展至今，俨然成了一种礼仪习俗，客人来了用银壶煮水招待，好友来了赠送银饰品交流情感。苗族尚银，其银饰追求多、重、大。逢年过节时，苗族姑娘戴在身上的银饰多达十多公斤，如台江施洞的苗族银饰，一只绞藤纹项圈重达 1.5 公斤，而雷山西江苗族的大银角，高宽均达 80 厘米以上。

银饰在苗族人的生活中占据着重要的地位，尤其是苗家女孩从小擅用银饰来装点衣服和妆发，用银主要体现在四个方面：一是青年男女定情时，男方要送女方银耳环、银手镯等银饰作为两人相爱的信物，到了正式出嫁的时候，男方也要送女方足够银子才可以成婚；二是苗家的父母认为银饰可以给自己的孩子带来好运，为孩子们准备的头帽、手镯、脚钏、银铃响物、罗汉菩萨等，全部都是用崭新的银子做成，以求得"长命富贵，驱鬼避邪"；三是在日常生活中家具、家具用品用银来装饰，家中存银又是苗家人富有的象征；四是苗家人在给老人祝寿或送葬时也常用银饰物，以表示对老人的尊敬。至今，湘黔边区的苗族同胞用银数量有增无减。

党和国家支持、鼓励少数民族保持本民族的礼仪习俗，通过营造仪式氛围，形成独特的仪式环境，传承民族传统礼仪习俗特色。同时提倡在遵循传统的基础上，注入创新理念，紧跟时代发展步伐。

第三节　与时俱进地完善和发展传统礼仪习俗

"礼"在传统社会无时不在，出行有礼，坐卧有礼，宴饮有礼，婚丧有礼，寿诞有礼，祭祀有礼，征战有礼，等等。在当今社会如何让传统礼仪更好地顺应新时代潮流发展，去其糟粕、取其精华，更好地为中国特色社会主义发展增加新动力有着十分重大的意义。

一、尊重各民族保持或改革本民族传统礼仪习俗的权利

各个民族都有保持或改革自己民族传统礼仪习俗的权利，保留优秀的传统礼仪习俗，适当改革不符合时代主流意识形态的礼仪习俗，是本民族发展

的内在需求。

受到西方文化影响后，曾有很多年轻人选择举办西式婚礼，新娘穿白色婚纱，戴白色头饰，新郎西装革履，按照西方婚礼流程完成典礼。近年来，越来越多的年轻人选择举办传统的中式婚礼，也称为汉婚。从三千多年前西周就已经形成的"婚聘六礼"可以看出，古人对于婚姻中的礼仪仪式十分重视。每一个时代的婚礼礼仪和当时的习俗都是一脉相承的，各具韵味。2019年3月24日，天津举办了首届传统礼仪习俗文化节，这次的文化节全方位地展示了中式婚礼礼仪习俗所蕴含的"典雅、华美、庄重、和谐"等特点。

二、新时代传统礼仪面临的新挑战

礼仪习俗将传统与现实生活紧密联系，不少传统礼仪习俗保留至今无不体现着其强大的生命力、适应力，但这些历史悠久的礼仪习俗在新时代社会风潮的引领下及社会交流全球化的基础上面对的考验也变得愈加严峻。

（一）进入新时代后传统礼仪与现代礼仪存在差异

传承至今仍然有所保留和运用的礼仪首先应具备主流传承性和跨时代的融合性，以不至于使礼仪的范畴被框定在某一个特定的历史时期。党的十九大报告中指出中国特色社会主义进入新时代，我国社会主义的矛盾已经转变为人民日益增长的美好生活需要和不平衡不充分的发展之间的矛盾，这样一个新时代的开拓，必然需要优秀传统文化的积淀作为支撑和指引。中国特色社会主义的文化根源于中国优秀传统文化，它深深内化于我们的心灵深处，外化于行动之中，表现出一个有五千年历史的中国传统文化的礼仪规范。

中国传统礼仪所折射出的社会规范主要来源于古代形成的礼治精神。在整个社会还没有形成完整统一的制度之前，礼仪与法制在不同领域各自发挥着重要作用，在礼仪与法制完美结合后才出现了"礼制"这一说法，为等级制度和社会伦理提供了新的参照。法制主要是凭借着强有力的权力机制来约束着整个制度的运转，而礼仪要想起到合理的作用，主要是要"抓住人心"，在与人为善、宽以待人的人性基础上来构建更加和谐有序的社会群体。所以说，礼仪所体现的不仅是个人理想更是社会理想，其更加注重"以人为本"的思想观念。因此，在维护社会稳定和繁荣发展方面，礼仪起到了至关重要的积极作用。

现代礼仪更加强调交往上所体现出的礼仪，或者说是一种交流上的"行为语言"，用于人与人之间的交往过程，传递的是交往双方相互尊重的信息。现在的法治社会，礼与法也同样存在本质区别，违法则以法律处置，违礼则属于个人道德修养范畴，最多也只是会受到社会舆论的批判。礼之所以能在治理国家上发挥作用，是因为礼与法相结合，礼包含了法，法又是礼的后盾，法与礼互为表里，互为补充，是统治者的工具。所以很多传统礼仪已经严重脱离了当今社会的理念及政治定位，注定会被时代所淘汰。

（二）新时代传统礼仪面临的继承"断层"问题

中国传统文化由于民族文化、社会阶层、人口流失、社会动荡等问题导致大量传统礼仪出现继承"断档"现象。五四运动掀起了对中国传统文化的批判，十年"文化大革命"更是将传统文化置于谷底，文明礼仪被当作封资修的流毒扫除，致使全社会的礼仪失范，道德标准同样大幅跌落。反思百年来，我们对传统文化全面否定的态度和做法，不但破坏了大量礼仪文化基础，而且失去了很多优秀的传统礼仪习俗。当今社会高速发展，人口流动幅度极广，各地区各民族的青壮年大量流入一、二线城市，并开始在外地生活定居，各种风俗礼仪不断碰撞，许多民族或者地方的礼仪习惯在脱离大环境后很难维持继承下去，致使一些传统礼仪渐渐消失于大众的视野当中。

思想政治教育中礼仪文化传承的断层，主要体现在某些传统礼仪习俗消失或者礼仪形式虽然存在，但是实质却发生了变化。在社会经历几次大的变革后，传统礼仪随着众多的传统文化一起衰落。无论是学校中的礼仪教育还是家庭中的礼仪教育，都可以参考古人学礼制度进行教育方案的制定，一切从娃娃抓起，采取"双管齐下"——内容和形式相结合的方式，家长和老师在其中要带头起到言传身教的作用。

教育理念相对较落后也是造成礼仪文化缺失的重要原因之一。我国教育长期以来都采取的是以班级为单位的"填鸭式"课堂教学模式，教学模式单一，学生人数较多，对于知识获取的衡量标准也很单一。在学校教育占主导的情况下，家庭教育往往容易被忽略。《三字经》中的"子不教，父之过"，《弟子规》中的"入则孝，出则悌"，都是古人总结出的"礼"在家庭环境下的体现。家庭教育可以说是礼仪培养和一个人道德规范养成的摇篮。在现代家庭中，家长一定不能因为一味地追求应试教育，而忽视对于小孩的礼仪教育。忽视对传统文化的教育，也就造成了文化传承的断层。

除此之外，一个人的个人道德缺失也是礼仪文化缺失的一种表现。首先表现为个人信仰的缺失。礼仪具备庄严性，它能体现出人们对一件事的敬仰程度，仪式感的淡化也是对于特定事物的不重视。其次是当代一些人价值观的扭曲，一些人打着"中西合璧"旗号，在文化交融的环境下，把个人主义、拜金主义等当作新型的价值观，为自己的一己私利打掩护。再次是当代一些人严重缺失自我管理的能力，嘴上说着"自律才能自由"，实际上却很少有人能够做到严于律己。礼仪文化出现的断层、缺失等现象从宏观到微观都有所体现，为防止更严重的现象出现，加强思想政治教育中传统礼仪的教育是不可或缺的重要举措。

（三）新时代国民思想的转变

中国进入新时代，对外工作"打赢了不少大仗硬仗，办成了不少大事难事，取得了历史性成就"[1]，在中外文化交流日益增多的同时，西方国家盛行的个人主义、消费主义等思想不断侵蚀着我国民众的思想，使人们的物质追求不断增加，精神追求日益淡化，对于利益的过分追求使传统美德不断丧失。因此出现了一些官员不顾党纪国法，大造政绩工程，劳民伤财，有的甚至贪污受贿、买官卖官、滥用职权；有些不法商人不择手段，不顾消费者权益，兜售假冒伪劣产品、伪造商品功效、以次充好。这种利益至上的思想变化更是使传统礼仪彻底沦丧。当然，不是说外来传入的礼仪文化都是不好的，不能有"一锅端"的错误看法，先进的、积极的文化我们要学习，落后的、消极的文化理所当然要避免。

新时代国民思想的演变会受到多方面因素的影响，这种转变的方式也是多种多样的。但是，民族文化作为一个民族区别于其他民族的独特标识，礼仪规范在其中必然也起着至关重要的作用。文化能够通过一套"标记符号"构造一种意识形态，对人民的生活进行深层次的"介入"。丹尼尔·贝尔曾说过，文化是通过仪式"以想象的表现方法诠释世界的意义"。在如今国民思想不断取得进步的同时，更要继续发掘和弘扬优秀的民族传统文化，学习其宝贵的精神内涵。

三、尊重传统礼仪习俗保持或改革的建议

坚持中国共产党的领导和彰显国家正能量，需要依靠各种仪式活动来维持活力。正如爱弥尔·涂尔干所言，"信仰、思想体系并不能单独地存在，

---

① 习近平：《习近平谈治国理政》（第三卷），外文出版社，2020 年，第 426 页。

唯有依赖于社会仪式才得以表现"①。仪式是一种"综合表述",其中包括人、事物、语言行为精神内核等多种要素,其蕴含的传统文化也十分丰富。仪式不仅是一种会影响政治生活的形式资源,它还可以深入渗透到人民社会生活内部。通过其所具有的特殊象征意义的"符号",影响人民群众的整体追求和文明修养,在群众的一言一行中彰显出整个国家对人民生活的主动引领。当前,应当在以下几个方面进行创新。

(一) 对传统仪式进行改造

我国具有五千年的悠久历史和优秀的传统文化,中华民族传统礼仪习俗体现在传统节日当中,人民群众对待节日的态度是一种对美好生活的追求的具体体现,例如传统节日中有的表达对先祖和尊长的崇敬,有的表达对亲人的思念,也有的表达对故乡眷恋。这些依托节日抒发情感的传统习俗在当代应继承发扬,国家也在不断提升着对于传统节日保护的合法性。

如今,清明节祭拜祖先,悼念已逝亲人的习俗仍很盛行。我国传统的清明节大约始于周代,已有二千五百多年的历史。清明节祭拜祖先,并不是封建迷信,这是对故去亲人的一种思念,告诫后人不要忘记先人和故去的老人。最开始的时候,清明是一个节气,到了清明时节天气会慢慢变热,正是农民耕种的好时机,故有"清明前后,种瓜种豆""植树造林,莫过清明"的农谚。后来,由于清明与寒食的日子接近,而寒食是民间禁火扫墓的日子,渐渐地,寒食与清明就合二为一了,而寒食既成为清明的别称,也变成清明时节的一个习俗,清明之日不动烟火,只吃凉的食品。清明扫墓俗称上坟,是祭祀死者的一种活动,汉族和一些少数民族大多都是在清明节扫墓。按照旧的习俗,家族中的男丁都要参加扫墓,大人挑着食盒、炒菜、果品、纸钱等物品到墓地,将食物供祭在亲人墓前,每个坟上挨个压上坟头纸,再将纸钱焚烧,并且每年都为坟墓培上新土,表示后继有人,折几枝嫩绿的新柳、柏、松枝插在坟上,表示他们的下辈子兴旺发达,把带来的酒水撒在坟前的地上。

但是清明时候焚香烧纸等形式应适当加以改造,应该朝着更加符合生态文明、更加符合现代社会发展潮流的方向改造。没有无源的水,没有无根的人,清明节禁止焚烧不是要我们忘记历史、忘记祖先,而是不依靠于某种破

---

① 戴木才:《时代的价值坐标 社会主义核心价值观简明读本》,湖南教育出版社,2016年,第229页。

坏环境的形式主义去祭奠，真正把对于传统事物、传统文化的继承记在心里，体现在行为中。

（二）创新传统仪式的形式和内涵

创新礼仪文化的传承形式，加强文化在实际生活中的实践性，也是十分必要的。《论语》里面讲"不学礼，无以立"，礼仪文化来源于生活，终归于生活，传承与发扬传统礼仪就需要在社会日常生活中不断地去践行礼仪仪式。国家在这方面一直大力倡导和推广优秀的、符合社会主义精神文明建设的传统礼仪走进生活，在践行礼仪制度的同时弘扬优秀传统礼仪精神。此外，社会大众需要做到遵循礼仪的运用规律，正确地发挥好礼仪的社会属性、规范属性，有规划地加强不同年龄段大众的礼仪培训，营造良好的社会文化环境。

习近平总书记提出在新时代我们要讲好中国故事，他在多个场合用国际社会易于接受和理解的话语和表达，将中国道路、制度和实践讲清道明，国际舞台上也因此有了更多的中国声音、中国方案和中国智慧。重视每一个民族节庆日，重视其传播社会主流价值的独特优势，弘扬传统礼仪文化中蕴含的民族精神和时代精神。运用"五四青年节""七一建党节""八一建军节""十一国庆节"等具有重要政治属性的节日，来记录党史国史上的重大事件、重要人物等，举办庄严庄重且内涵丰富的群众性庆祝和纪念活动。在社区、高校结合不同的参与人群和受众，开展多样的主题教育、主题宣讲、纪念日互动等活动。

例如，成都博物馆开设的"走进重华宫"特展，传承中华文明礼仪，普及历史知识，为全国人民奉上了一道文化盛宴。"走进重华宫"特展，是故宫博物院近年来推出的全球巡展项目，成都是其在国内设置的第一站，故宫博物院作为最具影响力的文化艺术宝库，堪称明清宫廷历史的"活样本"。展览通过 88 件（套）珍贵藏品，展示从未对外开放过的乾隆潜邸"重华宫"，复原乾隆皇帝少时居住、学习、成长的地方，呈现一个意气风发的翩翩少年成长为盛世天子的过程。展览紧紧围绕重华宫展开，以崇敬殿、重华宫、翠云馆、漱芳斋四处建筑群的格局为基础，同时以各宫室的功能作为线索来划分展览，展示皇室生活仪式和优秀传统礼仪文化，帮助观众感知重华宫深厚而丰富的历史原貌。为了让参展游客身处蓉城也能对重华宫有直观的体验，展厅的设置按照各宫室的位置进行了还原，从整体构造到陈设，从雕龙画凤的梁柱到精致雕花的茶具，展览细致入微地营造出当时的宫廷氛围，让观众跟随不同场景的变化，渐渐走入乾隆的生活。

（三）重新激活被丢弃的传统礼仪仪式

在当代社会主义核心价值观的引导下，应当全面地激发出历史事件的政治含义，学习其中体现出的传统礼仪仪式。例如采取在各个城市设置公共展览等形式，积极还原抗日战争、南京大屠杀公祭日等历史事件，结合融媒体技术推进相关传统礼仪仪式的宣传，激发人民对国家的责任感，增强民族凝聚力。通过拓展社会礼仪的内容体系，来不断激活被遗弃、被蒙蔽的社会主义精神文明建设。拓展社会礼仪的内容体系，明确传统礼仪与现代礼仪相互融合的部分，有益于更好地总结礼仪演变过程，总结现如今我们有待学习改进的礼仪习俗。

同时，必须拓展礼仪文化学习的内容，结合国家层面、社会层面、个人层面的需求，形成适合现代精神文明建设的礼仪学习体系。在实际践行过程中坚持正确的主流价值导向，把传统礼仪文化中精髓的部分完好保留。以现在对于思想政治教育的重视为契机，不断拓展礼仪文化在现代文明中的内涵，积极完善现有的礼仪制度，整体提升传统礼仪在当下的文化价值和可操作性。

（四）简化繁复的传统礼仪形式

我国是礼仪之邦，从古至今形成了若干种礼仪形式。随着时代的发展，传统礼仪中很多的仪式已经失去了积极意义，一些只是追求排场、大操大办的形式主义，需要适当地加以改造和创新。

中央八项规定中提到要改进调查研究方式方法，到基层调研时要深入了解真实情况，做到先总结相关工作经验、研究相关工作问题，而后在不断实践摸索中找到解决问题的方法，用于实践中指导工作。在调研开展的过程中要多向群众学习、向实践学习，针对在和当地群众、领导干部等共同谈论中出现的问题，发现问题及时解决，不要出现"问题滞留""问题搁置"等现象，切忌走过场、搞形式主义。同时在实地调研的时候，也要做到轻车简从、减少陪同、简化接待，不张贴悬挂标语横幅，不安排群众迎送等传统礼仪仪式，杜绝一切"高级黑低级红"的形式。

人们常说中国是"礼仪之邦"，中国的礼仪多数体现在待人接物、迎来送往中。接待交往的礼仪形式被看重，其礼仪形式自然也比较繁复讲究。现如今，中央规定简化"迎来送往"形式，出台规定严禁公务活动组织群众迎送、组织中小学生迎送；严禁借公务之名收送礼品礼金、土特产等；严禁搞铺设地毯、公款接待等铺张浪费的礼仪形式；严格规范公务活动中礼仪行为所涉及资金等。中国传统礼仪中接待交往礼仪的精髓在于"礼至"，礼仪规范得当即可，而不是追求礼仪形式的繁复多样。"你来我往"中增进的情感不会因为形式感不够强烈而发生改变，更多在于礼仪产生的意义。

简化繁复礼仪的很多做法都是有积极意义的举措，目的在于传递出社会的正能量，更好地体现出了时代的需求。

（五）取缔落后非法仪式

我国处于社会转型期，一些暴露出人性假恶丑、影响人身心健康的仪式也一直存在。比如打着"灵修"的名义行不义之举的现象应当加以取缔，一些打着信仰旗号的封建迷信行为也依然存在。

民间有种种封建迷信的求子方式。"不孝有三，无后为大"，这种根植于以家庭为生产单位的自给自足小农经济基础上的传统观念，使得那些已婚夫妻采取向神祈祷、施行巫术等行为方式，以达到求子目的。在民间流传着一些主管传宗接代的神灵，如送子观音、碧霞元君、子孙娘娘等，有祈求目的的人为之立庙建祠，迷信的夫妻会带着香烛、纸蜡前去默默祈祷以求得孕生子。中国古代也曾有过祭祀高禖（生育之神）的礼仪，举行时间在仲春之月。这样一种古老的传统也延续下来，河南淮阳县和陕西岐山县等地在20世纪50年代还时有出现，直至今日，这种封建迷信的礼仪仪式虽不多见了，但在一些地方依旧存在。

以上提到的此类型非法仪式如果不被取缔，任由其自由发展下去不仅会影响一个地方的人们对于礼仪习俗的正确认知，还会影响后代青少年的成长和生活教育，造成的严重后果无法弥补，所以必须严格管控。

每个民族都有信仰的自由，国家鼓励合法化的礼仪仪式，但是如果某种仪式反复挑战"红线"，不利于国家发展、不利于民族精神文明建构、不利于人民道德水平提升，就必须严厉打击，取缔非法仪式。

（六）加强对于礼仪文化的思想政治教育

重塑礼仪文化，定位礼仪仪式在社会主义精神文明建设中的重要地位需要在思想政治教育上下足功夫。建构文化繁荣昌盛的和谐社会，提升公民道德素养一直以来都是思想政治教育的目标，在这一方面，做好礼仪文化传承的教育就尤为重要。在社会层面来看，礼仪文化具有规范作用的社会属性，为社会提供了群体相处的方法和范式。在个人层面来看，礼仪文化又是一个人思想道德水平高低的集中体现，这与思想政治教育所倡导的价值准则相吻合。

礼仪文化的重构是对传统文化的传承与发扬。礼仪文化是传统文化中最为核心的部分，所以如果礼仪文化衰落了，那也就代表着传统文化走向衰落了。对礼仪文化的重构是基于当今社会的现实精神需求，对传统礼仪文化中符合现代文明要求的精髓文化进行筛选、传承和创新的过程，在这个过程中优秀的礼仪文化被保留并被赋予有价值的现代意义，封建落后的礼仪仪式则会被抛弃。

思想政治教育是以马克思主义为理论指导的，以培养具有良好道德、拥有正确社会观和价值观的社会公民为目标。礼仪文化作为一种精神的核心文化必定会受到特定时期物质条件所带来的影响，随着社会的不断发展，不能与现代文明接轨的礼仪文化就需要通过思想政治教育进行改造和传承。依靠教育来推行礼仪文化不仅需要深入挖掘传统文化中优秀的、符合现代文明要求的礼仪文化，更需要做到的是对其进行创新性转化。也就是说，要在思想政治教育中引入礼仪教育，建立包含明确的培养目标、系统的课程体系、完善的考核机制在内的礼仪教育机制。例如，可以建立具有现代意义的"拜师制"，在传统的师生关系中注入尊师重教的理念。

尊重传统礼仪习俗的保持和改革，是将传统礼仪延续下去的必然要求。保持的是传统礼仪习俗中的精华，改革的是与时代所需相悖的礼仪习俗，在接纳中创新、在创新中传承是我们对传统礼仪文化由衷的态度。

第七章　中国传统节日文化的保护和发展

传统节日文化在其发展过程中最大限度地吸收和保留了我国传统文化的精髓，不断发展并完善，在培育民族精神、弘扬民族优秀传统、增强民族凝聚力方面起着不可忽视的重要作用。

第一节　中国传统节日文化概述

在上下五千年的华夏文明中，中国独特的地域、环境、民族、历史融合铸就了形式多样、内容丰富的传统节日文化，承载着对传统的传承和发扬，集中展现了中国优秀的文化和历史。而传统节日文化又清晰地记录并反映了丰富多彩的中华民族社会生活，镌刻了蕴意深远的历史，凝聚了民族团结的精神与力量，是国家与民族在长期历史发展中积淀下来的瑰宝，也是中国文化中熠熠生辉的重要部分。

一、传统节日文化的形成和习俗

在绵延不断的时光长河中，人们设定了一个个具有丰富内涵和特殊意义的时间节点，称作节日。传统节日在发展过程中沉淀了祖辈们的智慧与历史文化，从而逐渐形成了一个国家的传统节日文化。

（一）春节

百节年为首，时值农历正月初一的春节，既是我国最古老最传统的节日，也是我国民间最热闹最隆重的传统节日。春节期间，大街小巷都充满了欢乐祥和、喜气洋洋的气氛。春节的起源蕴含了丰厚的文化意义和历史内涵。干支纪年法是古老的日历，也为节日的产生提供了日期的记载，原始的信仰和祭祀的传统是春节形成的重要因素，美好的祈福夙愿和华夏儿女大团圆的坚定信念为春节的产生提供了积极的助推作用。在实际生活中，"春节"和"年"的概念都来自农业。农业与古人的生活密不可分，其中谷物的生长周期被古时的人们称之为"年"。夏历是夏代创立的中国古代传统历法，采用"定朔法"融阴月阳年为一体，以月亮圆缺的周期为月，以朔日为每月的初一，正月朔日的子时为一年的开始，"年"的名称从周朝开始一直沿用至今，一年被划分为十二个月，由于每年农历正月初一通常在二十四节气中的"立春"前后，于是这个节日就被称作春节。

春节的到来也就意味着春天的来临，而春天往往象征着新的开始、新的萌芽和新的希望，预示着新的一年的到来，人们往往载歌载舞来庆祝辞旧迎新。随着千百年来社会的不断发展，人们庆祝春节的活动也越来越丰富多彩，每年农历的腊月二十三日至正月十五元宵节，民间都会或自发或有组织地举行庆祝仪式。历史长河不停地奔涌，经过长期的演化与发展，民间也将一些仪式固定下来，沿袭成为风俗习惯，保留并传承至今。

（二）元宵节

每年农历正月十五是春节中的最后一个节日——元宵节。在古时，人们称夜为"宵"，而正月十五日又正值新的一年中的第一个月圆之夜，象征着一元复始，正是大地回春之时，因此人们就把这一天叫作"元宵节"。元宵节又被称作上元节、小正月、元夕或灯节，寓意着大家团团圆圆、红红火火、幸福美满。除此之外，民间也有打灯、参观灯会的习俗，因此元宵节又称灯节。这一习俗始于西汉，兴于隋唐，并沿袭至今。元宵节还有猜灯谜、耍龙灯、踩高跷、舞狮、划旱船等各式颇具趣味且种类丰富的庆祝活动，是一次全民参与其中的盛大的狂欢娱乐活动。这一节日继承并发扬了中华民族的传统习俗，凝聚了中华儿女的智慧结晶，是中华文化的延续和传承，也表达了人们对美好生活的向往和追求。2008 年 6 月，元宵节入选第二批国家级非物质文化遗产。

（三）清明节

清明节作为二十四节气之一，也是中国传统节日，大约在每年公历 4 月 4 日至 6 日之间。清明节始于周代，距今有 2500 多年历史，主要是扫墓、祭拜祖先和逝者的重要祭祀节日。这一传统习俗反映了中华儿女对祖先的信仰和敬仰、对逝者的尊重和缅怀，弘扬了亲情孝道，加深了家族间血浓于水的亲情，是家庭人伦道德的传承，也体现了中华民族对于优良传统文化的重视、继承和发扬。2006年，清明节被列入第一批国家级非物质文化遗产名录。在清明期间，还有许多形式多样、内容丰富的节日活动，例如荡秋千、蹴鞠、植树、放风筝等，各种活动丰富有趣，祛除体内寒气以达到锻炼身体、强身健体的目的。因此，清明节期间，人们既有怀念逝去亲人的悲痛情绪，又有踏青游玩春色的喜悦情感，感怀过往与期盼新生融在一起并不冲突，可见这是一个富有特色的中国传统节日。

（四）端午节

每年农历五月初五是端午节，端午节是中国四大古老的传统节日之一。"端午"二字最早出现在晋代《风土记》中，而端午节"龙舟竞渡"的习俗却在此之前早已存在。端午节是起源于中国古代南方吴越民族举行图腾祭的节日。但后来，得益于西汉著名史学家司马迁的著作《史记》中"屈原贾生列传"的记载和广泛传颂，屈原的忧国忧民情怀、爱国精神深入人心，楚国百姓对屈原的死哀痛万分，感慨万千，世论其辞，以相传焉。于是在屈原投江后，人们纷纷到汨罗江凭吊屈大夫，并向江中投去食物，希望鱼龙虾蟹吃饱后不要啃食屈原真身，并向江里倒入雄黄酒，旨在药晕蛟龙水兽，不要去伤害屈大夫。于是端午节发展到如今兴盛不衰，现在不仅有了龙舟竞渡的习俗，还有吃粽子、喝雄黄酒、纪念爱国诗人屈原的意义。在民间，端午节的习俗中也有佩戴香囊的传统，因为香囊中的朱砂、雄黄、香药等中草药药材有驱邪避病之功效。还有悬挂艾叶菖蒲的习俗，民谚说"清明插柳，端午插艾"，艾叶菖蒲有灭虫杀菌、提神通窍、预防病菌的功效。2009年9月，联合国教科文组织正式批准将端午节列入《人类非物质文化遗产代表作名录》，端午节成为中国首个入选世界非遗的节日。

（五）七夕节

七夕节在每年农历七月初七，是中国传统的情人节。人们对天象的崇拜，在上古时代就早已开始。古人将天文星区与地理区域相互对应，牛郎织女星在东汉时期被进行了人格化的描写："织女七夕当渡河，使鹊为桥。"从此牛郎织女星的美丽传说就给七夕节增添了爱情的甜蜜气息，充满了浪漫色彩，于是到如今，七夕节就演变发展成了中国传统的情人节。在晴朗的夏秋之夜，天上繁星闪耀，一道银河横贯南北，而在银河的东西两岸，各有一颗闪亮的星星，隔河相望，遥遥相对，那就是牵牛星和织女星。七夕夜晚坐看牵牛织女星，是民间的传统习俗。在节日传说的代代流传中，世间无数坚信浪漫的有情男女都会在这个晚上，在夜深人静的时刻，对着星空祈祷，祈愿得遇良人，祈愿姻缘美满。而年轻单身的姑娘要在这一天晚上参与各种祈福仪式，对着星宿祈祷，尽管祈愿的话语可能埋藏在心，但大都是祈愿佳缘、觅得良人。

（六）中秋节

中秋节在农历八月十五，是我国传统佳节，始于唐朝初年，盛行于宋朝。田汝成《西湖游览志余》云："八月十五谓中秋，民间以月饼相送，取团圆之意。"① 《帝京景物略》中也说："八月十五祭月，其饼必圆，分瓜必牙错，瓣刻如莲花……其有妇归宁者，是日必返夫家，曰团圆节也。"② 俗话说，八月十五月正圆，中秋月饼香又甜。由此可见，自古以来中国的中秋节就有团圆和赏月、吃月饼的习俗。圆圆的月饼象征着家人团圆，人们以月饼寄托着浓浓的思念之情，表达对故乡的思念、对亲人的思念，也寄寓着美好的祝愿，于是月饼在中秋佳节也当仁不让地成了走亲访友的馈赠佳礼。2006 年 5 月 20 日，国务院将中秋节列入首批国家级非物质文化遗产名录。

（七）重阳节

重阳节在每年农历九月初九日，古人认为，"九"是阳数，是个值得庆贺的吉利节日，因此称作重阳节。又因为二九相重，重阳节又叫作重九节。早在春秋战国时期，重阳节就受到人们的重视，距今已有两千多年的历史。在民间，庆祝重阳节有丰富多彩的民俗活动，如出游赏景、登高远眺、观赏菊花、遍插茱萸、吃重阳糕、饮菊花酒等。在汉代《西京杂记》中记载了重阳节有求寿的习俗，希望老人可以延年益寿，岁岁平安。三国时魏文帝曹丕《九日与钟繇书》中曾这样描述当时的重阳节："岁往月来，忽复九月九日。九为阳数，而日月并应，俗嘉其名，以为宜于长久，故以享宴高会。"③ 由于重阳节在金秋时节，又是菊花盛开的时候，因此登山、赏菊、吃菊糕、喝菊花酒便成了传统习俗，既能锻炼身体，又能欣赏到秋季的美景，享受到深秋美食，种种细节可见人们对生活的热爱。

---

① 陈振提：《中华节日文化诗传》，团结出版社，2016 年，第 156 页。
② 陈振提：《中华节日文化诗传》，团结出版社，2016 年，第 156 页。
③ 陈延嘉校点：《全上古三秦汉三国六朝文第三册　三国》，湖北教育出版社，1997 年，第 75 页。

二、传统节日文化的特点

传统节日文化是一个独立的文化体系，伴随着历史的发展而产生，并随着时代的变迁，融合社会的复杂变化和民族特性，被打上了时代的烙印。因此传统节日文化具有历史性、时代性；中国是多民族国家，文化发展具有多样性，在长期发展和沉淀过程中，传统节日文化的内涵和意义不断被融合、丰富和完善，又体现了其包容性；曾受封建小农经济和儒家思想长期占据主导地位的深刻影响，我国的传统节日文化和习俗中也沉淀了深厚的伦理道德、礼义仁爱，并且无不流露着对祖先的敬重、对自然的敬畏，祖辈们为我们创造的宝贵精神财富值得我们去珍惜和保护，只有保护自然、尊重自然、内心怀揣对天地自然最崇高的敬意，传统节日文化的发展才不会失去根和魂。

（一）代代传承历久弥新

中国传统节日文化在历史的进程中逐渐形成，在中国社会与文化的发展中不断完善，其中蕴含着先人们的智慧结晶、对自然规律的认识和把握、凝结了民族精神、凝聚着中华儿女的民族情感，是中国传统文化的重要组成部分，也是文化发展和前进的积淀。传统节日文化在中国历史的发展中代代传承，历经风雨但却历久弥新，在每一历史时期都被以群众喜闻乐见的方式传延不衰，也在不断被挖掘着新的内涵、赋予了新的意义，这不仅仅是文化的发展和弘扬，更是民族情感的寄托和民族血脉的传承。

（二）具有浓厚的底蕴和丰富的内涵

历经几千年的洗礼，传统文化具备了浓厚的底蕴和丰富的内涵，因此也始终保持着其固有的活力。传统节日文化是中华民族宝贵的文化财富，是历史的浓缩和承载体，也是人类非物质文化遗产的杰作。每一个传统节日都有其独特的内涵和意义。春节以辞旧迎新、祈福纳祥为主题；元宵节以阖家团圆为主题；清明节以缅怀先人为主题；端午节以纪念屈原为主，充满了爱国主义色彩；七夕节充满了浪漫的气氛；中秋节承载了浓浓的思念之情；重阳节体现了尊老敬老的传统美德和文化……这些节日都是中国传统文化的组成部分，也都寄寓了人们对美好生活的期待和向往。

（三）敬重祖先，敬畏自然

慎终追远、敬重祖先，是中国优良传统美德，也深刻融入中国传统节日文化中。祖先的血液流淌在我们的血液之中，祖先的智慧结晶依旧在为我们今天的发展进步提供方案和借鉴，祖先的精神我们至今仍旧代代传承、保留并发展成为中华民族的优良传统。在中国民俗节日中，无处不体现着对祖先的敬重，逢年过节祭祖的传统不仅反映了人们对祖先的缅怀和追忆，更是凝聚了一个家族乃至整个民族的情怀力量。

三、传统节日文化的意义

传统节日文化的发展历久弥新，激发出了多层次的意义：从宏观看来，传统节日文化是中国传统文化的重要组成部分，浓缩了其精华成分，对我国文化发展有不可忽视的重要意义，并且我国"以和为贵""和气生财""和睦团圆""家和万事兴"的"和"文化也在传统节日文化中持续彰显，也使得传统节日文化有了强大的凝聚力，凝结着中华民族的血脉亲情；从微观看来，传统节日文化在无形之中已经潜移默化地融入每个中国人的日常生活中，并影响着人们的思维和行为。

（一）增强国家文化软实力

传统节日是我国历史文化的重要部分，从古至今承载了一代又一代人的精神与灵魂，有敦厚殷实的底蕴，传统节日的延续也是我国文化的传承，是新时代节日文化发展的沃土和根基，对我国发展壮大文化软实力有重要的意义。在经济全球化的发展条件下与文化多元化的发展冲击中，文化软实力因素越来越凸显其重要性，在打造文化强国的过程中，保护和弘扬中国传统节日文化，推陈出新、古为今用是储存和发展中国文化软实力的重要途径。中华文化博大精深，我国优秀的传统节日文化承载着悠久深厚的历史底蕴，具有独特的基因，我们要结合时代精神，跨越时空、跨越国度、立足本土面向全球弘扬中国优秀传统文化，努力夯实国家文化软实力的根基，展现中华文化的魅力，增强做中国人的骨气和底气，塑造具有亲和力的大国友好形象，展现我国和谐包容、繁荣稳定的发展状态。

（二）增加民族凝聚力

祖先创立并代代传承的我国传统节日文化在时代的发展中独具中华民族鲜明的特色。我国传统节日文化饱含中华民族精神与情感，不仅是中华民族传统的一种符号，更是民族认同的载体，是凝结中华民族的重要纽带。习近平强调"文化兴国运兴，文化强民族强"①，文化的发展与民族的强大息息相关，要让中华文明的影响力、凝聚力和感召力充分展现出来。在中国，逢年过节家家户户都期待阖家团圆，在外漂泊的游子、海外华侨同胞、异乡的友人都纷纷归家团聚。中国传统节日就是有着这样不可替代的影响力、生命力和凝聚力，蕴含着传统节日中的亲情情结、以和为贵的文化内涵，最容易唤醒人们对亲情观念、家国情怀、民族意识的认知，对民族精神的认同、民族文化的记忆，增强民族团结意识，凝聚人心，有利于维护国家统一。中国传统节日文化加深了在世界各国的中华民族血浓于水的情义，是中华民族情感的纽带，只有自觉珍视传统节日、积极弘扬传统节日文化，才能增强民族凝聚力、深化民族认同、守住中华民族的根与魂。

（三）增强个人历史使命感和社会责任感

中国传统佳节深刻融入每个人的生活，也凝结着每个人的家国情怀，大家都在积极融入节日的氛围之中，并且以通俗和喜闻乐见的方式传播着中国传统节日，而传统节日文化的传播和弘扬在潜移默化之中加深了个人的历史使命感和社会责任感。我们每个人既是中国传统节日文化发展的亲历者，同时也是传播者和弘扬者，不仅在节日娱乐活动中体会到节日的欢乐、家庭的温情，更能感受到传统节日文化在新时代焕发出的全新魅力和社会主义文化建设的新内涵，加深了每个人对传统节日文化的深度认同。传统节日文化是中国优秀传统文化的经典传承，承载着中国十四亿多人口的美好期许，在新时代每个中国人都身负重任：要团结一心，凝聚成磅礴之力，不断推动传统节日文化创造性转化、创新型发展，不断挖掘传统节日文化的深刻内涵，广泛弘扬中国传统节日文化，做中国优秀传统文化的积极传播者和建设者，向世界展现中国传统节日文化的时代魅力。

---

① 习近平：《习近平谈治国理政》（第三卷），外文出版社，2020年，第32页。

第二节　对待中国传统节日文化的态度与政策法规

中国共产党的态度和政策法规直接影响到中国传统节日文化的保护和发展，本节分析并列举了中国共产党历代领导集体对待中国传统文化的态度以及相关政策法规。不难发现，文化软实力逐渐上升成为综合国力权衡的因素，因此我党在逐渐成熟中也意识到了文化在社会主义现代化建设中的重要性，并且做出正确决策，将传统节日文化的发展放到合理的位置，重视传统节日文化的内涵挖掘、意义诠释、形式创新，以立法的形式保护传统节日文化、促进传统节日文化的发展和传承。

一、中国共产党对待传统节日文化的态度

中国共产党始终代表先进文化发展方向，我党自成立之日起，就既是中国优秀传统文化的践行者和传承者，又是优秀传统文化的倡导者和弘扬者。

以毛泽东同志为核心的党的第一代中央领导集体，即使是在抗战年间也不忘我国传统佳节。在春节期间，毛泽东与中央其他领导人深入基层和当地党政军机关与广大群众和战士欢度佳节，共享节日气氛。在延安时期，中央机关也会组织开展团拜、舞会、扭秧歌等丰富多彩的节日活动，每年春节也会在枣园的小礼堂请村民吃饭，按照传统节日文化和习俗，穿上新衣带上各种礼品相互拜年、嘘寒问暖，向乡亲们送去节日祝福与问候。1928 年底和 1929 年初，国民党调集 3 万兵力围攻井冈山围剿红军，在除夕这天，毛泽东心情沉重，但他决定无论在条件多么艰苦的情况下，都要让战士们吃上一顿年夜饭，度过春节。由此可见，中国共产党从成立初期开始就对我国传统节日文化有深刻理解，重视传统节日仪式和活动，重视保持传统节日文化，深入群众，感受传统节日文化的民风民俗。

以邓小平同志为核心的党中央曾多次强调，在建设高度的物质文明的同时，一定要重视社会主义精神文明的构建，物质文明和精神文明在社会主义建设中关系紧密、密不可分，是社会主义建设的重要战略方针。社会主义精神文明建设又可划分为文化建设和思想建设两个部分，传统节日文化的发展和弘扬对这两个方面都发挥着不可忽视且无可替代的重要作用。传统节日文化中的礼节性无时无刻不在教育着中华儿女传统礼节、中华美德，传达人与

人之间的关心问候、加深亲朋好友之间的联系、对长辈体现孝道、对晚辈表示关爱。传统节日文化中的纪念性使我们凝心聚力，时刻提醒着我们是中华民族，我们祖祖辈辈都在为国效劳、为民族争光，每一位英烈、每一位领袖都值得我们铭记，他们的精神和智慧都是我们发展和前进路上的宝贵经验财富。传统节日文化中蕴含了世世代代人们对美好生活的期待和向往，寄托了古往今来中国人的理想情怀和高尚的精神追求，也时刻警醒着每个人始终怀揣理想，为自己的目标不懈努力奋斗。

党的十四大强调，要把社会主义精神文明建设提高到新水平，繁荣社会主义文化，认真总结宝贵经验，继承并发扬中华民族优良的思想文化传统，在社会主义实践中创造出更先进的人类文明。传统节日文化中蕴含了丰富的教育资源，充满了和谐、统一等中国传统文化核心价值理念，饱含人文精神，具有培育和弘扬中华民族精神的价值意义，因此中国共产党一再强调对传统文化的重视。党的十五大强调了要立足我国现实，继承历史文化优秀传统。我国致力于建设有中国特色的社会主义文化，就应该意识到传统文化是我国历史发展进程中不可遗忘的重要精神财富，蕴藏了我国文化发展的宝贵经验，五千年的辉煌文化是我们文化建设的根基和文艺创作的灵感来源，营造良好的文化环境是提高社会文明程度和搞好文化建设的重要条件。报告还强调，要重视对文化遗产的保护，传统节日文化作为宝贵的文化遗产，饱含了大量民族文化精华，体现在礼仪、宗教、伦理、艺术、美学等各方面，应该积极鼓励传统佳节以表演艺术、社会实践、节日庆典等多种方式进行文化记忆，充分利用新闻出版、文学艺术、广播影视等媒介传播、传承我国既源远流长又辉煌灿烂的传统节日文化，保证中国特色社会主义文化建设的推进与发展，为人类文明做出贡献。

党的十六大强调要重视对文化事业和文化产业的支持和发展，扶持对重要文化遗产和优秀民间艺术的保护工作。在中国传统节日文化中，保留了弥足珍贵的民间优秀艺术成果，对文化遗产和民间艺术的保护和传承就是对中华文明的发展和延续。"问渠那得清如许？为有源头活水来。"中华文明博大精深，只有保护好我们优秀传统文化的根源，才能创造出更加辉煌灿烂的民族文化，迎来社会主义文化发展新高潮、推动社会主义文化繁荣发展。

党的十七大报告指出，要推动社会主义文化大发展大繁荣，并在其中强调中华文化的重要性，全面认识中华传统文化，促进传统文化与现代文化的协调发展，重视对优秀传统文化的教育、对物质和文化遗产的保护，挖掘和传播各民族传统文化习俗，着力打造中华民族的精神家园。从端午节、二十四节气逐渐被列入世界级非遗项目以及将春节、七夕节、重阳节等传统节日列入国家级非物质文化遗产项目可看出我党对传统节日文化的重视程度。

党的十八大报告指出，要扎实推进社会主义文化强国建设，实现中华民族的伟大复兴，就要努力推进社会主义文化建设的大发展大繁荣，激发全民族文化创造活力。报告中强调，我国要建设优秀传统文化传承体系，弘扬中华优秀传统文化，朝社会主义文化强国的宏伟目标阔步前进。我国的传统节日文化是祖祖辈辈的智慧结晶，是代代传承的宝贵财富，是民族精神凝心聚力的坚韧纽带，建设优秀传统文化传承体系有利于深化民族认同感、增强民族精神、整合民族思想，同时推动传统节日文化以整体和全面的形式"走出去"，推己及人，让国内外更加深入和完整地了解传统节日文化，推进传统文化的国际化发展。党的十八届三中全会提出，要完善中华优秀传统文化教育，于是教育部制定了《完善中华优秀传统文化教育指导纲要》，该纲要指出，将中华民族传统节日文化的发展结合校园分层分阶段教育，有利于引导青少年以民族英雄、爱国文人志士作为榜样，形成良好的品德和行为习惯，树立正确的人生观、世界观、价值观，能够明辨是非，遵纪守法；重视对传统节日文化的培养有利于弘扬爱国主义精神、培养家国情怀、民族意识、重视人格修养，促进青少年学生全面发展，培养优秀的社会主义事业建设者和接班人。

党的十九大报告指出，文化兴则国运兴，文化强则民族强，我们要坚定文化自信道路，坚定中华文化立场。我国的优秀传统文化是中国特色社会主义文化的源泉，因此我们更应重视文化遗产的保护和传承，重视优秀传统文化内涵的挖掘和继承创新，丰富群众性文化活动，完善文化管理体制。传统节日文化作为中国传统节日文化的经典传承，我党鼓励在节日期间积极举办符合节日主题的群众性文化活动，彰显节日文化内涵，明确突出节日文化的时代意义，不断创新节日文化传播方式，将传统节日文化以群众喜闻乐见、通俗易懂的方式传播和传承。

二、保护和传承节日文化的政策和法规

传统节日就像中华民族遗传的基因，从先辈那里传承下来，既打上了时代的烙印，又保留了传统文化的内涵和意义。传统节日文化中流传千古的优良品质凝聚了祖祖辈辈的殷切希望与美好心愿，注入每一代人的精神和血液，培育出了中华民族独特的品性与魅力。传统节日文化的传承与弘扬深受

社会发展程度的影响，当今社会，文化软实力深刻影响着每个国家的国际地位，其重要性不言而喻。为深化民族认同、增强民族凝聚力、提高国家文化软实力，以立法的形式保护和促进传统节日文化的发展势在必行。

从新中国成立以来，国家就在不断完善和健全各方面法律法规，以制定出更完整系统的法律法规，并且随着时代发展和社会需求，国家持续地对传统节日的放假办法进行调整和改革，这一举动愈加凸显了传统节日的重要性与党和国家对我国传统节日的重视。1999 年 9 月 18 日，国务院发布《全国年节及纪念日放假办法》。2004 年 2 月 27 日，中国人民大学校长建议增加传统节日为法定假日，取消黄金周，强化春节长假。2005 年 6 月，中宣部、中央文明办、教育部、民政部、文化部五部委联合下发了《关于运用传统节日弘扬民族文化的优秀传统的意见》，指出传统节日是中华民族优秀文化的重要载体，要紧扣传统节日文化主题，突出传统节日中所蕴含的优秀文化内涵，积极引导传统节日庆祝活动，以大众喜闻乐见的传播方式让传统节日文化深入人心。2007 年 1 月 22 日，国家发改委到人民大学听取增加中国传统节日为法定假日的意见。春节、元宵、清明、端午等传统节日，承载了中华民族传统习俗、文化，有深厚的历史底蕴和丰富的精神内涵、意义，加强对传统节日文化的立法保护体现了我国推动其发展和弘扬的鲜明立场和坚决态度。2009 年 9 月，联合国教科文组织正式审议并批准中国端午节列入世界非物质文化遗产，端午节成为中国首个入选世界非物质文化遗产的节日。

第三节 保护和发展中国传统节日文化面临的问题与对策

中国传统节日文化历史源远流长，这些节日文化蕴含着我国古代劳动人民的智慧以及他们美好的愿望，还包括了人们对神秘自然界的猜想和探索，节日是文化的节点，是民众精神生活的集中体现，是加深人们沟通、协调人与自然关系、人际关系以及安抚、表达人们内在情感的时机。在漫长的历史发展进程中，除了形成博大精深的民族文化，还孕育出了丰富多彩的节日文化内涵，孕育了我们宝贵的民族精神，培育了我们民族崇高的精神价值追求，支撑着我们民族丰富的文化层次。节日文化一经形成，便生生不息、薪火相传，走过历史的长河并延续至今，仍是我们社会主义现代化建设的强劲勃发的精神动力。它拥有着任何文化形式都难以替代的价值，比如传承民族血脉，提升民族精神，强化民族文化记忆与心理认同，维系民族团结和社会和谐，激发与释放情感。但是在文化多元化的今天，国外文化不断渗透，难免带来冲击，而国人又涌入追求经济发展的洪流之中，中国的传统节日中所蕴含的文化价值以及一些节日习俗已经被慢慢地淡化，甚至是被遗弃。改革开放带来的影响使我国人民拥有了更好的物质生活，人们日益富裕，生活水平逐步提升，但追求金钱的同时却日渐忽略了精神文化的发展。多元文化的交流互鉴和交融也对我国传统节日文化发展造成冲击，其发展面临窘境。在这传统节日文化不可回避的瓶颈期，我们应该直面困境，分析节日文化在保护和发展中存在的问题，并且积极应对限制其发展的因素，找到合适的解决方案。

一、传统节日文化保护和发展中存在的问题

传统节日文化随着我国历史文化的发展进步而不断被挖掘出新的内涵和意义，并且不断完善。但在发展过程中，原本形式多样、内容丰富、意义深刻的传统节日文化逐渐被冷落，变得单一无趣，失去了最初的意义，甚至在外来文化的冲击面前变得不堪一击。

（一）节日传统习俗的遗失

传统节日是传统文化的载体，传统节日文化是一个国家和民族历史文化发展的结晶，凝结着每个人的家国情怀，拉近了人与人之间的距离。它对于树立文化自信观念，培养正确价值观的形成，增强民族凝聚力，深化民族认同感，维护国家统一有重要意义。节日传统习俗遗失，缺失的不仅仅是仪式的传承，更是智慧的结晶，更是祖先留下的宝贵的财富，同时也对文化传承造成消极影响，削弱了文化创新的动力。

（二）西方国家节日文化的冲击

随着经济全球化趋势的不断加深，文化多元化的冲击也对我国传统文化造成巨大影响。西方的圣诞节、万圣节、复活节、感恩节、情人节、母亲节、父亲节等"洋节"冲击了我国的传统节日氛围。虽然我国节日文化发展具有开放性和包容性的特征，即使是不同的西方节日文化，也能完美地与我国节日文化相互融合发展，与我国传统节日文化一同发展，但由于西方节日文化作为外来文化被当作新事物引进，人们对其充满新鲜感，导致西方节日

文化在我国人气热度大涨；再加上铺天盖地的媒体对"洋节"的宣传、商人在利益的驱使下盲目的商业炒作，导致西方节日越来越受到一些国人青睐，而与此同时承载着深厚的本民族文化内涵的传统节日则被一些人冷落，传统节日文化的精神和内涵被淡化，西方国家的节日文化却备受一些人追捧。

（三）传统节日文化糟粕与精华共存

传统节日文化在历史的涤荡中仍然熠熠生辉，不仅是祖辈们的智慧结晶，更是中华民族宝贵的精神文化财富。传统节日文化在千百年的发展和传承中，提炼并保留了中国传统文化中许多精华的内容，但也混杂着糟粕的成分。受封建制度深刻的影响，我国传统节日文化中依旧遗留了不少封建迷信的糟粕元素。例如，清明节是扫墓祭祖、追思先人的节日，这虽是人们寄托哀思、缅怀先人的一种风俗，但烧纸钱、放鞭炮等这些传统旧习逐渐成了糟粕，不仅造成环境污染，为城市环境增添负担和压力，还会带来安全隐患、引发火灾等。因此，我们应该取传统文化精华，去其糟粕部分。

二、保护和发展传统节日文化的对策

传统节日文化随时代和社会的变迁兴衰更迭。中国传统节日文化贯穿古今，是维系民族情感的纽带，能增强中华儿女的归属感和文化认同感，这根千年文脉蕴藏了千古流传的优良品质，浓缩了先人的经验智慧，凝结了中华民族血水亲情，因此保护和发展传统节日文化势在必行，国家、社会、个人都应倾尽所能推动传统节日文化的传承和弘扬。

（一）深入挖掘传统节日文化内涵，加强对传统节日文化发展空间的优化

节日文化随着人类社会的进步与发展被赋予了顽强生命力，能够不断自我创新和发展，适应人类精神文明的进步，在传承中不断演变和发展。在时代的变迁中，国家应该主张溯源人类节日文化，透彻了解、分析传统节日文化的来源和历史，深入挖掘传统节日文化的深层次内涵，探索其符合时代发展的全新含义，创新传统节日文化的过节形式、丰富节日文化精神，不仅仅需要仪式感，更需要生活化，注重"形"与"意"的结合，设计属于每个传统节日的标志性文化字符，借助传统节日的专属载体来传播节日文化，以民众喜闻乐见、简单明了的方式创新节日情感的表达和宣传，以传统文化为基

石，塑造新时代中国节日独有的韵味，使其更好地融入社会发展、生活节奏，在社会进步的脚步中使节日文化焕发生机活力。

中国传统节日文化作为民族精神文明的瑰宝，是宝贵的非物质文化财富，国家应该积极倡导保护中国传统节日文化，采取制定政策措施、申请非物质文化遗产等方式，使之获得法律上的保护、国际社会的认可，让传统节日更好地延续和传承，推动传统节日文化发展、进步。同时加强国际文化交流互鉴，深入了解其他国家传统节日的传承模式与发展途径，并加以学习和利用以利于我国传统节日文化的保护，创新传承机制，提高文化发展的质量和水平。更要积极推动我国传统节日文化"走出去"，让其他国家感受到中国传统节日的氛围，了解文化历史，弘扬传统文化，拓展我国传统节日文化的发展空间，推进传统节日文化的国际传播能力建设，提高国家文化软实力。

（二）社会加大对传统节日文化的宣传，营造良好的节日氛围

从儿童到青少年再到成人，学校的教育都对我们起着至关重要的作用，学校作为文化传播圣地，对我国传统节日文化的传承和发展有十分重要的意义。充分利用新闻、传媒等多媒体科技，在旅游景区、进出口贸易集散地、海关等公众场合宣传中国传统节日文化，发挥媒体的舆论和导向作用，打造良好的文化品牌和形象，让更多的人了解到我国传统节日的历史和文化，感受到节日气氛。同时，文化宣传部门做好宣传工作，积极鼓励当地民众利用网络等媒介传播传统节日习俗，分享传统节日历史文化、内涵和意义，使节日文化的传播更接地气、方式更多样化，弘扬传统节日的地方特色和文化，充分尊重各民族的传统节日习俗多样性，使中国传统节日文化更具吸引力和魅力，推动传统节日文化的传承和发展、再创中国传统文化复兴新辉煌。

（三）个人树立文化自信意识，争当传统节日文化传承者和传播者

打铁还需自身硬。每个人都是中国传统节日文化的传承者。在传统节日期间，每个人都应该积极参与节日主题活动，感受节日氛围，将节日文化的仪式感和生活化相结合，充分利用节日文化元素，例如穿衣、饮食、礼仪、娱乐活动等，并主动表现出对长辈的尊敬、对先人的缅怀、对自然和生命的敬畏等，准确表达传统节日的主题情感，加深文化认同感，更好地传承传统节日文化。同时，每个人作为传统节日文化的传播者，肩负中华文明发展的

历史重任，应积极主动地学习并掌握传统节日习俗的特色文化，例如剪纸、贴窗户、包粽子等，将精神层面的内涵外化于行，通过高速便捷的网络，利用直观的图片、生动的文字、趣味的视频、多样的语言等方式向海外宣传中国传统节日文化。应采用当地易于接受和熟识的方式来宣传中国传统节日，运用跨文化、跨地域传播的意识、策略和技巧，要结合当地的语言思维习惯、当地人们生活经验和文化背景，从当地约定俗成的文化之中来寻找最佳切入点，讲述当地人感兴趣的中国传统节日故事。

第八章　中国传统文学艺术的保护和发展

人杰地灵、地大物博的中华大地孕育出了灿烂的中华文明,其中传统的文学艺术不断随着中华民族的发展而传承、创新,到现在已有数千年悠久历史。中国的传统文学艺术在不同时期有着不同的代表性的内容,再由各种不同类型的表现形式和艺术风格展现出来,最终构成了中国特色的传统文学艺术体系。

第一节　中国传统文学艺术概述

中国的传统文学艺术是在传统的思想文化和意识形态的影响下创造出来的,有着自己的审美标准、艺术理想。如今,它以深刻的内涵、悠久的历史、多样的风格、丰富的作品、独特的形式成为世界文学艺术宝库中不可或缺的、绽放华彩的瑰宝,受到全世界人民的喜爱。

一、传统文学艺术的类型

(一) 古代文学

在中国的传统文化中,文治武功是许多人的人生追求,而文武兼备的境界更是无数人一生的奋斗目标。在中国的文化历史长河中,优秀作品浩如烟海,才高八斗的文人墨客更是无数。随着历史的发展,不同时期的中国大地涌现出了多种多样的文学形式和艺术题材,代表性的文学作品有神话、先秦诗歌散文、汉赋、唐诗、宋词、元杂剧、明清小说等。

神话是古人早期的幻想性作品。那时候的人们,思维方式和能力都很简单,认知水平也不高,对世界的认识处于初级阶段,对于自然界中的某些自然现象不理解也没办法解释。尤其是因为生产力水平的低下和人们对自然界的认识不够，人们不能抵御自然给人类带来的各种灾害，他们就把一切不可解释的现象都归结于无所不能的"神"。在他们的幻想和想象中，人是由"神"创造的，自然界的现象也都是由"神"主宰。从这些神话故事中可以看出古代先民丰富奇特的想象力，也意味着先民在不断地对世界进行探索和认识。神话中有开天辟地的大英雄盘古、有誓要移山的愚公、有为解除人间苦难而射日的后羿、有为治水而不入家门的大禹等，这些都展示了人类远古以来在艰苦岁月中不屈不挠的拼搏精神。神话不仅仅反映和寄托了人们对美好事物的喜爱、对美好生活的向往，还证明了早期人类也有认知自然和认知自我的积极需求，开创了中国古代文学的先河。

我国是负有盛名的诗歌大国，有着悠久的诗歌创作和传颂的历史。成文的诗歌自《诗经》以来已有三千多年的历史，《诗经》和《楚辞》作为先秦诗歌的两个高峰都广泛地反映了当时的社会生活、劳动生活。《诗经》是我国第一部诗歌总集，开创了我国文学的现实主义源头，它收录的诗歌涵盖了政治、经济、社会风俗、文化、艺术、天象、地貌、动植物等多方面，被誉为"中国古代社会的百科全书"和"中国古代社会的全身镜"。而《楚辞》开创了我国文学的浪漫主义源头，是我国文学史上第一部浪漫主义诗歌全集。《楚辞》中的文体被称为"楚辞体"，对后期出现的诗歌、散文、戏曲、小说等文学体裁都有着较深的影响。《楚辞》与《诗经》最大的不同在于句式，《诗经》更为古朴，崇尚四言句式，而《楚辞》句式活泼，有着独特的节奏韵律。先秦诗歌有着极高的艺术价值，虽然大都短小精悍，但蕴含着无穷的深意，更以其丰富的内容、精妙的文学手法，为中国诗歌开了一个水平极高的头。

古代中国是散文大国，也是最早出现这种文体的国家。中国古代散文发源最早可以追溯到商朝的甲骨卜辞中。到西周之时，青铜器上对于功绩、历史事件等记载的内容也已经相当丰富，有些甚至达到了几百字的详细记录，这些可以看作是古代散文的雏形。春秋战国时期的中国古代散文发展迅猛，涌现出了不少优秀的文人，更创作出了许多锦绣文章。我们常说的先秦散文分为历史散文和诸子散文两种。前者以《左传》《国语》《战国策》等历史著作为代表，后者是春秋时期诸子百家争鸣时，各家各派分别阐述各自对自然环境、对社会现象、对人生追求、对政治看法等方面的不同观点和创新主张而总结的著作，有《论语》《墨子》《荀子》《韩非子》等。这些散文都具有较强的文学性，对后世的散文发展产生了深远的影响，是先秦文学艺术中不可或缺的重要部分。

汉赋是在汉朝涌现出的一种文学形式，对中国古代文学有着深远影响。特别是在西汉中期，汉赋的发展极为迅速。这一时期的汉朝国力强盛、皇权统治地位稳固，给汉赋的发展提供了良好的社会环境和物质条件。特别是由于当时的统治者沉迷于声色享乐，尤其喜爱"赋"这一文学形式，大力提倡文人墨客进行创作。因此许多汉代文人极尽所能写赋，用汉赋宣扬汉朝的强盛和繁荣，也歌颂统治者的丰功伟绩。汉赋因此盛极一时，后世往往把它看成是汉代文学的代表。首先，汉赋有着"体物写志"的特点，内容以描绘雄伟华美的宫殿庙宇、热闹繁荣的城市景象、记录帝王在位的重大事件、抒发怀才不遇之情等内容为主，其中有关前三者的汉赋最多。其次，从语言词汇来看，汉赋热衷于堆砌华丽辞藻，甚至好用生僻字，虽有着以上缺点但也在一定程度上丰富了文章中的语言词汇和描述技巧。最后，我们也可以看到汉赋的发展在一定程度上对中国传统文学艺术中文学观念的形成也起到了推动作用。

唐诗是唐朝最珍贵的文化遗产，也是中华文坛上一座最具文采的文学高峰。它体现了唐朝的社会形态和风土人情，对我们了解和研究唐代的政治、经济、文化、社会生活等方面有着重要意义。唐诗传递出的唐朝文化也对世界上许多国家和民族产生了深刻的影响。唐诗的形式和风格丰富多彩，文字短小精炼，以绝句和律诗为主，对音韵格律有着严格的要求。唐诗的发展，首先要归功于前朝文学的积累和传承为唐诗的发展奠定了坚实的基础，唐代的文人又不断推陈出新把诗歌推向了发展的高潮。其次在唐代的科举考试中，诗赋都是考核内容，因此文人致力于研究、写作、传颂诗歌，在社会中形成了重视诗歌的风气，提升了文人的社会地位，这也是诗歌得到进一步发展的原因。最重要的是唐朝政治开明，许多外来文化、宗教、思想都在发生碰撞。同时，还有西域传来的舞蹈、音乐、绘画、建筑等新鲜艺术也给唐朝人带来了全新的艺术熏陶。有了这些创作的源泉，文人的眼界更加开阔、思想更加活跃，在诗歌内容的选取上也更为宽泛。特别是在国泰民安、经济繁荣的盛唐时期，唐诗的发展也随之达到了巅峰。此时的唐诗选题多样、眼界广阔、流派众多，佳作不断面世，达到了很高的艺术成就。

词是一种配乐歌唱的诗，最早形成于隋唐而极盛于宋朝，与唐诗并称为文学双绝，代表着文坛盛景。早期的词都源自民间的曲子词，它的形成、创作、传播、发展都与音乐有着直接联系。其中最为著名的是隋唐时期的酒宴上所出现的配合"燕乐"来歌唱的曲子词。晚唐时，填词已成为文人喜爱的活动，词人追求让曲子词回归雅正，因此词的发展有了较大的进步。到了宋朝时，词成了最为盛行的文学形式，达到了发展的巅峰，代表着宋代最高的文学艺术成就。宋词的格律要求严格，体式、调式、段式、句式都有固定的标准，且重视音律和谐，词韵形式繁多。其主要的题材集中在伤春悲秋、风花雪月、离愁别绪、寄情山水等方面，基本可分为婉约派和豪放派两大类。婉约派的作品大都清新秀丽、绮丽温润，有着柔婉之美，而豪放派作品中的视野广阔，气势恢宏豪迈，并不过多拘泥于音律形式。

元杂剧是元代独特的文学艺术符号，也是我国传统戏曲史上灿烂辉煌的一章。元杂剧的内容主要以揭露社会黑暗、反映百姓疾苦为主，具有强烈的现实主义意义。当时的中国处于元朝灭金、抵抗蒙古侵略的时期，人民为自身所受的民族压迫正发起斗争，急需能激发战斗性、体现民族性的文学作品，元杂剧就在此时应运而生了。它在金院本和诸宫调的艺术基础上，又吸收了多种艺术表现形式的特点，最终结合而成的一种文学形式。元杂剧有着完整的表演剧本、艺术表现结构和特殊的演唱特点、表演形式，是一种已经成熟的戏剧。

明清是中国小说史上的繁荣时期。小说最初的形式是话本，因为当时社会繁荣发展，人民对娱乐有了更高的要求，就出现了话本这一新的文学形式。明朝时期，小说就已经展现了一定的社会价值和文学价值，当时较为发达的印刷业也为小说的发展贡献出了一定的力量。明代文人所创造的小说作品故事性强、情节生动、语言灵动，艺术手法趋于成熟，以白话短篇小说和长篇小说为主，题材和内容有历史事件、英雄人物、神仙魔鬼等。其中有着一些封建迷信的内容，但同时也揭露了封建统治的黑暗和腐败。值得一提的是，小说中有着很详细的对人民生活和劳作的描写，记录了他们的生活和思想，有着鲜明的时代特征。清代是小说发展的顶峰时期，当时的阶级矛盾和民族问题都对小说产生了较大的影响。特别是清朝乾隆时期，这时的小说不论是数量、质量还是题材风格都与之前有了很多的不同，有着较大的发展，涌现出了《红楼梦》《聊斋志异》等传世佳作，将小说的发展推向了新高峰。清代小说多取材于现实生活，体现了生动的社会生活场景，其精妙的叙述手法、完备的表现形式、丰硕的艺术成果都将小说这一文学形式推到了艺术巅峰。明清小说在反映社会各方面所体现出的深度和广度是前所未有的，为后世认识当时的社会提供了新的窗口。

（二）古代艺术

数千年来，勤劳智慧的中国人民用灵巧的双手和智慧的头脑创造出了灿烂丰富的中国传统文化。中国古代艺术作为中国传统文化的重要组成部分，具有鲜明的时代特性，更有建筑、雕塑、书法、绘画、音乐、戏曲等百花齐放、异彩纷呈的艺术形式。在这些艺术形式的作品中，记录了不同时期的社会发展和重大的历史事件，反映了一定时期的社会现象和人民生活，始终推动着文化历史的发展，在中国文化史上有着令世人瞩目的辉煌成就。

从发现的半坡遗址来看，我国的建筑历史已经有六七千年。我国保存至今的古代建筑依然可看出当年建筑技术的精湛和艺术风格的独特，在今天看来依然充满了艺术感和实用性。中国古代建筑在世界建筑史上有着举足轻重的地位，其独树一帜的风格也受到世人的欣赏和赞叹。绵延万里、抵御外敌的万里长城，千年不倒、屹立至今的赵州桥和安济桥，金碧辉煌、雕梁画栋的明清皇宫，庭院深深、一步一景的苏州园林等都是我国古代建筑的代表作。

中国古代建筑最重要的一个特征就是框架式结构，由木头构建的结构把房子稳稳地架构起来，而不是用墙去承担房屋的重量，可达到"墙倒屋不塌"的效果。框架式结构也构成了许多宫殿、寺庙的"斗拱"，既有装饰作用又可分担重量。其次中国古代建筑在建筑屋顶的艺术形式方面也有所成就，中国的古代工匠创造出攒尖顶、硬山顶、悬山顶、歇山顶等被广泛应用的艺术式样，善于利用不同的屋顶造型来营造出不同的艺术效果。而中国古代建筑也受中国传统的含蓄、内敛风格影响，与西方一目了然、高高耸立的城堡并不相同。中国古代建筑大多是庭院式组群布局，像是一幅需要走进才能展开的画卷，要深入其中才能领悟到美，且有着均衡对称的特点，表现出独特的艺术魅力。中国古代建筑还有着建筑色彩丰富的特点，匠人善于且敢于大量使用色彩进行创造，在受阳光照耀的建筑顶部多使用明亮的色彩与屋檐下的阴影部分使用的冷色进行对比和协调，以此来装饰建筑物，还通过勾勒金边、描绘金点、上色彩画等装饰增强建筑的艺术性。最后不得不提中国建筑形式中独特的衬托性建筑，主要有华表、石狮、牌坊、阙等形式，一般用在宫殿、寺庙、礼祭台等高级建筑中。

中国古代雕塑的内容、图案、材质、形式等方面大多受民族特点和时代特色的影响，秦始皇陵兵马俑、山西大同云冈石窟、敦煌壁画和造型各异的青铜器都是我国古代雕塑艺术的代表作。雕塑类型一般可分为建筑装饰雕塑、陵墓雕塑、宗教祭祀雕塑、民俗雕塑、案头雕塑、器物雕塑等。雕塑的材料也多种多样，有石头、玉石、青铜、砖瓦、竹、象牙等，可根据不同的用途和使用者来进行选择。中国古代雕塑大都是写意传神的，通过雕塑手法营造出艺术意境，使欣赏者得到美的享受。商周时期的雕塑大多是青铜器，青铜器上的各种几何纹路和动物图像都显现出当时的审美风格，青铜面具上的怪异奇特造型也彰显了神秘风情。春秋战国时期的雕塑则更偏华美，造型更加丰富，手法也更加精妙。隋唐时期是我国古代雕塑发展的顶峰时期，当时的雕塑作品多为石窟石刻。那时候的雕塑面积大，雕塑人物神态各异，已充分体现出当时匠人成熟的雕刻技艺和丰富的创造力。

书法是中国文字的书写艺术，书法和汉字在中国历史发展的长河中，承担着沟通交流、继承发展的重任，是中国文化宝库中绽放异彩的瑰宝。书法的历史悠久，它从甲骨文、金文开始，演变到大篆、小篆、隶书，到后来发展为草书、行书、楷书等各种书写体。甲骨文多为方正形，笔法粗细相间、轻重结合、转折圆润，形态和谐流畅，为书法艺术奠定了艺术基调。书法从诞生开始到此后的历朝历代，无数书法家在传承的过程中都对其有了更多的创新和发展，使中国书法变成了中华民族的民族符号，承载和表现出中国文化的博大精深。中国古代书法最讲求线条美、对称美、造型美和章法美，在字体和字形的变化中体现艺术美。秦始皇统一文字后出现的隶书是中国古代书法史上的一个里程碑，使汉字更趋于方正，笔法也更加多样。到汉代时，中国书法的书体就趋于齐备，出现了多种写法和风格。唐朝是中国书法艺术的发展高峰，大书法家层出不穷，对前代的草书、行书、楷书等各种书写体都有了继承创新。当时还出现了书学这一专门研究书法理论、培养书法家的最高学府，出现了《书史》《宣和书谱》《翰墨志》等有关书法理论的著作，为后世书法家的创作提供了理论指导。书法在唐代跨入了新的发展阶段，留下了无数的传世佳作，对后世产生了巨大影响。宋朝的书法作品多崇尚"书卷气"，书法家在力图表现自己风格的同时，将学问之气也融入其中，更重意抒情。

中国古代绘画又称"中国画""国画"，内容题材多以人物、花鸟、山水为主，以绘画这种艺术手法记录了我国各个历史时期的风貌，有着"借形显神""神形兼备""以画喻意"的艺术特点。中国古代绘画的作品最早可以追溯到新石器时代的各种彩陶，这些彩陶上的颜色搭配、各异图样、发散线条都体现出了我们先祖在绘画上的天赋。到了秦朝，绘画更多是用于墓葬壁画，这时的绘画作品还承载着教育教化、记录功德的作用，有了更高的艺术价值。再到汉朝的汉元帝、汉明帝时期，因为皇帝对于绘画十分喜爱，便设立了收藏经典丹青作品的画阁，还设立了画官这一职位，进一步推动了绘画的发展。初唐时期的绘画多以佛家人物为主，多起到宣传佛法的作用；中唐时期的画家多寄情于山水，风格也从刻画工整向潇洒淋漓不断变化；晚唐时期的绘画作品则是人物、花鸟的天下。宋代画家对中国古代绘画作出的最大贡献在于认识到如何在绘画作品中表现远近明暗。他们通过协调线条粗细和色彩深浅，在平面的纸上表现出立体的效果，开创了山水画的新风格。元代早期画家则极力提倡复古，崇尚和效仿宋代风格，创作多规行矩步；而后期画家则将诗书画这三者进一步结合，以作品抒发内心情感，讲求画作的气韵和写意，注重主观意趣和笔墨手法的表现。

中国的音乐也有着悠久的历史，从远古时期开始，当时的人们在劳动和生活中发出的呼喊和号角就已经标志着中国古代音乐的出现。相传在尧舜禹时期，我们的先祖就已经会用石器来制造响声，用以配合模仿兽类动作的舞蹈进行表演。现代的考古发掘中，从新石器遗址中出土了二十余支由鹤骨制成的"骨笛"，距今已有八九千年的历史。这一迄今为止历史最久远的乐器充分证明了中国古代音乐在几千年以前就已经有了不小的发展，有着一定的艺术水准。后来在一些古遗址中发现了需要以指孔和吹孔相互配合来发出声音的陶埙。这些陶埙上有着不同数量的指孔，可在不同的指法的按压下发出好几个不同的音。原始乐器中还出现了陶铃铛、陶钟等配合发声的乐器，这也证明了我们的先民在不断对音乐进行探索，对音乐的认识也有了一定的进步。商周时期则出现了对后世音乐发展起到不小影响、对音乐表现力有一定提高的琴、瑟、笙。《诗经》中多个作品都有提到这三种乐器，可见当时琴、瑟、笙的应用已经非常广泛，深受人们的喜爱。而春秋时期出现了七声音律和十二律的记载，也标志着我国古代音乐乐律理论的形成。后来在秦汉时期得到加强的乐府，也对音乐的发展起到了一定的推动作用。它集中了全国的优秀乐师，广泛收集整理了全国各地、各民族有代表性的音乐，对其进行艺术加工和改编创新以达到更高的艺术水平。

隋唐时期的燕乐是我国古代音乐史上的艺术高峰。燕乐集声乐、器乐、舞蹈于一体，由曲颈琵琶、五弦琵琶、笙箫、方响、羯鼓等多种乐器进行演奏，燕乐大曲是其中的艺术代表。大曲是一种非常成熟的音乐形式，不仅要使用多种乐器进行演奏，还有着标准的段落结构和音律形式，节奏明快且层次丰富。以唐朝著名的《霓裳羽衣》为例，其中包含渲染气氛的器乐演奏、复杂多变的慢板鼓点、欢快急促的舞蹈伴奏，在全曲的三十六段演奏中使用了多种琵琶类弹弦乐器和各种鼓类击乐器。由此可看出当时我国的音乐作品已经拥有了丰富的艺术表现形式、精妙的艺术表现手段、动人的艺术感染力。到宋元时期，稽琴和马尾胡琴已经散发出独特的艺术魅力。这两类乐器的演奏技巧有了极大的提升，广泛用于戏曲、说唱等多种艺术表现形式中。不仅如此，琵琶演奏技巧和琵琶曲创作在这一时期也得到了较为明显的发展，出现了不同的琴派，在琴曲的整理、创作方面都做出了一定的贡献。《潇湘水云》和《海青拿天鹅》就是宋元时期流传至今的琵琶名曲。

戏曲是中国传统艺术之一，是一种历史悠久的综合表现类的舞台艺术形式。它由音乐、舞蹈、台词、武术等艺术形式融合而成，歌舞相合、念唱皆有，集综合性和程式性于一身，凝聚着中国传统文化的美学思想精髓。中国戏曲在几千年的发展中，主要形成了京剧、越剧、黄梅戏、评剧、豫剧等剧种，优秀剧目数以千计、层出不穷。唐代是戏曲的形成期，当时文学艺术的繁荣发展给戏曲的发展创造了良好的环境和丰富的艺术灵感，舞蹈和音乐所取得的艺术成就也给戏曲的发展奠定了坚实的基础。后来出现的教坊等专业教习技艺的机构更是让艺人的艺术技巧和艺术水平都有了较大的提升，进一步推动了戏曲的发展。元代是戏曲的成熟期。元杂剧的繁盛有着以下两个原因：一是当时的戏曲在多年的沉淀以后，已经逐渐走向成熟。二是当时元朝废除科举，许多怀才不遇的文人投身于戏曲的创作，元杂剧因此拥有了高水准的专业创作者。元杂剧已经具备了戏曲的基本特点，有着鲜明的时代特性，留下了《窦娥冤》《汉宫秋》等传世佳作。到明清时期，戏曲界名人辈出，有着传唱至今的《牡丹亭》《拜月亭记》《玉簪记》等佳作。特别是《牡丹亭》这一作品中，通过描写主人公动人心魄的爱情故事，宣扬了反对封建礼教、勇于追求自由、寻求幸福的思想，在当时的封建统治环境中，这是具有前瞻性的，有着深远的意义。明清时期的戏曲艺术家对中国古代戏曲艺术最大的贡献在于创造出了各种戏曲声腔，各地的艺术家根据当地的方言、民间音乐，衍生出了各种有地方化特色的声腔，使戏曲的艺术表现力进一步增强。

二、传统文学艺术的特点

（一）独特的礼制文化特色

中国自古崇尚儒家文化，儒家的仁、义、礼、智、信思想深入人心。特别是在古代阶级制度非常严格、尊卑分明的情况下，统治者需要儒家思想中的礼制文化来巩固统治、管理人民。因此在这种社会环境下出现的文学艺术都充满了礼制文化特色，特别是古代建筑、古代雕塑、古代音乐和先秦诗歌散文这些文学艺术方面。

传统文学艺术的礼制特色往往体现在祭祀、丧葬规格、使用者地位等与阶级等级有关的方面。从建筑方面来说，古代帝王一般为显示至高无上的皇权，对神、祖先的敬意和祭拜都会举行盛大的祭祀仪式，往往还会为祭祀仪式而建造特定的祭祀建筑，比如天坛、地坛、钟鼓楼、宗祠等。因此在古代建筑史中，礼制性建筑往往有着重要的地位，有着神圣、等级分明、数量多、规模大、成就高、影响深的特点。不仅仅是祭祀建筑，还有宫殿、庙宇、住宅等建筑都体现出我国严格的等级制度，建筑所使用的规格、建筑形式、装饰等都有着具体的规定，必须与主人的身份地位相符，不能僭越。

我们还可以看到雕塑这一艺术形式中也包含了强烈的礼制特色，特别是几千年前用于祭祀活动的青铜礼器和祭祀重器，就已经表现出礼制文化对雕塑艺术的深刻影响。青铜器不仅是主人所拥有的财富象征，更是代表了荣耀的身份和地位。商周时期使用青铜器进行的所有祭祀活动，都已经严格遵循等级制度对青铜器的规格、数量、纹饰、形状、摆放等方面做出了具体要求。其后出现的秦始皇陵兵马俑，更是礼制特色在雕塑艺术上的最好体现。当时随葬的士兵、车马、器具等陪葬品除了展现出我国古代匠人惊人的艺术技艺和艺术水平之外，更为我们了解古代的礼制文化打开了一扇窗。汉唐时期的石窟壁画和墓室壁画也是礼制文化的代表作，壁画的题材、内容、大小、数量等各方面都必须符合礼制。此后各时期的传统雕塑都或多或少地受到礼制文化的影响，充满了礼制文化的特色。

在中国传统音乐的分支——礼乐中，浓厚的礼制文化特色就是最为突出的特征。礼乐广泛运用于各个朝代的各种祭祀活动中，按照仪式类型和仪式要求来使用规定的礼乐。祭祀活动的全程都有礼乐的参与，不同的程序必须使用特定的乐曲来规范仪式秩序和加强情感渲染。通过音乐把参与者和仪式内容紧密联系到一起，指导参与者跟随音乐进行相应的行为来传递信息和表达感情，是祭祀活动中不可或缺的重要组成部分。这在无形中体现出了礼制文化的力量，突出了古人对礼仪的重视，它将人们从分散集合成整体，使他们同心协力去完成和谐统一的行动要求。

先秦诗歌散文的代表作《诗经》也见证了礼制文化中诗礼文化的巅峰。特别是当时强调以"五礼"即"吉礼""凶礼""宾礼""军礼""嘉礼"为主的礼仪规范,《诗经》中许多文章都对此有所体现。《诗经》中涉及"吉礼""凶礼"的内容一般都反映了天人之间的关系,而涉及"宾礼""军礼""嘉礼"的内容则是强调人与人之间的关系,这些诗歌散文的内容都是礼制文化的体现。诗歌散文承载着礼制文化的深刻内涵,涉及宗教、社会、政治、历史等多个方面。《诗经》依托礼制文化提高了艺术造诣,而礼制文化在《诗经》中则表现出了更多的艺术性,两者相辅相成、缺一不可。

(二)浓郁的家国情怀和人生理想

在中国传统文学艺术的作品中,家国情怀一直是最主要的精神传统。几千年以来,无数的文人墨客和艺术家借神话、先秦诗歌散文、汉赋、唐诗、宋词、书法、绘画、音乐、戏曲等多种艺术形式,大力弘扬家国情怀和人生理想。家国情怀可以说是许多文学艺术作品的主要价值观,更是其精神导向和思想基础。优秀的文学艺术家对社会、人民、政治、民族、国家、历史等始终有着远大的理想,从他们作品中所体现的家国情怀就可以看出他们对人生价值和真善理想的不懈追求,也体现出高度的社会责任感。有"天行健,君子以自强不息……地势坤,君子以厚德载物。"中所体现的对完美人格和高洁品性的追求,有"路漫漫其修远兮,吾将上下而求索"中所蕴含对探索前路的坚持不懈,也有"老骥伏枥,志在千里,烈士暮年,壮心不已"中所彰显的自强不息。这些崇高的理想信念是中国传统文人的精神支柱和奋斗目标,更是中国传统文学艺术的作品中万不可缺的文学底蕴和艺术气韵。

而在国家遇到挑战、民族遇到危难的重大历史转折点时,这种浓郁的家国情怀和人生理想往往就汇集成了爱国主义情怀。《诗经》《史记》《汉书》中就有许多详细刻画的民族英雄人物,他们忠君爱国、英勇奋战,用实际行动展现了中华儿女心系天下、忧国忧民的高尚情怀。在后来唐宋元明清等朝代的各位大家的佳作中,有关爱国和民族情怀的金句层出不穷,如"投躯报明主,身死为国殇""王师北定中原日,家祭无忘告乃翁""人生自古谁无死,留取丹心照汗青"等等。这些掷地有声的宣告,就是我国传统文学艺术作品中的爱国之情、报国之心的最好体现。

在书法、绘画作品中,家国情怀、人生理想、爱国主义都是永恒的素材来源,围绕这些而创造出的经典已不胜枚举,而音乐、戏曲的发展也在朝代更迭和各族文化的碰撞中,不断燃起新的火花,迸发出耀眼的光芒。在这些艺术作品中,我们能看到真善美的统一,求真向善也是中国艺术家自成一派的美学思想。

（三）和谐的艺术美感

和谐的艺术美感也是中国传统文学艺术作品的一大特点。中国人历来讲求"和"文化，追求人与人之间、人与天地自然万物之间的和谐，以和为贵的思想影响了一代又一代人，因此"和谐""和韵"的思想自然也对文学艺术作品产生了深远的影响。首先从书法和诗文作品来看，汉字作为这些艺术形式中独有的文字符号，从古至今对艺术表现力中的和谐感就有着极高的要求。在一幅书法作品中不仅要求偏旁部首的摆放、文字笔画的布局必须合乎规矩，以免破坏整体的和谐感，还要求相关词句中的汉字要符合音调、格律的形式，以达到音韵美。因此古代诗歌出现了四言、五言、七言的不同变化，单音词和双音词也有着不同的搭配，韵律和节拍性也更富有艺术美感。甚至连不同的书法作品该如何落款、在何处盖章、采用什么样的装裱手法等方面都有严格的规范准则，呈现出对和谐、完美的极致追求。

而绘画作品中人、景、物的绘画手法、远近对比、深浅交错、浓淡相合、高低排列等艺术要求上也有着不少的标准。除此之外，落款盖章、题词点睛等步骤皆有布局要求，不同的艺术搭配效果不仅造就了不少经典之作，更展现了中国艺术家对和谐美的不懈追求。

在建筑的艺术领域里，对和谐艺术感的要求更为突出。其中最基础的要求就是建筑物的上下、左右、高低、装饰多是对称的，布局追求和谐美感。其次色彩搭配、明暗对比一定要和谐，给人祥和宁静之感。中国建筑中包含的"和"是端庄大气、宁心静气、从容自在的。最为神奇的是许多中国建筑的高矮大小、外表的色彩搭配、内外的明暗对比甚至与建筑物所在地区的地形条件、天气气候相适应。常言道：北方多大院，南方有园林。北方大多数地方地形宽广、起伏不大，因此北方建筑多为方整规则、气势恢宏的。比如代表北方建筑的故宫，由红墙红柱、黄砖绿瓦构成，它外表高大雄伟、色彩庄重浑厚，带着典型的北方粗犷风格，这样的建筑才衬得上北方的豪爽大气。而南方通常是风景秀丽、景色宜人的，因此南方建筑大多呈现出密集组群、清雅精细、精致小巧的特点，多为白墙青瓦的造型，这样的风格才配得上南方的诗情画意。然而对建筑和谐艺术感的更高要求则是要寻求到建筑与景色最为和谐的点，让它们相互烘托、互相融合。以苏州园林这一代表作为例，能工巧匠在建造过程中不断提取建筑与景色的特点来进行搭配，将景物和建筑的融合做到了极致，最终达到了屋含景致、景里藏屋、一步一景、移处变景的完美呈现。

戏曲中最基础的唱、念、做、打要求也是对和谐的艺术美感的追求。在戏曲表演中，演员的唱段、念白、舞台形体、舞蹈动作、武术展现、眼神手势等表现手法皆要配合完美、相互和谐才能展现出最好的艺术效果。因此在戏曲的发展史中，一代代优秀的艺术家在唱、念、做、打的基础要求之上，不断提出更高的要求，寻求更好的发展，使戏曲表演中的和谐感进一步增强。在后来的戏曲繁荣时期，对戏台的装饰、布置，观众席的朝向、高低，演员的妆容、配饰，演出服的材质、花样，唱腔的吐字、归音，动作的轻重、回合，道具的大小、装饰等方面都逐渐形成了具体的规定，看似复杂繁复，却是戏曲表演能达到最佳和谐美感的有力保证。

三、传统文学艺术的意义

（一）深厚的文化价值

一个国家的文学艺术见证了这个国家的兴衰荣辱，也凝聚着这个国家、民族的灵魂。中国传统文学艺术经过几千年的发展、积淀，反映着民众的世界观、人生观、价值观，体现着人们对世界的认知和感悟。我国的传统文学艺术正是我国民族精神的重要标志，是我国文化的传播载体，也是最为深厚和精准的积累。通过它们的传承，中国的历史在不断延续和发展，并推动着中华文明不断发展创新；中国的文化和思想在方方面面的展现中深入人心，影响了一代又一代中国人。特别是在当今我们强调坚定文化自信、推动文化创新、贡献文化智慧的时代要求下，研究和运用传统文学艺术中的深厚文化价值是大势所趋。

如今我国传统文学艺术中有 26 项入选了联合国教科文组织的"人类非物质文化遗产代表作名录"，成为世界上入选项目最多的国家。传统文学艺术已经走出国门，走向世界，成为中国文化的传播使者。其中的文化价值得到了更好的体现，未来如何继续传承、活化、创新将是我们不断努力的主要方向。中国传统文学艺术中特有的精神追求、思维方式、文学艺术价值都是维护我国文化身份和地位的基础，对我国的文化生态有着重要意义。

（二）独特的认识价值

文学艺术作品创作时大多取材于现实生活，再经过艺术加工后呈现出来。因此文学艺术作品所特有的真实性，在一定程度上反映了当时的现实生活，对我们研究当时的社会发展、人民生活、风土人情、政治环境、历史人物、历史事件等起到了一定的辅助作用。其中的题材和内容都在向我们全方位地展示着当时的社会全貌。文学艺术作品中所蕴含的古代宗教、服饰、仪式、运输、贸易等许多历史相关内容也刚好弥补了这些方面的文献不足，让我们更好地了解和认识当时的社会生活。

文学艺术的发展过程并不是一帆风顺的，但是它并没有因为历史的曲折发展而消失，反而不断焕发出新的活力。正是因为它独有的认识价值让我们不断在研究过程中领悟传承的意义，在传承过程中进一步推进认识的深化。欣赏和研究文学艺术作品是一种了解文化、增长见识的好方法，在欣赏和研究过程中，相关的历史文化知识、艺术审美知识在不经意间就已深入人心。这也对如今还在不断发展的中国现代文学艺术有着强大的推动作用，让我们不断在传统文学艺术研究中吸取经验教训、提取宝贵养分，保证中国现代文学艺术充满发展的活力和竞争力。

传统文学艺术作品对于中国文学艺术流派的分析也起着积极作用。不同时期出现的作品中不同的表现形式、创作手法、艺术风格都在帮助我们进一步认识和研究中国文学艺术流派的兴衰历史、艺术特点。在我们认识各种文体和艺术形式、文学艺术流派的过程中，中国古代文学艺术史研究领域也在不断扩展延伸。这对我们完善对中国文学艺术流派的认识、总结，形成系统的、阶段性的中国古代文学艺术史研究成果有着重要意义。

（三）巨大的教育价值

传统文学艺术作品中所蕴含的文化价值和认识价值也带来了巨大的教育价值。在欣赏和研究文学艺术作品的过程中，阅读者的思想与作品中的思想情感有了融汇、碰撞，自然产生了多种感触和领悟。经典作品中的艺术气质、文化修养、历史底蕴、深刻内涵对人的思想境界、品行操守、胸襟气度、人文素养都有着不可小觑的影响。我们的祖先在很早之前就意识到了这一点，因此常常倡导人人都要读好书、赏好画、观好景、阅好诗。传统文学艺术作品中教育价值的影响还体现在对人的言行举止、为人处世、立身之本、情怀志向、审美品位、气质底蕴等多方面，它能提升人的思想境界，也能促进人的三观形成。

传统文学艺术作为民族的文化经典，对于社会主流价值观的构建也有着不小的作用。传统文学艺术作品在提升人的素质品行、引人向善的同时，还传递出一个民族从古至今流传千年的价值观。从人文素质到思想境界，从言行举止到立身处世，文学艺术中的大智慧值得我们细细品味。这些价值观能让我们在面对当今社会中浮躁思想、功利思想、金钱至上思想等思想冲击时，拥有强大的精神支柱、寻求内心的宁静。在"三观"的形成过程中，我们可能会困惑会迷茫，但古代文学艺术中充满正能量的思想感悟都为我们的人生指明了方向。

（四）广泛的应用价值

传统文学艺术在当代还有着广泛的应用价值，特别是能带来可观的经济价值。以旅游行业来说，传统文学艺术就体现出非同一般的文化资源价值，从古至今的传颂过程为名胜古迹打响了知名度、提升了文化内涵，有力地促进了旅游地的经济建设和社会发展。

自古以来唐诗、宋词、书法、绘画、戏曲等作品中，就有不少包含和描述着各地的名胜景观。由这些文学艺术作品在流传的过程中形成的口碑效应和知名度一直都在刺激着人们的旅游欣赏欲望。黄鹤楼、滕王阁、岳阳楼这三大常驻诗词歌赋中的名楼，在人们对文学艺术作品心口相传的过程中就已名噪大江南北，引得无数游人竞相观赏。这些都为旅游城市的经济发展、旅游项目的推陈出新带来了许多契机。不仅仅是在历史中就存在的名胜景观，即便是许多历史上并不存在的，仅仅根据文学艺术作品中的描述进行打造的旅游景点也层出不穷。比如"桃花源""大观园""封神演义宫""花果山""三国遗址公园"等景点都是依托传统文学艺术作品中的描述而打造的。由此可见，传统文学艺术对景点打造、经典再现带来了巨大影响。各旅游城市、旅游地还因此注册了许多与传统文学艺术作品中脍炙人口的形象内容相关的商标、肖像等，不断研发出许多旅游周边，进一步扩大了旅游收入。

说到传统文学艺术的应用价值，就不得不提到我国著名的《三国演义》《孙子兵法》这两本书。这两本书的应用价值很早就引起了人们的注意，并且这种重视体现在持续的发掘和研究过程中。在多年的发展中，对其应用价值的研究不断延伸到人才学、管理学、经济学、谋略学、领导学、军事学等多个学科，填补了学科空白、完善了学科内容，体现出其巨大的应用价值。经典名著《红楼梦》更是发展和衍生出了"红学"，影响中外，也享誉中外。

第二节　保护和发展中国传统文学艺术
的政策和法规

一、保护和发展中国传统文学艺术的政策

传统文学艺术的保护和发展需要良好的政策来创造良好的大环境。中国政府一直非常重视保护和发展传统文学艺术，致力于通过政策改善保护和发展传统文学艺术的社会环境，经过多年的努力陆续出台了多项与之有关的政策。

中共中央办公厅、国务院办公厅印发的《关于实施中华优秀传统文化传承发展工程的意见》中就明确指出了中华优秀传统文化传承发展工程的重要意义、总体要求、主要内容、重点任务、组织实施和保障措施，为我们保护和发展传统文学艺术的工作指明了方向。

其中值得一提的是，央视制作播出了中国首档非物质文化遗产知识普及类金牌节目——《非遗公开课》。在中国的五千年历史中，有许多灿烂的非物质文化遗产。随着中国不断推进非遗保护的工作，非遗的相关话题也被越来越多人关注。《非遗公开课》就是中华优秀传统文化传承发展工程中的重点建设项目，它通过电视节目的形式生动活泼地向人们展示了中国丰富的非物质文化遗产，更悄然地将保护非遗的原因和方式、非遗与我们的关系等多方面的热点话题带入人们的生活中。

《国务院关于进一步繁荣发展少数民族文化事业的若干意见》中提到，加快少数民族和民族地区公共文化基础设施建设、繁荣发展少数民族新闻出版事业、大力发展少数民族广播影视事业、加大对少数民族文艺院团和博物馆建设扶持力度、大力开展群众性少数民族文化活动、加强对少数民族文化遗产的挖掘和保护等保护发展少数民族文化艺术的政策，也为保护和发展传统文学艺术中的少数民族文化提供了具体的方式。

其中最有代表性的就是近年来我国组织专业人士深入少数民族聚居地进行采风和田野调查。在这些活动中对少数民族的语言文字、宗教信仰、民族歌舞、民族工艺品、民族图腾、祭祀活动等民族文化，通过书面记录、拍照摄影、录音录像等多种形式进行了翔实的记录，形成系统性资料进行保护。

中共中央办公厅、国务院办公厅印发的《国家十三五时期文化发展改革规划纲要》中对中国传统文学艺术的发展和保护要求有这样的描述："中华优秀传统文化传承体系基本形成，中华民族文化基因与当代文化相适应、与现代社会相协调，实现传统文化创造性转化和创新性发展。"① 这对传统文化在当代的发展和保护提出了更高的要求，要求我们不仅要促使传统与现代相适应、相协调，还要不断转化和创造。

国务院《关于公布第一批国家珍贵古籍名录和第一批全国古籍重点保护单位名单的通知》中，亦强调各地区、各部门一定要贯彻"保护为主、抢救第一、合理利用、加强管理"的指导方针，切实做好珍贵古籍的保护、管理和合理利用工作，使中华民族珍贵的文献典籍永泽后世。依托专业的古籍保护单位在专业的管理下对珍贵典籍进行保护、管理、合理利用，体现了我国对传统文学艺术作品的重视，也使得中华民族优秀的文化结晶能永远闪耀。

《国务院办公厅关于全面加强和改进学校美育工作的意见》中，明确指出："学校美育课程主要包括音乐、美术、舞蹈、戏剧、戏曲、影视等。各级各类学校要重视和加强艺术经典教育，根据自身优势和特点，开发具有民族、地域特色的地方和校本美育课程。"以政策文件的形式将传统文学艺术融入各级各类学校的美誉课程中，让各个年龄段的学生都能接触到、感受到、学习到经典艺术，让传统文学艺术通过课程的模式潜移默化地进入学生的思想。特别是最后要求学校的美育课程要不断向更有民族、地域特色的方向发展，更是对保护和发展传统文学艺术提出的新要求。

"书法进校园"就是我国全面加强和改进学校美育工作中的代表活动。书法是中华民族的文化骄傲，是我国文化宝库中的瑰宝。学习书法对提升学生的书写水平、审美鉴赏、文化素质等多方面都有着重要意义。从 2013 年起，许多地区开始探索通过书法作品巡回展、书法课、书法比赛、书法家讲座等手段，让书法进入校园、影响学生，在实践中逐渐受到欢迎、取得成绩。

《国务院办公厅关于加强我国非物质文化遗产保护工作意见》中，提出"要建立名录体系，逐步形成有中国特色的非物质文化遗产保护制度"②。这对中国传统文学艺术中的非物质文化遗产部分有着非同一般的意义。按照相

---

① 国家发展和改革委员会：《"十三五"国家级专项规划汇编（上）》，人民出版社，2017 年，第 386 页。

② 国务院办公厅关于加强我国非物质文化遗产保护工作意见 http://www.gov.cn/zhengce/content/2008-03/28/content_5937.htm。

关政策中的要求对非物质文化遗产进行的调查了解、录音录像、文字记录等多种保护和发展方式，都让我们和世界对中国传统文学艺术中的非物质文化遗产部分有了更加深刻、全面的了解，也让对其的研究、认定、传播、保存看到了新的曙光。

二、保护和发展中国传统文学艺术的法规

为了更好地保护和发展我国的传统文学艺术，政府除了制定上述的政策外还颁布了许多相关法律。以法律法规的形式来规范保护和发展的行为，为科学地保护和发展我国的传统文学艺术指出了清晰的道路。

《中华人民共和国文物保护法》中的相关规定将我国传统文学艺术中的古墓葬、古建筑、石刻、壁画等作品归入文物的范畴中，以便进一步加强保护、管理，相关举措不仅留下了相应的珍贵资料及档案，还探讨了传统文学艺术作品在现代的科学研究、文化交流该如何进行。

《博物馆条例》中的相关规定更加深入阐述了博物馆中珍藏的传统文学艺术作品该如何更好地在现代生活中完成文化建设、对外交流、教育教学的任务。这也为传统文学艺术的发展提出了更高的要求，不断推动我国对传统文学艺术的保护和发展向前更进一步。

《历史文化名城名镇名村保护条例》中将有着丰富文物资源、历史建筑、遗址的城市乡镇村庄规划为历史文化名城名镇名村来进行保护，对于继承中华民族优秀文化遗产有着重要意义。文化遗址在原址上按原貌进行保护，使其继续保持着传统风貌，再按科学规划的方案进行发展，以便更好地维护其完整性和真实性。

第三节　中国传统文学艺术保护和发展
面临的问题和对策

一、中国传统文学艺术保护和发展面临的问题

中国传统文学艺术随着中华文明的发展绵延千年，在中国的历史上一直有着重要地位。但如今世界形势多变，传统文学艺术也面临着许多挑战。如

何使传统文学艺术在现代继续传承发展、再现辉煌，是我们如今急需解决的问题。

（一）现代文化和西方文化的猛烈冲击

在时代不断发展的过程中，现代文化和西方文化也给传统文学艺术带来了猛烈的冲击。西方文化的冲击从很早以前就开始，也更为猛烈。从鸦片战争开始，西方列强用武力打开了我们的国门，带来了西方的科学知识、工业技术，这些文化就已经对当时的传统文化带来了一定的冲击。如今全球化进程加快，各个国家之间的联系日益紧密，西方的社会经济制度、政治制度、思想意识形态也与我们产生了激烈的碰撞。特别是互联网时代的到来，人们了解世界、认识世界的渠道越来越多，西方思想、西方文化、西方艺术也悄然进入了中国人民的生活。

因此要更好地保护和发展中国的传统文学艺术，就要积极面对现代文化和西方文化带来的挑战，努力使传统文学艺术与当代社会相适应。

（二）宣传传播途径较少，宣传影响面较小

传统文学艺术在当今社会的影响力并不如前，归根究底也是因为宣传传播途径较少、宣传影响面较小。过去我们的传统文学艺术大多是以口口相传和书面记录的形式进行传承，许多年来都一直如此。而如今现代互联网技术不断发展，过去的宣传传播途径已经与现代社会要求不相适应。新的传播方式和传播效果应更好地为传统文学艺术的宣传传播服务，而许多时候并未及时利用和完全利用好现代的数字多媒体技术来推动宣传传播，因此导致宣传影响面较小、宣传效果不尽如人意。特别是未能找到与不同传统文学艺术作品相符合的宣传传播时机、方式、技术、目标人群，这也给传统文学艺术在当今社会的宣传传播带来了一定的不利影响。

如何让传统文学艺术在当今社会焕发新的活力、散发经典魅力，如何更好地达到宣传传播效果、以现代技术激活传统文学艺术，如何扩大宣传影响面、让传统文学艺术融入现代生活，都是我们在保护和发展传统文学艺术的过程中不可回避的问题。

（三）颠覆性改编经典甚至恶搞经典

中国传统文学艺术的经典作品都有着深厚的历史文化积淀，在中国大地上广为流传，其中的许多经典人物形象、艺术造型、题材内容、主要寓意都

已达成共识、深入人心。

而现在一些人为了追求经济利益，想借传统文学艺术经典作品的影响力，创造新奇点来吸引眼球，不惜颠覆性地改编经典甚至恶搞经典来赢取经济效益。如一个搞笑漫画中，整体套用了"木兰从军"的故事，却把花木兰改成了贪生怕死，在从军途中想尽办法逃跑却多次碰壁的形象。漫画商为了经济效益颠覆了花木兰在人民心中的忠义形象，受到了许多群众的批评。连《三国演义》《水浒传》也没能逃脱，陆续被一些人改编成了《水煮三国》《麻辣水浒》等多本搞笑小说。其中的经典故事被颠覆性地改编，许多人物形象被丑化，甚至出现低俗的搞笑片段。之前还出现某化妆品公司把经典仕女画《唐宫仕女图》进行 PS，将其公司的商品放入图中以达到宣传效果，完全破坏了画作的艺术美感。

这些颠覆经典、恶搞经典的行为不仅仅对我们传承和宣传传统文学艺术的思想精髓、艺术美感造成了极大的阻碍，还产生了错误的宣传效果。许多没有深入了解经典的年轻人、小朋友在看到这些错误的形象后，形成了错误的认识。这与我们保护和发展传统文学艺术的初衷背道而驰。

（四）保护和发展传统文学艺术的政策和法规有待完善

保护和发展传统文学艺术的过程中，不断有新问题、新情况的出现，之前制定的政策法规并不一定就能适用于新时期，还可能出现找不到合适的政策法规等情况。如之前提到的颠覆性改编经典甚至恶搞经典来谋求经济效益这一情况，目前就还没有与实际情况对应的政策法规，导致一些不法商家打法律擦边球或使用更加隐晦的宣传手段来继续这些行为。

因此，为了更好地保护和发展传统文学艺术，随着时代发展和新情况的出现不断完善相关政策法规也是大势所趋。

二、中国传统文学艺术保护和发展的对策

传统文学艺术在漫长曲折的发展道路中，名家之作数不胜数，创造高峰不断涌现。为了让传统文学艺术在当代继续发挥出强大的影响力，走向时代化、大众化和国际化，推动当代中国文学艺术和世界文学艺术的发展，积极探讨传统文学艺术保护和发展的对策已经刻不容缓。

（一）积极推动传统文学艺术走进当代社会

首先对于研究传统文学艺术的专家学者应该提出严格的要求。专家学者必须要有坚定的学术信念，踏实研究、刻苦严谨，还要深入挖掘和牢牢把握与新时代相符的精髓要义，让传统文学艺术中的精华为新时代助力，让新时代的发展为传统文学艺术插上翅膀，这是我们推动传统文学艺术走进当代社会的基础。

其次要注重在推动传统文学艺术走进当代社会的过程中，将知识传播和价值观传递相结合，将美学鉴赏和真善美思想相联系，对传统文学艺术中的精华进行精准提取，充分发挥文学艺术家在文学创作、美学创造、抒情言志、写意传神方面的能力，用文学艺术作品的艺术魅力、文学造诣来感染大众。用这样的方式使大众从了解传统文学艺术到热爱传统文学艺术，让传统文学艺术在人们的心中生根发芽，不断增强我们在新时代中对传统文学艺术的认识和体验，使我们从中获取力量、吸收智慧，以新的时代要求、价值标准推动传统文学艺术的保护和发展，使之在当代社会也能拥有强大的精神力量。

当今的中国已经迈入发展的新时代，传统文学艺术的保护和发展也迎来了大好时机。我们要以马克思主义理论为指导，在借鉴优秀经验的基础上，不断科学创新保护和发展方法，推动其走入新阶段，增强中国人民的文化自信。

（二）创新宣传传播途径，扩大宣传传播影响面

如今我们常说"酒香也怕巷子深"，传统文学艺术就如酒一样，如果宣传和传播的途径太窄、宣传传播影响力不够，作品再好也会无人问津。

首先从创新宣传传播途径来说，在互联网时代中，信息的传播速度、传播方式、传播手段都有了极大的改变。大数据分析能帮助我们更为精准地筛选传播人群和适宜宣传传播的时机，做到精准传播。发达的数字多媒体技术能帮助我们为不同的传统文学艺术作品选择最为恰当的宣传传播方式、宣传传播技术，强化宣传效果。除了传统的电视、广播、电影、纪录片、光盘等宣传传播形式，现在在年轻人中受到追捧的微博、小红书、抖音、快手、火山小视频等自媒体也值得我们研究和关注，这也是不可丢失的宣传传播阵地。

其次要想扩大宣传传播影响面，就要注重宣传传播手段所呈现出的效

果。要打造出更有吸引力、更具艺术魅力的节目和文章，为宣传传播工作服务。如央视近年来推出的《国家宝藏》《我在故宫修文物》《中国诗词大会》等优秀节目都取得了不错的宣传传播效果，在人民群众中受到了广泛欢迎，好评如潮。

我们还要意识到，不仅仅要重视传媒领域内的宣传传播，在人们的生活、学习、工作中也可以融入宣传传播的手段。例如，各地不断涌现出的经典诗词进校园、诗词中国诵读大赛、百城赋、中华赞歌、文学艺术主题晚会、文学艺术主题沙龙、书法绘画展、戏曲大拜年等丰富多彩的宣传传播活动都有助于民众对传统文学艺术的了解。

（三）把握传统文学艺术改编尺度

为了让传统文学艺术作品更符合新时代的要求，现代的文艺工作者在一定程度上会对其进行改编。但我们要意识到，对传统文学艺术作品的改编要建立在尊重历史、保留原作精髓、符合社会主义核心价值观的基础上。不能一味求"新"，盲目求"奇"，对经典作品进行颠覆性改编甚至恶搞。切不能流于表面、流于形式，应力求提升传统文学艺术作品的艺术水平，实现古代经典和现代审美的完美融合。

如当前出现的将流行歌曲与古代经典诗词相结合进行演唱的表演形式就受到了许多观众的喜爱，不仅提升了流行歌曲的艺术美感，也借流行歌曲的传唱让经典诗词深入人心。还有前不久登上世界舞台的由琵琶名曲《十面埋伏》改编而来的《新十面埋伏》，现代的琵琶演奏家将旧曲中拖沓重复的部分进行了删减，扩充了扣人心弦的高潮部分，使这首琵琶名曲焕发了新的生机。

（四）不断完善传统文学艺术保护和发展的政策和法律

在我们保护和发展传统文学艺术的过程中，要不断总结经验教训，不断修订已有的相关政策法律，对于不同时期出现的新问题、新情况，也要积极研究制定与之相适应的政策法规。

第九章　中国传统科学技术的保护和发展

中国传统科学技术是中国人民通过聪明才智、辛勤劳动独创出的改造自然的劳动方式、劳动工具以及相应形成的认识自然的方法体系和知识体系等，其涵盖领域广泛，内容丰富，在世界科技发展史的不同时期都闪耀着璀璨的光芒。

第一节　中国传统科学技术概述

一、中国传统科学技术的界定

中国传统科学技术是相对于西方近代科学技术而言的，指近代西方科学技术革命以前的中国传统科学技术成果；以历史轴线纵向来看，中国传统科学技术和现代科学技术具有明显的历史跨越度，但中国传统科技的部分优秀成果却依旧流传至今，甚至成为现代科学技术的思想与理论源头。

科学和技术是两个不同概念的词语，两者的定义和理解在现代词源解析中都没有一个统一公认的界定。在中国古代，所有的知识都统称为"学问"。"科学"一词的使用最早可追溯至唐朝，且到近代以前其含义多指"科举之学"的略语，《说文解字》中诠释"科"意为"从禾从斗，斗者量也"，故"科学"一词便取"测量之学问"一说。自明代以来，"科学"在中国传统概念中被称为格物致知、格致或格物，用以表示自然之物所得的学问。直至近代甲午战争以后，西方科技涌入中国，自康有为戊戌变法到辛亥革命时期，再到新文化运动直至中华民国时期，"科学"一词被国人逐渐重视，掀起了国内革命的一次又一次高潮，至此"科学"一词才彻底取代"格致"之说。在《现代汉语词典》中，科学被解释为反映自然、社会、思维等的客观规律的分科知识体系。在《辞海》中解释为"关于自然、社会和思维的知识体系","任务是揭示事物发展的客观规律，探求客观真理，作为人们改造世界的指南。""技术"一词的含义虽完全区别于科学，但两者之间却有一定的联系。广义来讲，技术是指人类为实现社会需要而创造和发展起来的手段、方法和技能的总和。《科学、美术与工艺百科全书》中，法国科学家狄德罗给技术下了一个定义：技术是为某一目的共同协作组成的各种工具和规则体系。那么，我们可以总结来看，技术的发明是科学和经验知识的物化，可使科学提供的理论变成现实，科学知识体系作为技术的理论指导，其发展在一定程度上制约着技术的发展革新，两者相互依存、相互制约、促进发展。科学与技术归根结底都是人的实践活动，都是人类为了求生存、谋生活、追求社会进步而表现的人的本质力量，科学是人类认识世界不竭的长河，技术是人类对生存发展方式不倦的创造，将"科学技术"理解为"人类认识和改造自然的活动"，可以获得一般的认同。

二、中国传统科学技术的发展历程

中国科技史大致可划分为六个时期：先秦时期是传统科学技术体系的萌芽和奠基时期；秦汉时期科技体系确立、风格成型；魏晋南北朝时期科技创新成就不断涌现，作了充实与提高；隋唐时期稳定持续发展；直到宋元时期出现成就高峰；最后明清及清朝后期发展相对滞缓，并呈现出逐步汇入世界科技发展洪流的趋势。

（一）先秦时期（公元前 21 世纪—公元前 221 年）

中国古代科学技术史最早可从夏朝开始追溯，《夏小正》为中国现存最早的科学文献之一，其中综合记录了夏朝至春秋时期有关物候、气象、天象、农耕等历法知识。大禹收集九州岛的铜等金属铸造了九个代表权力的大鼎，并在鼎上刻制九州图，标志着夏朝冶铜业和地图绘制技术的发展水平。夏王少康（又名杜康）发明了秫酒的酿造方法，以其名字命名的杜康成为古人对酒称呼的代名词。到了商朝，立国六百余年，其科技成就主要体现在铸造业、手工业、天文学和医学等方面。其中，被称为青铜文化灿烂时期的商朝，青铜器铸造技术在此时达到高峰，后母戊鼎作为商朝青铜器的代表作，不仅代表了商代冶铸技术的高度发展，也说明了其铸造业规模之宏大、组织之严密、分工之细致。另外白陶和玉器也是当时工艺的最高水平。在天文学方面，干支记日法、闰月设置、天象观测等开始有所记载。周朝科技成就的代表作是《易经》，书中囊括了天文、地理、军事、科学、文学、农学等各领域知识的内容，八卦、阴阳五行学说、筹算方法被发明创造出来。到公元前770年进入春秋战国时期，先秦诸子中儒、墨两家逐渐成为显学，科学技术也随着学术争鸣的繁荣景象有了较大发展，农业上精耕细作传统的萌芽、水利上大规模工程的初建、天文上历法体系的雏形、数学上筹算方法和十进制法的完善，以及冶铁技术、物理学、生物学等方面都有了重大进展。其中，在儒家经典《周礼》中详细记述了国家各科学技术部门的职能分工，《墨经》中也含有丰富的科学内容和逻辑知识。总而言之，先秦时期的中国传统科学技术是我国科技史的发端，为传统科学技术的建立奠定了基础。

（二）秦汉时期（公元前221—公元220年）

公元前221年，秦灭六国统一全国，秦始皇统一货币、度量衡、文字，兴修长城、水利，为后世科学技术的发展做出了巨大的贡献。随即进入两汉时期，中国古代传统科学技术出现了两次高潮，分别是汉武帝、昭帝、宣帝时期（公元前140—公元前49年）和两汉之交新莽王朝后期至东汉初期（公元1世纪初—公元25年左右）。两汉时期，中国传统科学技术体系确立，这一时期也是中国传统科技的风格形成期。其中较有代表性的科技成果，如太初历的制定、造纸术的发明、太阳黑子的最早记录、张衡地动仪的发明制作。在传统的科技文献记载方面，如数学领域中的《九章算术》、天文学上的《周髀》、医学中的《黄帝内经》《伤寒杂病论》等都是在这一时期被整理编定出来的。秦汉时期的科技、文化、政治、经济在整个中国发展的历史长河中都占有重要的地位，尤其在科学技术领域和同时期的世界各国相比，居于领先地位。

（三）魏晋南北朝时期（公元220—580年）

这一历史时期在政治上呈现出了政权动荡、军阀割据的景象，但是在传统科学技术方面，却因为各方政权组织为了巩固统治争权夺利，呈现出高度发展的景象。在农学、数学、天文学、医药学、化学、机械、地理学各领域都涌现出一批著名的科学家，并且坐拥科技硕果。例如，在数学领域上的巨擘有著名数学家刘徽、祖冲之等人，在代表成就方面，发明了勾股定理以及将圆周率数值精确至小数第7位。地学领域的代表人物，如地理学的郦道元、地图学的裴秀，其中裴秀提出的"制图六体"创造了中国古代地图学的基础理论。在天文学上有何承天和张子信,医药学上有王叔和的《脉经》、皇甫谧的《针灸甲乙经》和陶弘景的《神农本草经集注》等。化学上,葛洪在炼丹技术上有了一定的建树;农学上,贾思勰的《齐民要术》标志着农学的成熟。这一时期的科学家辈出,众多科学成就被公认为世界之首,有力充实和提高了传统科学技术的发展。

(四)隋唐时期(公元 581—907 年)

这一时期除了在农业及手工业技艺上持续达到新水平之外,雕版印刷术的发明也是科技代表作。如公元 868 年的《金刚经》,它是现存世界最早有确切日期的雕印品,雕版印刷术的发明为我国传统科技文化等各领域的推广和传播做出了巨大的贡献。在建筑学上的成就代表当属现存世界上最古老的石拱桥——赵州桥,它早于西方 700 余年。在医药方面,唐高宗时期政府所编订的药典《唐本草》,早于欧洲 800 多年问世,药王孙思邈的《千金方》也是在此时问世。

(五)宋元时期(公元 960—1368 年)

中外文化的交流与碰撞促使这一时期的中国传统科学技术达到了前所未有的高峰,最具代表性的即火药、指南针和印刷术这三大发明创造。其中,北宋毕昇发明的活字印刷术取代了雕版印刷术,此发明奠定了现代活字印刷基本工序的基础;指南针是在战国时期发明的"司南"的基础上所做的改进,应用于航海业,极大地发展了北宋时期的对外贸易和文化传播事业。在天文学、水利、历法创造方面,有郭守敬编的《授时历》及其主持修筑的通惠河,也有沈括所著的《梦溪笔谈》和自创的"十二气历"法,沈括被英国科学史专家李约瑟称为"中国科学史上最奇特的人物"。另有农学家王祯的《农书》和北宋针灸铜人等等显示了在农学、医学上的成就,北宋建筑师李诫的《营造法式》说明中国古代建筑技术已经进入成熟阶段。这一时期还有一些有关"四大家"的说法:如医学上有金元四大家,即刘宪素、张从正、李杲、朱震亨;数学上有宋金元四大家,即李治、秦九绍、杨辉、朱世杰。总之,宋元时期不仅是中国传统科技史上的第二次高峰,也是当时世界科技发展的顶峰。

(六)明清时期(公元 1368—1912 年)

明朝时期的中国传统科技成就仍在一定程度上占据世界领先地位。因明朝统治者在政策上的鼓励和财政支持，郑和七次下西洋使中国在航海技术和造船技术上达到世界先进水平，例如我国古代航海中使用的罗盘、牵星板、计程法、探测器、海图绘制等技术都是在此壮举下成熟的。在医药学方面，李时珍编著的《本草纲目》成为我国古代内容最丰富的药物学巨著，也成为世界医药学史上的重要文献。宋应星编著的《天工开物》被国外称为"中国17世纪的工艺百科全书"，其中主要记载了明朝时期在农业、手工业等方面具有世界先进水平的许多生产技术和经验。另外还有徐宏祖的《徐霞客游记》在地理学方面、徐光启的《农政全书》在农业方面的贡献。然而到明末清初时期，西方开始发生科学革命，自然科学发展迅猛并逐渐传入国门。历经一段时间的西学风尚，直至清朝后期，清政府开始实行闭关锁国政策，我国传统科技文化最终步入衰落，而此时现代西方科学技术日益发达，差距逐渐拉大。

由上述历程可见，中国传统科学技术的发展史在世界科技史上可谓一直处于独领风骚的地位，直至西方科技革命的冲击才逐步落寞。回顾历史，感受传统，在中国传统科技的经典成就中不仅可以感受古人的匠心独运和聪明才智，还能增强我们的民族自豪感和自信心。

三、中国传统科学技术的分类

历经中华上下五千年的悠久历史，我国古代科学技术涵盖内容极其丰富、领域极其广泛，单单只讲中国古代科技的四大发明显然是远远不够的，仅讲农学、医学、数学、天文学即传统意义上我国古代的四大自然科学，也是不够全面的。英国近代生物化学家、科学技术史专家李约瑟曾在1954年陆续出版一部宏伟著作——《中国科学技术史》，最终编撰出版7卷34分册，包括了科学技术基础知识、中国哲学与科学思想发展史及各门专门科学的研究。这一部科技领域的历史巨作以浩瀚的史料、确凿的证据、科学的分类和全面的记述向世界表明，在现代西方科技出现的十多个世纪之前，中国在传统科学技术上的成就一直处于世界领先地位。

本章节依据李约瑟的《中国科学技术史》一书中有关于科学门类的分类，稍作整合，将中国传统科学技术分为农学、天文学、地学、数学、物理学、化学、工程学、建筑学、医药学九大类别，并对前八个类别进行介绍，以期让读者看到一个完整的中国传统科学技术体系，并且对中国共产党在传统科技的保护和发展上所做的努力和贡献有所了解。

　　中国自古以来就是农业大国，从农耕文明一路走来，农学上的发明创造与辉煌成就堪称世界之首，其中包括耕种方式、农业工具和技术等方面的不断创新发展；天文学上，主要分为古代历法、天文仪器、气象学等方面的成就，早期多用于耕作，后逐渐成为知识体系；地学中不仅包括地理学、制图学，这里还将地质学、古生物学、地震学和矿物学等一并纳入其中；物理学包括了力学、动力学、热学、光学、声学、磁学和电学，其中四大发明之一的指南针就是磁学领域的最高成就代表；化学上将炼丹术、冶炼术、青铜工艺、陶瓷工艺等皆涵盖在内，化学冶炼及手工艺制作一度使中国传统科技文明屹立世界之巅；工程学主要分为航海工程、道路工程和水利工程三大类，这一部分的大多数工程建筑自古至今一直沿用，是几代人跨越世纪凝聚而成的智慧与血汗的结晶；建筑学主要包括大型古建筑、宫殿、庭院、园林、桥梁等方面。

四、中国传统科学技术的伟大成就

（一）农业方面

　　中国自古以农立国，是世界农作物起源的中心之一。在中国的广袤大地上，中国水旱农业的交界线以秦岭、淮河为界，分为以旱地农业为主的黄河流域和以水田农业为主的长江流域及华南各地。其中，黄河流域是粟（小米）的发源地，长江流域及华南地区栽培的主要农作物是水稻。据历史考证，中国是世界上最早种植粟和水稻的国家。在耕作方式上，自原始社会以来经过了撂荒制、休耕制、连作制、井田制等土地制度的演变；在耕作技术方面，自创了垄作、牛耕、精耕细作、锄地、代田法等农耕技术；在土地知识和利用方面，先后有以地养地措施、抗旱保墒技术、适时播种原则等，《管子·地员》是有记录以来世界上最早的土壤分类体系；在粮食加工方面，西汉时期发明的水力动力的石碓是一项领先于世界的粮食加工设备；在农书专著方面，代表作有北魏贾思勰的《齐民要术》，宋元的《陈旉农书》《王祯农书》《农桑辑要》《农桑衣食撮要》，明末徐光启的《农政全书》，吴兴沈的《沈氏农书》，清初的《授时通考》，等等。在历朝历代以农为主的华夏大地上，炎黄子孙以其聪明才智发明创造了众多世界农业科技之首，在各个阶段都标志着中国农业的领先地位。

（二）天文方面

天文学是与农业最为紧密的学科，中国古代对天文历法的研究和应用也曾闻名世界。我们如今的农历又称"夏历"，就因源于夏朝而得名，《夏小正》乃是反映夏代历法水平的代表作，是一部中国最古老的关于天文历和物候历相结合的著作。至商朝时，发明了"殷历"即阴阳合历、"干支记日法"、"六十甲子"等中国特色的历法体系。西周发明了"旬"的概念，确定了朔日、冬至及夏至等节气的圭表测影法。春秋战国时期制定的"四分历"、二十八宿的划分以及二十四节气的设置都表明了当时的历法正逐步走向成熟。此外，这一时期的天文观测研究也达到了一定高度，《甘石星经》即是对太阳系中五大行星的运行记录，其中记载的观测方式和测量数据在中外世界天文史上占据非常重要的地位。隋唐时期天文学家辈出，尤以一行为代表，他组织测量的子午线长度在科学发展史上具有划时代的意义。另外，天文仪器的发明主要分为三类：圭表、漏刻和仪象，历朝历代对天文仪器都有不同程度上的革新，体现了当时天文仪器制造技术的最高水平，如明代的浑仪、简仪，清代的天体仪、赤道经纬仪、黄道经纬仪、地平经纬仪和玑衡抚辰仪等等。关于天文现象观测，最早的日食观测记录、最早的天琴座流星雨观测记录、最早的哈雷彗星观测记录、最早的太阳黑子观测记录，我国都遥遥领先于世界各国。无论在古代哪个时期，我国在传统天文学领域都不断开创着伟大奇迹。

（三）地学方面

中国传统的地学知识体系包括了地理学、制图学、地质学、古生物学、地震学和矿物学。以我国古代地理学为例，较具有代表性的人物有汉代的张骞、晋代的法显、唐代的玄奘、明代的郑和、徐霞客五人，他们在旅行考察中所取得的成就最为卓著。张骞三次出使，不仅为"丝绸之路"开辟了道路，还最早描述了有关中亚各国经济地理的概况。法显南亚之行所写的《佛国记》是现在能看到的我国古代记述中亚、印度和南海地理风俗的第一部著作。《西游记》中的原型——玄奘，游历了110个国家和地区，足迹遍布西域和古印度，成为世界历史上一位出色的旅行家。他不仅极大地推动了中国佛教的传播，也同时将途中28个国家的风土人情、地理位置、山脉河流等情况编撰成了《大唐西域记》，这部著作成为中国研究中亚、印度和巴基斯坦的历史地位必不可少的文献。郑和七下西洋是世界航海史上的伟大壮举，这一举动对地理学的贡献在于，郑和根据自己航海的经验和知识绘制了我国第一部关于海洋地理的世界地图——航海地图。徐霞客对地学的贡献归为地貌和水文两个方面，皆记录在其巨著《徐霞客游记》中，这部历史巨著对中国古代地学具有极高的研究价值。

（四）数学方面

中国古代的数学是传统科技的重要基础，被称为"算学"，主要用于解决生产实践、天文推算、历法制定等实际问题。中国数学的萌芽可追溯到4000多年前，其成就最辉煌的时期是秦汉和宋元时期。据历史考证，《九章算术》这一被尊称为中国古代数学体系的著作，早在东汉前期就已成书，其中系统地总结了周朝至汉代的数学成就，书中最早提出了分数四则、负数概念、比例算法、面积体积算法等。《周髀算经》也是《算经十书》中有名的一种，编纂不晚于西汉末年（公元前1世纪），最早记载了勾股定理，远比公元前5世纪左右古希腊的数学家毕达哥拉斯提出的同样定理要早许多。三国时期，先后出了刘徽和赵爽两位杰出的数学家。其中，刘徽被称为"中国数学史上的牛顿"，他在数学领域里创造了世界的十个领先，包括最早提出分数除法法则、最早应用小数、最早提出一次方程的定义及完整解法等成就。南北朝时期的数学界代表人物当属祖冲之，他将圆周率精确到了小数点后六位，因此圆周率的值又被后世人称为"祖率"，而这一同样的结果在欧洲直到16世纪才被提出。宋元时期是我国数学发展的鼎盛期，涌现了许多著名的数学家，代表人物有贾宪、秦九韶、李冶、沈括、杨辉、朱世杰等人。他们都在数学知识体系中的不同方面做出了巨大的贡献，一起把中国古代数学推向了更高的境界，形成了中国数学在世界数学领域的最高峰。另外，算盘和珠算也是古代中国人的重要发明。

（五）物理学方面

在物理学领域，古代中国人在力学、光学、声学、磁学等方面都做过贡献。在力学和光学方面，墨家在早期所做的研究是最具价值的。问世于公元前4世纪的《墨经》不仅对浮力原理、杠杆原理提出了独到见解，还包含了一些与牛顿力学相近的机械力学思想。到了宋元时期，发明了以水利为动力的水转大纺车，这比西方发明的水车纺机早了4个多世纪。在光学方面，墨家提出了小孔成像的实验结论，对光的直线传播和反射、影子的生成、凹面镜的焦点等问题进行了研究和记录，这些都是世界物理学史上最早的研究成果。在声学方面，主要表现在乐器制作的工艺技术上。考古发现，早在8000多年前，一种7音孔或8音孔的远古骨笛就已被制作出来了，这表明远古人对六声、七声音阶及其音律的构成已经达到了相当的水平。到了周代，见于记载的乐器及音乐文物多达70多种，其中以编钟和编磬为主要代表。乐器制造的不断革新使古代律学在不同时代得以发展。在磁学方面，最著名的就是四大发明之一——指南针。中国很早便发现了磁铁的指极性，并发明了指南仪"司南"，至宋代又发明了多种指南针的使用方法。北宋年间，指南针首次应用于航海事业，经过演变，罗盘在南宋时期被制作而成，中国成为世界上最早使用罗盘导航的国家。

（六）化学方面

中国传统科技在化学领域的成就主要体现在炼丹术、冶炼术、青铜工艺、陶瓷工艺、酿酒、火药等方面。炼丹术主要是通过化学变化，将矿物和草木炼制成所谓的"长生不老"丹药，曾经在信仰道教的古代封建社会盛极一时。炼丹术在实践中的应用促进了化学反应实验及实验工具的发展，具体的实验过程及原理在《丹房须知》《淮南万毕术》《神农本草经》中都有所记载。在冶炼术方面，中国早在夏朝就掌握了金属冶炼技术，铸造工艺从铜器逐渐发展到青铜器。在《周礼·考工记》中，关于合金工艺有"六齐"规则的记载，是世界上最早的关于合金的配方。从春秋时期开始，中国出现了冶铁业，由块炼铁发展到生铁，战国中晚期发展为可锻铸铁，秦汉之后出现了百炼铁。随后，冶炼领域慢慢扩展到了金、银、铜、锌等金属。在陶瓷工艺方面，中国是最早烧制原始瓷的国家，东汉时期便已烧制青瓷，魏晋时期已能烧制白瓷，白瓷技术已经能反映制瓷的较高水平。至唐代，陶瓷工艺出现了彩色釉陶——唐三彩，此制作工艺在世界上享有极高的声誉，代表了我国陶瓷工艺的最高成就。宋代瓷器迎来全面发展阶段，以景德镇为首，出现了风格各异的名瓷。火药是中国古代四大发明之一，其发明与古代炼丹术有直接的关系。中唐的《真元妙道要略》中详细记载了最早的火药配方。火药发明后，北宋时期被广泛应用于实战。14世纪初火药技术被传到欧洲，对欧洲文明产生了巨大的影响。

（七）工程学方面

古代的航海工程可分为古代造船工程和航海技术两类。中国是世界上造船历史最悠久的国家之一，历史上记载的中国木船船型十分丰富，到20世纪 50 年代估计有千余种，仅海洋渔船船型就有二三百种。中国古代航海木帆船中的沙船、鸟船、福船、广船，是最有名的船舶类型，尤以沙船和福船驰名于中外。在宋元时期，许多外国友人往往用"世界最进步的造船匠"来称誉我国船工。天文航海技术主要是指在海上观测天体来决定船舶位置的方法，中国早在西汉时期的《淮南子》中就对最初的观天体辨方向有过记载，元明时期已经能观测星的高度来定地理纬度，即所谓的"牵星术"，这些技术成为了中国古代航海天文学的先驱。中国古代地文航海技术的成就，包括航行仪器如航海罗盘、计程仪、测深仪的发明和创造，以及针路和海图的运用等。水利是农业的命脉，中国古代因以农业为重，开发了许多闻名世界的水利工程，这些工程不仅规模巨大，而且设计水平极高，例如都江堰、郑国渠、龙首渠、芍陂、黄河大堤等直接为农业生产服务的水利工程。"束水攻沙"理论是中国古代河流水文学的光辉成就。另外还有用来沟通水系、进行交通的运河，如灵渠和大运河，其中大运河是世界上开凿最早、规模最大、里程最长的航行运河。

（八）建筑学方面

在建筑学方面，中国古代传统建筑在整个建筑学史上极具盛名。例如，雄伟壮观的万里长城是人类建筑史上罕见的古代军事防御工程，被列为世界伟大的古代建筑奇迹之一。长城最早修筑始于春秋战国时期，历时达 2000 多年，总长度达 21196.18 千米。我们可以从长城的建筑构造中看出，在历朝历代对长城的修筑过程中，都凝结了我们祖先的血汗和智慧，它不仅折射着中华民族坚不可摧的意志和力量，也是整个人类智慧的结晶和骄傲。再如，中国古代的桥梁技术也堪称世界一流，许多古桥不仅在外观设计上精美绝伦，其承载能力之强大，经受住了时间长河的考验，表现出了古代桥工在造桥的科学技术上的卓越成就。以赵州桥为例，至今已有 1300 多年的历史，其构造模式不仅首创了世界上"敞肩拱"的新式桥型，比欧洲早了 1200 年，而且在经历了千年的使用和洪水、地震等自然灾害的袭击后，依然岿然挺立，雄姿英发。其他，如在房屋建筑群方面，唐代的长安城和北京的故宫建筑是最具代表性的成就。中国古典园林建筑也因其具有独特的木架构结构、庭院式组群布局和诗情画意的山水风格，被誉为"世界园林之母"。如此众多的中国古代建筑成就，充分表现了中国传统科学技术在建筑学领域所做的贡献。

第二节　保护和发展中国传统科学技术
存在的问题与对策

我们重点就中国古代的农学、天文学、数学、工程学、建筑学等方面存在的问题寻找解决的办法。

一、农学方面

农业虽然被中国历朝历代视为国之重事，中国共产党执政以来也对传统农业文化遗产做了政策性和实质性的保护，但也存在一些问题。主要问题出现在三个方面：第一，我国面临传统农业向现代工业社会的转型，观念转变是首要问题，如何处理传统与现代文明的理念对立，在农业文化遗产面临着不断流失的严重威胁时，如何找到传统农业与现代工业的最佳结合方式，都是亟待解决的问题；第二，现代农耕技术与养殖技术逐渐发达，较传统技术能更好地满足人口激增现状下的粮食需求，在社会市场化的大环境下，传统的耕作模式和古老的生产方式必然会被逐渐取代；第三，传统农业遗产出现后继无人的现状，目前我国农村城市化进程加快，农村的青壮年劳动力大多转移至城市，从事其他行业的工作，许多村庄成为"空心村"，任由这一现象发展，在不久的将来很容易导致传统生活方式和世代相传的技能技艺出现后继无人的现象。

为保护农业科学技术的文化遗产，我们依旧要以农民利益为出发点，要将重点放在改善农民生活条件、提高其生活质量上，大力实行农业鼓励政策，使其愿意继续从事传统农事活动，结合现代科技应用，在农业推广中强调农业文化遗产保护的重要性，帮助农民寻找传统与现代并存的方式。在制度建设上，重视农业文化遗产保护与利用的监督管理与多方参与；在思想建设上，继续提高农民对于农业文化遗产保护的意识；在地方政策实施上，加强地方特色的保护和对地方传统尽可能地维护。让中国重要农业文化遗产在活态性、适应性、复合性、战略性、多功能性和濒危性等特征中，继续发挥对中国农业可持续发展的科学价值和实践意义。

二、天文学方面

古代天文历法知识是古人聪明才智的结晶，不仅是当时世界历法体系中最先进的科学技术体系，就是在今时今日也能经得住科学的考验。中国古代天文历法对中国现代农业及社会生活有着巨大的影响。但现代西方科学体系的冲击严重阻碍着传统天文学的传承。相比其他成功申遗的非物质文化遗产，对"二十四节气"为首的一批非物质文化遗产的保护政策却显得微不足道。尽管申遗成功，却在科普与宣扬其来历、内容、意义上，很难让公众有清晰深刻的认识。非物质文化遗产是一个民族"活"的最好显现，而"二十四节气"这样古老的中华遗产，却在不经意间成了文化链上最脆弱的一部分。在这种情况下，社会与个人对节气文化有意识地传承与传播就显得尤为重要。

为此，我们可以借助新媒体传播的优势，打造以"二十四节气"为首的一系列传统天文历法知识宣传的公众平台，以新媒体形式传播古典文化，让社会大众广泛参与到非物质文化遗产的保护当中，使人们在体会传统文化的魅力和古代劳动人民的非凡智慧的同时，激发社会大众群体尤其是年轻一代对中国文化的认同与自觉意识，让"二十四节气"等传统天文学瑰宝和宝贵的天文知识真正跨越时空、文化和年龄的限制，走进大众生活，散播天文魅力。

三、数学方面

中国传统数学又称"算学"，是以珠算心算为代表的古代算术知识系统。珠算是人类科学技术史上的重大发明，在珠算基础上创新发展起来的珠心算，具有重要的科学价值和应用价值，算盘被誉为"世界上最古老的计算机"、中国古代"第五大发明"。珠算心算在中国传统科学技术和文化中绵延了千百年，不仅奠定了中国传统数学的地基，对整个社会产生了极其深刻的影响，而且推动了科学技术及人类社会前进的脚步。然而，在科技飞速发展、信息化高度发达的当下，珠算心算逐渐淡化出人们的视野，尚未被大众普遍认知。许多家长、学者认为算盘的作用完全可以被笔算和计算器替代，在教学实践中早已没有继续存在的必要，并且对数学的理解和学习而言，珠算具有一定的缺陷，他们甚至认为只要让小学生知道历史上曾经有过算盘的存在就可以了，任何让珠算重回小学课堂的提议都是有害的。2001 年，义务教务阶段课程改革后，就在数学课程标准中取消了有关珠算的内容。

以上对珠算心算这一传统数学的偏见，使传统数学文化的传承与发展遭受到了巨大阻碍。为此，加强珠算心算等传统数学的宣传，更正人们的思想，重新接受传统文化，感受传统数学的独特魅力，是我们当下保护非物质文化遗产和传统文化的重要任务。坚持以最新的法律法规为导向，切实将各项目标落到实处，让每一个祖国的花朵都感受到传统数学文化的魅力。

四、工程学方面

古代航海工程、道路工程和水利工程一直在国家政策的大力扶持下，探索着从传统模式向现代化的转变，但对于传统工程实体的保护仍然有许多问题存在。以水利工程中的灌溉遗产为例，多处存在"重发展，轻保护"的问题，首先，在历史地理环境不断变迁的过程中，本来就存在着自然力对遗产本体的侵蚀，而许多地方并没有切实保证遗产的完整性和可持续发展的文化空间，使大多数国家重点文物保护单位所蕴含的价值与地位没有得到应有的体现与尊重。其次，在文物保护的管理上，大部分地方都出现专业文物保护管理人员严重不足的问题，导致管理不科学、不系统，即使政策制度细化到位，无专业人士来实行，也是徒劳。再次，遗产的价值内涵没有得到深度发掘，关于遗产的重要价值宣传不到位，缺乏品牌意识，影响了灌溉遗产在大众面前得到充分展示的机会。

为此，对传统工程遗产的保护和利用一定要遵循相应的法律法规和相关原则。首先，将保护为主作为首要原则，尽量减少或避免遗址受到自然及人为因素的破坏；其次，要坚持多方协作的原则，使文物保护部门、旅游部门等各相关部门协调工作，切实做好宣传与保护的相互协调；再次，国家要大力培养专业知识及技术人才，加强人员对遗产保护方面的意识和责任感，推进专业保护队伍的建设；最后，有关部门要加强对遗产、遗址的价值研究，深度挖掘其内涵，通过实体与互联网相结合的各种渠道，进行有效宣传。

五、建筑学方面

传统建筑学的历史成就体现在建筑技术的理论和具体的建筑实体两方面，对传统建筑学的保护主要是对古建筑实体的保护。尽管人们在提及中国古建筑的时候，时常会油然而生对古人的聪明才智的敬佩，并且充满了民族自豪感和自信心。但是在现实生活中，对古建筑的保护仍然存在许多问题。首先，大众普遍缺乏保护古建筑的意识。一直以来，经常出现有个别人只为一时兴起蓄意破坏古建筑的行为，类似到处刻画"到此一游"的低素质行为始终困扰着旅游业及古建筑保护的工作。其次，对古建筑的改造缺乏专业知识指导，使得改造或趋于表面，或是直接对古建筑的破坏。随着我国旅游业的不断发展，传统建筑的改造逐渐发展起来，然而大部分的改造都是将其外观表面和周围环境保留古风古韵的风格，但其内部仅剩下现代化的气息，使古建筑有一种不伦不类的感觉。另有许多个人对建筑内部私自进行翻新与改造的行为，因为缺乏专业知识的指导，很大程度上都是对古建筑的破坏行为。最后，在消防设施方面缺乏足够的重视。2019 年 4 月 15 日，法国巴黎圣母院突发大火，800 多年古迹严重焚毁，修缮费十分高昂。从这个惨痛的教训中，我们不禁感叹消防措施对古建筑的保护简直是决定性的。尤其中国古建筑的建造材料大部分都是木材，极易点燃，牵一发而动全身，一旦失火难以扑灭。然而在当下的古建筑中消防设备的数量较少，分布不均，也没有专门的管理人员对这些设备进行定期的检查与更新。

　　针对以上问题，笔者在此提出几点建设性的意见：第一，加强保护古建筑的思想宣传，加大对破坏古建筑行为的处罚力度。只有普遍提高人们的保护意识，从制度法规上提高破坏行为的成本，才能有效避免破坏古建筑的行为，才能真正使中国传统建筑继承弘扬下去。第二，注重培养保护古建筑的专业人才，国家应当增强对培养保护古建筑的专业人才的支持力度，强化相关专业建设，吸引更多人才投入古建筑的保护事业当中。第三，重视古建筑的消防工作，起到防患于未然的保护作用。在古建筑的消防工作中，定期检查电源与消防器材的状况，以此降低火灾的发生概率，最大程度上减少对古建筑的破坏。

第十章　传统中医药的保护和发展

中医药是传统医药的杰出代表，以其在疾病预防、治疗、康复等方面的独特优势受到许多国家民众广泛认可。"中医药学凝聚着深邃的哲学智慧和中华民族几千年的健康养生理念及其实践经验，是中国古代科学的瑰宝，也是打开中华文明宝库的钥匙。"①

第一节　中医药的概述

中医药虽起源于中国，但它不仅是中国人独有的技术方法的医药学体系，更在海外有着重要影响。中医药传向海外具有悠久的历史。远在汉、唐时期，中医药逐渐传到邻国。如日本汉方医学、韩国韩医学、朝鲜高丽医学、越南东医学等都是以中医为基础发展起来的。

一、什么是中医和中药

（一）什么是中医

"中医药学是中华民族的伟大创造，是中国古代科学的瑰宝，也是打开中华文明宝库的钥匙。"② 中医药有着广泛而深厚的群众基础，广大人民群众信中医、用中医、吃中药，很多人自觉不自觉地运用中医药的方法进行预防保健和治疗，中医药已深深地渗透到广大人民群众的日常生活中。但在西

---

① 中国科学院、中国工程院：《百名院士谈建设科技强国》，人民出版社，2019年，第639页。

② 中共中央国务院：《中共中央国务院关于促进中医药传承发展创新的意见》，人民出版社，2019年，第1页。

方医学没有流入中国之前，中医基本上还不叫中医。在如今的很多文献中都能看到"中医"的其他称号，比方说岐黄、岐黄之术、青囊、悬壶、悬壶济世、杏林、杏林春满、橘井等。历史上没有中医的称号，中医的称号只是为了区别于西方舶来之医学。在历史上的中医并没有前面的定语，只称为"医"。

医原作"醫"，《说文·酉部》载："醫，治病工也。""医"还有一个从"巫"的异体——"毉"，体现了巫医同源的一面。中国传统医学起源于上古原始社会之巫，在远古时代巫就是医，巫医具有双重身份。巫既用符咒来降神驱邪除灾，又用药草等为人治病。重道体之巫为"道巫"，"道巫"重治人而治病。中医始祖"医圣"岐伯就是黄帝时代的一个道巫，黄帝与岐伯等讨论医理撰写出了《黄帝内经》，在《黄帝内经》中论述了自己治人而治病之医理，反映了以汉民族为主体的中华民族对医和医学的最初认知。春秋战国时期处于社会大变革时期，社会生产力得到了空前发展，奴隶制走向解体，新兴地主阶级逐渐形成，相对宽松的政治环境为学术思想上的百家争鸣创造了条件，如名医扁鹊明确提出"信巫不信医不治"，体现了此时的巫医分离。而诸侯争霸的局面使统治者格外重视人才，所以在这时候已经出现了专职的医生，医缓、医和、扁鹊及其弟子子阳、子豹等都是当时著名的职业医生。这些新的变化体现了中医开始注重理性，向专业化方向发展。秦汉时，以伤寒、杂病和外科为主的临床医学达到了前所未有的水平，这是中国医学史上的第一次高峰。

三国两晋南北朝时期，医药学在脉学、针灸学、药物方剂、伤科、养生保健、中外交流等各方面取得了成绩，为医学的全面发展积累了经验。隋唐时期，国力强盛，文化繁荣，中国医学在这一时期得到了全面的发展，这是中国医学发展史上第二次高峰。

两宋是中医药学发展的重要时期。政府的重视在医药发展上发挥着更加重要的作用。北宋政府组织人员编纂方书和本草，设立校正医书局，铸造针灸铜人，改革医学教育，设立惠民局、和剂局、安剂坊、养济院、福田院等等，有力地促进了医药卫生之进步。明代，医药学发展出现革新趋势，在探就传染病病因、创造人痘接种预防天花、中药学研究等方面进入新的层次，中外医药的交流范围已达亚、欧、非许多国家与地区，中外医学文化在交流接触中，互惠受益。清代前、中期，医学趋于普及与升华发展的时期。一百年来，经过了与西方医学的碰撞、对抗与结合，中医药在曲折中顽强发展。

现如今，国家高度重视中医药事业发展，自党的十八大以来，党和政府把发展中医药摆在更加重要的位置，作出一系列重大决策部署，中医药发展已上升为国家战略。

从历史发展演进的角度看，"中医"作为一个学科概念，是一个随着中国传统医学史的演进和医学实践的发展而不断变化、深化和丰富的概念。在中国历史的不同时期，"中医"既有沿袭之同，又表现为演进之异，所以"中医"的概念是随着社会实践的发展不断深化的，从一个单一的医学概念发展为具有文化底蕴的多层次概念。对"中医"概念的梳理，有利于深化中医学科的研究，构建新型中国传统医学体系。

（二）什么是中药

我们的祖国地域辽阔，物产丰富，天然药材资源种类繁多，包括植物、动物和矿物。这些宝贵资源的开发与利用已有悠久的历史。中药作为中医治病的主要武器，是在中医理论指导下，用于预防、治疗、诊断疾病并具有康复与保健作用的物质。全国中医药行业高等教育"十二五"规划教材将中医定义为："由于中药的应用是以中医学理论为基础的，有着独特的理论体系和应用形式，充分反映了我国自然资源及历史、文化等方面的若干特点，所以人们把它称为中药。"[1]

"中药"概念的解释和阐述应从"药"的古意开始，"药"的繁体是"藥"，意思是快乐在草下，更清楚的解释是：生病了不快乐，吃了草就快乐。《说文·草部》说："藥，治病草。"古人把治病的药称为草，说明药和草本植物关系密切。正如五代韩保昇谓："按药有玉石、草木、虫兽，而云本草者，谓诸药中草类最多也。"[2] 正所谓"诸药以草为本"，中药以植物药居多。古时候这些草药的书籍往往冠以"本草"之名，所以自古以来把我国的传统药学称为"本草"。本草是中草药的另一种说法。古人有大量关于中草药的著作以本草命名，如神农本草经、吴普本草、本草经集注、新修本草、食疗本草等等。

从文献来看，我国现存的第一部本草专著叫作《神农本草经》，里面记载了365种药物。在随后的本草著作中，中药品种逐渐增多。梁代陶弘景《本草经集注》记载了730种药物，唐代《新修本草》发展为844种，宋代唐慎微《证类本草》增至1744种，明代李时珍《本草纲目》收藏药物达

---

[1] 凌一揆：《中药学》，上海科学技术出版社，1984年，第1页。

[2] 高学敏：《中华医学百科全书　中药学》，中国协和医科大学出版社，2017年，第5页。

1897 种，清代赵学敏《本草纲目拾遗》又在其基础上新增了大量的民间药物，使本草典籍所载药物达到 2600 余种。中华人民共和国成立以来，在 20 世纪 50 年代至 80 年代中，先后对中草药品种进行过 3 次全国性的重要普查，总计达 12807 种。2017 年 7 月 24 日，国家主席习近平在致第十九届国际植物学大会的贺信中指出，"中国二千五百多年前编成的诗歌总集《诗经》记载了一百三十多种植物，中医药学为人类健康作出了重要贡献，因植桑养蚕而发展起来的丝绸之路成为促进东西方贸易和文化交流的重要纽带"①。与此同时，中药的品种随着对中药研究的深入而不断丰富，为中医的医疗保健提供治疗手段。

（三）中医和中药的关系

中医药由中医和中药两大部分构成。根据哲学思想中的唯物辩证法，中医中药作为一个整体，两者相互依存、相互联系。在中医药体系中，如若用"唇亡齿寒"这个成语来比喻中医药，则医为唇、药为齿，两者的关系不言而喻。没有中医，何谈中药？国医大师李今庸在《李今庸临床医论医话》中也曾指出中医和中药的关系："医"与"药"两者一出生就互相联结、互相依赖、互相促进，同呼吸、共命运，存则俱存，伤则俱伤。在人们运用"药"为人体治疗疾病时，也就是在进行"医"的活动。而"医"也就在其中，故其"医"与"药"是一对孪生兄弟，同时出生。没有"医"，就无所谓"药"；没有"药"，也就不成其为"医"，只有医术高明，才能发挥药物的更大效能；只有药物质优，才能保证医疗的更高水平。

正所谓"行医者必先识药，采药者必懂医，行医不识药则不灵，采药不懂医则无效"②，中医中药相互依存的关系是中医药学的显著特点。自古成大医者无不精于药，亲自上山采药制药，亲自抓药配方，一生是泡在医与药中的。自古以来，医药就是一体的，纵观岐黄先贤，凡流芳于世者皆深谙医道，更精通药理。如汉代张仲景，世人称其为医圣，尊其方为经方，所撰写的《伤寒论》《金匮要略》更能体现他对用药的精通。明代李时珍流传于世的两部著作是《本草纲目》与《濒湖脉学》，可见他不仅是药物学家，更为医药皆通的中医临床大师。再如医术精湛，行医"生死人，攘臂自决，不索

① 中共中央文献研究室：《习近平关于社会主义生态文明建设论述摘编》，中央文献出版社，2017 年，第 145 页。

② 申茂平：《贵州非物质文化遗产研究》，知识产权出版社，2009 年，第 200 页。

谢"的缪希雍所著《炮制大法》一书实为我国第二部大型中药炮制专著。

所以中医和中药是密不可分的。中医是中药应用的指针和开发的源泉，中药是中医医疗保健的主要手段。现代中医药事业的发展必须始终强调中医中药的协调发展，这样才能推动中医药事业更健康、更长久地走下去。

二、中医药的特点

中医学的基本特点包括了"整体观念"及"辨证论治"两个方面，两者有着密切的关系。整体观念是指导思想，而辨证论治是具体的实施方法。在诊治疾病的过程中是以证为根本要点，是将证归属于某一脏腑按照阴阳表里、寒热虚实、八刚辨证。同时，是在"整体观念"思想理论指导下进行辨证施治。

（一）整体观念

医学以人为研究对象，中医和西医都是治病救人的技术，但中医区别于西医的一个重要特征就是其朴素的整体观念。国家主席习近平在亚洲相互协作与信任措施会议第四次峰会上的讲话中运用了中医的整体观念："既要着力解决当前突出的地区安全问题，又要统筹谋划如何应对各类潜在的安全威胁，避免头痛医头，脚痛医脚。"① 中医文化受整体思维的影响，奠定了中医学的整体观念。中医的整体观念主要有三部分：人体是一个有机的统一整体，人与自然环境有密切联系，人与社会环境关系密切。

整体观念认为人体是一个有机整体，以五脏为中心，通过经络系统，将人体的内脏、形体、五官九窍、四肢百骸等全身各种组织器官网络联系成为一个有机的整体。构成人体的各个组成部分之间在结构上是相互联系、不可分割的，在功能上是相互协调、彼此为用的，在病理上是相互影响的，在诊断上是察外知内的，在治疗上是相互联系的。所以中医在治病救人时，要求从整体的生命活动中去研究局部病变的实质，避免头痛医头、脚痛医脚。比如说，医圣张仲景在《金匮要略》中所说的"见肝之病，知肝传脾，当先实脾"。人体脏腑之间有着相互联系、相互制约的关系。一脏有病，可以影响他脏。所以当肝脏有病，极有可能会导致脾脏也有病。当一脏发病后，治疗必须照顾整体，即在治疗本脏病变的同时应积极调治其他脏腑，以防止疾病

---

① 习近平：《习近平谈治国理政》（第一卷），外文出版社，2018年，第355页。

的传变。可以这样说，西医强调"人的病"，而中医更注重治疗"病的人"，通过对人整体功能的调整，激发自身的抗病能力，从而主要依赖人体天然的自愈能力来解决疾病，最终的目标是成为阴阳平衡和谐的人。

整体观念还认为人体与自然环境有着密切关系，人体内部与自然环境是有机统一的。一方面，自然环境作为人类赖以生存的物质基础，良好的自然环境是人类健康的保障。另一方面，人作为具有能动性的个体，通过主动地适应自然，改造自然，从而保持健康，维持着机体的正常生命活动。在这个过程中，人体受到自然环境的影响，必然产生相应的生理和病理的反应。中医在防治学中强调人与外在环境的统一，人的机体必须适应气候季节的变化，和昼夜阴阳变化相适应，例如《黄帝内经·素问·四气调神大论篇》中说："逆春气，则少阳不生，肝气内变。逆夏气，则太阳不长，心气内洞。逆秋气，则太阴不收，肺气焦满。逆冬气，则少阴不藏，肾气独沉。夫四时阴阳者，万物之根本也。所以圣人春夏养阳，秋冬养阴，以从其根，故与万物沉浮于生长之门。逆其根，则伐其本，坏其真矣。"[①] 所以"春夏养阳，秋冬养阴"能使人体的五脏之气和天地之气协调统一，从而增强人体的生命力，维持自然健康的状态，同时提升身体抵抗各种外邪入侵的能力。同样，地理环境的差异会影响人体的心理和生理活动，比如说我们在初到一个地方后会因为水土不服产生胃肠不适、恶心、呕吐、大便不正常或皮疹之类反应。因此，基于地理环境的差异有着不同的用药原则，采取适宜的治疗方法，才能取得预期的疗效。如《医学源流论》所说："人禀天地之气以生，故其气随地不同"[②]，"西北之气，散而寒之；东南之气，收而温之，所谓同病异治也"[③]。所以即使生同样的病，也会因为南北方人的生活环境、体质状态的差异，在药物选择及剂量上有所不同。这些对人与自然环境相互统一观点的认识，对我们如今所提倡的可持续发展、建设现代文明科学社会也有着指导和借鉴意义。

同样，人和社会环境也具有统一性。马克思在《关于费尔巴哈的提纲》中把人的本质定义为："不是单个人所固有的抽象物，在其现实性上，它是一切社会关系的总和。"[④] 人具有社会性，生活在这纷繁复杂的社会环境中，

---

① 〔汉〕张仲景、〔清〕吴鞠通等：《中医四部经典》，山西科学技术出版社，2017年，第9页。

② 王琦：《中医体质学》，中医药科技出版社，1995年，第144页。

③ 傅景华、李生绍、董莹等点校：《中医四部经典》，中医古籍出版社，1996年，第85页。

④ 恩格斯：《路德维希·费尔巴哈和德国古典哲学的终结》，人民出版社，1997年，第54页。

其生命活动必然受到社会环境的影响。中医治疗极其重视患者的个体特点和其生活的生活环境。《黄帝内经》强调医者在治疗疾病过程中药"上合于天，下合于地，中合于人事"。医者对患者"人事"的关注体现了人与社会关系对人体健康的重要性。古代文学作品中也有描写人所处的社会环境对心理健康的影响，最著名的就是清代小说家吴敬梓《儒林外史》中描写范进中举，主人公范进因其社会地位的显著变化喜极而疯。由此可见，人处在社会环境中在生理心理等方面深受其影响。一方面，社会的发展进步提高了人们的生活质量和医疗水平，有利的社会互动、融洽的人际关系有益于身心健康，但同时社会经济的日益发展致使人们过度享受，不注意健康的生活方式，引发了"现代文明病"。所以中医药强调人与社会环境关系的和谐，这为现代生活中出现的一些疑难杂症的解决提供了新的视角和方式。

（二）辨证论治

何谓辨证论治？辨证论治作为中医认识和治疗疾病的基本原则，是由"辨证"和"论治"两个过程形成的。"辨证"是指医者通过望闻问切的四诊法，通过分析、综合，判断为某种证候。"论治"，就是根据辨证结果确定相应的治疗方法。中医诊疗着眼于"病的人"而不仅是"人的病"，着眼于调整致病因子作用于人体后整体功能失调的状态。辨证论治思想源于张仲景的《伤寒杂病论》，《伤寒杂病论》的问世，代表了辨证论治原则的确定。张仲景大师在这本书提出了"中观其脉证，知犯何逆，随证治之"的辨证论治总原则，阐述了所创立的六经辨证、脏腑辨证、八纲辨证等理论。比如说《伤寒论》将"伤寒病"分为"六经病"予以辨证并分证治疗，就是把外感疾病的复杂证候归纳为太阳、阳明、少阳、太阴、少阴、厥阴六经病证，并按六经病证特点进行论治。明代王肯堂《伤寒准绳》曾对此评价道："仲景之法，凡云太阳病者，皆谓脉浮，头项强痛、恶寒也；凡云阳明病者，皆谓胃家实也；凡云少阳病者，皆谓口苦、咽干、目眩也；凡谓太阴病者，皆谓腹满、时痛，泻利；凡曰少阴病者，皆谓脉微细，但欲寐也；凡云厥阴病者，皆谓气上撞心，病吐蛔也。"[①] 表明了在六经辨证中如何抓住证脉重点，将不同的病程阶段、病位、证候的伤寒六经病，予以分别施治。《伤寒杂病论》对后世医学家的辨证论治体系产生了深远影响，比如说巢元方的《诸病

---

① 易法银、阳春林、朱传相：《湖湘历代名中医传略》，湖南科学技术出版社，2009 年，第643 页。

源候论》、孙思邈的《千金要方》中对脏腑虚实辨证的研究，元代王好古的
"阴证"理论、清代叶天士创立的"卫气营血辨证"等都是在《伤寒杂病论》
的基础上创立发展的。

　　辨证论治作为中医药学中临床医学的灵魂，是总的指导思想，至今在中
医临床医学上发挥着重要的作用。在临床诊疗过程中，要坚持辨证论治，避
免单纯的辨病治疗和辨证治疗，将疾病的演变、患者的体质、外界的环境等
因素考虑在内，最大限度地发挥中医的特色和优势。

第二节　发展中医药的现实意义

　　近几年来党中央和国务院高度重视中医药事业的发展，制定了许多有利
于中医药发展的重要政策和措施。《国务院关于扶持和促进中医药事业发展
的若干意见》（国发〔2009〕22 号）中提出："中医药临床疗效确切、预防
保健作用独特、治疗方式灵活、费用比较低廉，特别是随着健康观念变化和
医学模式转变，中医药越来越显示出独特优势。中医药作为中华民族的瑰
宝，蕴含着丰富的哲学思想和人文精神，是我国文化软实力的重要体现。"
习近平总书记也在党的十九大报告中提出，"实施健康中国战略……坚持中
西医并重，传承发展中医药事业"[①]。所以发展中医药是当下的必然选择，
它在改善全球卫生治理、增强中华文化的国际影响力、拉动国民经济增长等
方面发挥着独特的作用。

一、发挥中医药独特优势，丰富世界医学事业

　　我国传统中医起源于原始社会时期，历经千年仍历久弥新，有着巨大的
价值和强大的生命力。中医药学在中医骨科、肛肠科、皮肤科、妇科等学
科，在一些慢性非传染性疾病、重大难治疾病和一些常见病、多发病的治疗
方面具有一定的优势和特色。中医的优势体现在它拥有自己独有的一整套理
论体系和独特疗法，以独特的视角和思维方式，为全球带来防治疾病的"中
国方案"，向全世界人民展现中医药魅力的同时推动了世界医学的发展。

---

　　① 习近平：《决胜全面建成小康社会　夺取新时代中国特色社会主义伟大胜利——在中国共产
党第十九次全国代表大会上的报告》，人民出版社，2017 年，第 48 页。

众所周知，青蒿素的发现是中医最突出的成果之一，为世界带来了一种全新的抗疟药。屠呦呦说："青蒿素是人类征服疟疾进程中的一小步，也是中国传统医药献给人类的一份礼物。"如今，以青蒿素为基础的联合疗法（ACT）是世界卫生组织推荐的疟疾治疗的最佳疗法，挽救了全球数百万人的生命，被西方媒体誉为"20 世纪后半叶最伟大的医学创举"。除此之外，中医的独特疗法针灸被列入联合国非物质文化遗产名录。目前全球有 183 个国家和地区应用针灸，世界范围内有 38 万余名针灸工作者，除中国外，其他国家和地区的中医医疗（针灸）机构已达 10 万多家。青蒿素和中医针灸等极具特色的中医疗法在防治重大传染病、常见多发病和医疗保健等方面为全人类做出了积极贡献。中医药已经成为中国与各国共同增进健康福祉、建设人类命运共同体的重要载体。发展中医药事业，能够推进生命科学研究，将全球卫生治理提升到一个新的阶段。习近平主席在出席皇家墨尔本理工大学中医孔子学院授牌仪式时说，中医孔子学院必将开启一扇了解中国文化新的窗口，为加强两国人民心灵沟通、增进传统友好搭起一座新的桥梁。

二、推动中医药文化的传播，扩大中国文化国际影响力

中医药文化作为中华民族优秀文化的载体，蕴含着深厚的底蕴和博大精深的内容，是一张向全世界展示中国文化的最好名片。

目前，中国的经济发展水平稳步向前，综合国力不断增强，在国际舞台上扮演着越来越重要的角色，这为中医药走向世界营造了一个良好的环境。中医药以其自身的科学价值和强大的生命力，被越来越多的人认同和接受，主要表现在以下几个方面：（1）中医药已经传播到 120 个国家和地区，在一些国家迅速普及。（2）学术交流活动非常活跃，据不完全统计，国际上至少有 1000 多个中医药机构和民间学术组织，每年有影响力的学术活动有几十个。（3）中医教育发展迅速，如澳大利亚、英国、泰国等有 7 所正规大学中设立了中医针灸专业。（4）很多国家和政府开始关注中医药，中医药在一些国家已经合法化。针灸已在大多数国家取得了合法的地位。据统计，在与我国卫生部门的双边卫生合作协议中，有 50 多个协议含有中医药合作的内容，与我国中医药主管部门单独签署中医药合作协议的有 17 个国家和地区。（5）世界卫生组织（WHO）重视中医药，2001 年 9 月，在文莱召开 WHO 地区会议上，通过了由中国政府参与起草的传统医药地区发展战略。2003 年 5 月在日内瓦召开的 WHO 第 56 届年会上，通过了中国政府积极提倡的

2002—2005 年传统医药战略。（6）许多国际大型制药公司对中医药的研究开发表示了浓厚的兴趣，此外，美国的一些著名大学如哈佛大学、斯坦福大学等都建立了专门的研究室。

由此可见，西方国家对中医药认可度的提高为中医药文化国际化推广提供了良好的政策支持和有利的国际环境。所以在当今经济全球化这个大背景下，我们要充分利用好传播中医药文化的平台，向世界展示中华民族的认知方式、价值取向和审美情趣，把中医药文化推向世界，从而向国际社会讲好中国故事，传播好中国声音，促进世界各国人民对中国传统文化的理解、认同和接受。

三、激发新的经济增长点，拉动国民经济增长

国家"十四五"规划指出：坚持中西医并重，大力发展中医药事业。未来中国中药行业具有强大的发展空间，人民的需求是中医药发展的根本动力，所以发展好中医药事业，丰富中医药产业结构，延长中医药产业链，能够激发人民群众的消费热情，从而开拓更为广阔的中医药市场，推动国民经济的发展。

旅游业是我国经济社会发展的综合性产业，是我国经济和现代服务业的重要组成部分。中医药的文化资源是一种独具特色的人文景观旅游资源。在国民生活水平日益提高，文化修养不断增强的当下，越来越多的人愿意主动去感悟中医药文化传统，领略中医药文化魅力。中医药文化遗迹作为弘扬中医药文化的载体，是人们了解中医药文化的窗口。中医药文化遗迹并非一个严谨的学术概念，它泛指历代有关中医药人物和事件的尚存的建筑物体。河南中医药大学教授许敬生认为，遗迹主要分为两类，一类是历史上名医出生和主要活动区域的遗迹，如扁鹊、张仲景的墓地、祠堂；另一类是药都文化和药商老字号文化遗迹，如北京同仁堂老铺、天津达仁堂、京万红药业、乐家老铺药酒工坊。中医药文化遗迹的形式多样，在各省市大量分布。这些中医药文化遗迹所在的地方政府，应该要深入挖掘中医药历史文化底蕴，充分利用好得天独厚的人文景观资源，推动当地经济发展方式的转变，实现城市文化建设与经济建设的双赢。

除此之外，中医药在保健食品市场上也有着越来越突出的地位。一方面，随着我国社会经济高速发展，城乡人民生活水平不断提高，近年来农村城镇化进程提速，总体健康需求显著提高，人民群众保健意识普遍增强，对

保健品的需求日益强烈，另一方面，我国进入人口快速老龄化阶段，大量有消费能力的老年人群也必然拉动医疗保健市场的需求。所以中医药保健食品蕴藏着广阔的市场前景。中国是一个文明古国，有着食疗和食养的悠久历史和传统，在中医药保健食品和保健用品方面具有悠久历史和独特优势，经过几千年的实践，积累了大量的养生保健经验，形成了大量的养生保健药方，建立了独特的保健食品科学。中华民族在繁衍、生存和发展过程中，创造了具有完整理论体系和丰富实践的饮食文化及中医药保健食品。根据"药食同源"的理论，可研制开发具有延缓衰老、调节免疫、抗疲劳等多种功能的食品，从而满足消费者的需求，增强中医药的经济效益。

第三节　传统中医药发展存在的问题与对策

实际上，中医药发展中的中药资源、教育体系、创新动力和中医药国际化等关键因素存在一些问题，我们要积极有效应对。

一、传统中医药发展存在问题

（一）中药资源缺失及药用价值下降

中药资源关乎民生、社会稳定、生态环境保护和新兴战略产业的发展，是集生态资源、医疗资源、经济资源、科技资源及文化资源为一体的国家战略性资源。我国传统的中药资源来自植物、动物以及矿物，而它们中绝大多数物种的生长以及积累和形成都与孕育它们的自然环境有着莫大的关系。自我国进入工业化时代以来，我国的生态环境质量不断下降直接导致中药资源的生长和孕育环境恶化甚至缺失。因此，大量的珍贵中药资源流失。加之我国中医药技术不断提高，中医药产业强势崛起，对中药资源的需求量大增，大量的珍稀中药被采摘殆尽。出于对天然野生中药资源以及经济效益的考虑，从 20 世纪 80 年代开始，我国兴建了许多药材基地，在很大程度上增加了我国的中药资源供给，缓解了药材供需矛盾。但是，许多地方都把中药材产业视为支柱性产业，很多的中药材基地把种植中药材作为短期高经济效益的首选项目，不遵守中药材种植的"道地原则"。大量非道地药材的种植，使得药材本身的药用价值下降。此外，许多非道地中药材以主产地药草的名义在市场上招摇撞骗，使得中药材市场鱼目混珠。此类现象严重影响医生以及患者对中药材价值的判断，药材的价值得不到最大化利用。

（二）中医教育体系不完善，人才匮乏

行业人才是行业发展的根基。同样，发展传统中医药事业的根基也是中医药人才的培养。目前我国中医人才，尤其是基层中医人才匮乏，难以适应传统中医药事业发展的需要。在 2016 年国务院发布的《中国的中医药》白皮书明确谈及我国已经建立了院校教育、毕业后教育有效衔接以及将师承教育坚持到底的中医药人才培养体系。在人才培养体系中又以院校教育为主，目前，我国构建了以中医药高等教育、中医药中等职业教育和中医药方面的其他非学历教育为主的较为完整的中医药学校教育体系。截至 2015 年底，我国有高等中医大学及学院 42 所、200 余所高等西医药院校及非高等医药院校设置了中医药专业，在校学生总数达 75.2 万人。就以上而言，我国的中医教育发展较好，但也还存在较多的不足。首先，我国的院校教育存在中医教育不同程度的西医化。现今的中医院校教育模式与西医的教育模式大同小异，将中医教学内容分为中医基础知识、药剂学、诊断学等学科。在教学方法上更是无二，例如，在中医教育临床阶段，大多数院校沿用西医"基础、临床、实习"这一基本的教学模式，但这种三段式的西医教育并不适合中医。中医的知识体系是一个整体，基础知识与临床诊断是有机衔接的，需要中医的教育者及受教育者将基础知识与临床知识进行有效衔接。但目前中医临床教育存在不同程度的西医化，中医院校的学生有近一半的实习时间是在西医医院，学习西医的诊疗方法去看病。实际上，在中医院实习的学生也并没有学习到太多的中医临床知识，中医临床强调两位一体——巩固理论及强化实践，集中一年或者一年半来进行学习时间是远远不够的，中医受教育者需要更长的时间来进行临床知识的学习。其次，重视院校教育，忽视师承教育。院校教育是当今培养中医药人才的主体模式，院校教育可以为中医药的发展提供大量的标准化人才。实行师承教育可以让学生对疾病有提前认识，之后再进行理论学习，理论与临床紧密结合。在师带徒的过程中，学习老师的思维方式，不断提升自身，有利于学生的个性化发展。

（三）中药创新动力不足

我国是中医药大国、中医药的发源地，本该是亚洲乃至全世界在中医药领域的佼佼者，但无论是在产值上还是在海外市场的开拓上我国都略逊日韩

等国一筹，在全球中药市场一年的份额占比中，中国只占10%左右。中医药对于世界的价值日益突出，作为中医药的起源国，我国应该是中医药走向世界的得力助推，但是我国在专利和知识产权方面所占比例却并不高。在全球市场上，我国的中医药申请专利的仅有0.3%，但日韩两个国家就占据了一半及以上。从国内看，我国从1985年至今申报的2万多种药品中只有不到15%的新药，而剩余的都是低水平的重复药物。由此可见，我国的中药创新研究是没有跟上世界潮流的。究其原因，是我国中医药研究创新发展不够、创新动力不足。动力不足的原因有许多。首先是研发经费不足，在过去选题立项经费分配比例上，中医药的创新研发占比太小，虽然经费总量在逐年提升，但是所占比例却没有太大的变化。研发经费不足直接导致中药研发停滞不前。其次，国家对中药专利保护存在漏洞。现行的《专利法》目前大多只能保护中药配方及配方的剂量，对配方的剂量的加减以及用途却没有加以规定，而申请专利的新药大多是复方药剂。大量的改剂型中药和仿制药被批准生产，就使得侵权合法化。耗费大量时间和金钱研究出一份药效好的新药，却被其他制药企业花几十万元拿到生产证书，进行仿制药的生产。最后这些仿制药进入市场与新药竞争市场，新药市场被恶意挤占，研发者得不到利润的回馈。这样就有许多研制单位和药厂不愿意进行创新药的研制，导致我国的中药创新停滞不前。最后，新药研发标准陈旧单一。中药新药评审长期套用化药标准，评价体系西化。在中药新药的评审阶段，过于强调药的重点指标，忽略中药的整体调节。我国的药品监管部门同时承担着监管中药与西药的职责，但就目前监管部门的人员配置来看，西医的专业人士远超于中医，以西医的标准来评定中医新药，中医新药审批存在一定问题。现今，中药研发审批主要参考《药品注册管理办法》以及各治疗领域的《技术指导原则》，《药品注册管理办法》最早在2007年更新，注册管理办法陈旧，现实中存在的病症以及问题并没有被归纳进去，导致中药新药评审不容易通过，企业或研发机构研发热情受挫，不愿再研发。

（四）中医传承存在脱节

中医药作为中国传统文化之一，一直在为中国的发展默默贡献自身的力量。中医药一直存在于中国文化体系中不曾湮灭、传承至今，便是依靠师承教育这一传统的中医教学方法。为适应现代化的教育模式，培养大量的标准化中医药人才，当下，中医药的教育以院校教育为主，师承教育这一模式渐渐被遗忘。院校教育将大量的被同化的中医药知识授予学生，学生学到的是无差别的中医药知识。而老中医自身关于中医诊断的手法和技巧、中药资源系统性认识的感悟、体验等无法毫无保留地倾囊传授给学生。当然类似情况也存在于师承教育中，许多学校在认识到院校教育的弊端以后，开始实行师承教育的模式。在这种情况下老师与学生组合大多由学校分配或强制安排，无法做到老师与学生的双向选择。但这种教育模式下，师傅对徒弟的学识水平和人格品质的要求很高，如果徒弟达不到老师的收徒标准，师傅必定不会将其"看家本领"倾囊相授，许多中医药知识随着老中医的逝世而丢失。师承制很容易形成门户之见，派系林立，互相之间缺乏合作与交流，阻碍中医药的传承与发展，这是师承制显而易见的缺点。另外，中医相对于其他专业而言，前期投入巨大，回报周期长，不具有较好的就业前景。例如，就业岗位少：我国开设的中医院远少于西医医院，对中医的需求远小于西医；中医新老医生替换周期过长：中医医生主要以名老为主，刚毕业的中医院校的学生不受欢迎。在中国人的认识里，老中医经验丰富，许多医院宁肯返聘退休中医也不愿意聘用刚毕业的中医院校学生。行业待遇存在差别：刚毕业的中医学生就业门槛高，薪资低，经济基础薄弱，5～7 年的漫长学制、严峻的就业形势迫使中医学生放弃多年所学转而选择其他收入相对较高的行业。就业前景狭窄、行业待遇低、学习时间长的中医行业让年轻人望而却步。

（五）海外发展受阻

21 世纪以来，随着中国综合国力的稳步提升，中医药作为我国的传统医学文化也逐步走向世界舞台。截至 2017 年底，中医药走入世界 183 个国家和地区；中医教育进入了 40 多个国家的高校课堂；国际上中医药学术交流活动频繁，多国学者共同讨论中医现代化、国际化及产业化；中医药在国际市场前景广阔，受到世界卫生组织的肯定及重视。但我国中医文化走出海外的过程也并不是一帆风顺的。首先，地域文化差异使得中医弘扬受阻。中医药起源发展都在中国，中医的诊断方法、中医理论及中药配方的适用都只适用于中国人，且中医药的作用机制现阶段并没有被现代科学解释，所以并不能完全为其他国家和地区所接受。我国的专业中医师与当地专业中医师也会因为语言的差异不能进行毫无阻碍的交流，中医药产品和服务不能很好地适应当地，对中医药产品和服务流通形成了无形的壁垒。其次，中医药国际市场竞争激烈，我国中医药产品竞争力低下。中国拥有的中医药知识产权和专利较少，中医药产品技术含量低，国际竞争力不强。相对于国内中成药转化标准高的日本、韩国以及中医药标准完善的新加坡等国来说，我国的中医药产品容易在市场竞争中处于被动位置，需要积极的应对措施。再次，世界范围内的中药产品生产标准不完善，各国准入标准参差不齐。我国作为中医药的起源国也仅推进了40项中医药产品的国际化标准，国内的中医药产品标准亟待完善，而世界各国又是以自己国家的药品标准为准入前提，为保护自己国家的医药产业而制定繁复的药品标准，限制中医药产品和服务准入。最后，中医药产品在国际上并未完全受到立法保护。除发展完备的国家以外，中医药产品在世界上其他国家和地区并未完全受到立法的保护，致使我国的中医药知识产权受到侵害，有的甚至打着我国中医药产品的旗号贩卖假药，不仅扰乱当地药品市场，更侵害了我国中医药产品的合法权益。

二、传统中医药发展困境中的对策

随着国际文化交流的日趋频繁、现代医学的发展与普及，传统中医药面临着巨大的挑战，受到了极大的影响和冲击，要坚持如下对策。

（一）始终坚持中医药资源的保护与合理开发并重

第一，完善和健全中医药资源保护的法律机制。国家对中药资源法律定位即"保护药用野生动植物资源"，所以中药资源的一切工作都应围绕保护资源而展开，进而保障中药资源可持续利用。为了保护和合理利用野生药材资源，国务院于1987年10月30日颁布了《野生药材资源保护管理条例》。该条例提出了野生药材资源物种的名录及等级标准，将我国重点保护的野生药材分为三级：一级为濒临绝灭状态的稀有珍贵野生药材物种，二级为分布区域缩小、资源处于衰竭状态的重要野生药材物种，三级为资源严重减少和主要常用野生药材物种。国家医药管理局公布第一批国家重点保护野生药材76种，植物58种。属一、二级保护13种，如甘草、黄连、人参、杜仲、厚朴、血竭等；三级保护45种，如贝母、龙胆草秦尤、远志细辛紫草、五味子、蔓荆子、石斛、阿魏、羌活、刺五加、天门冬、猪苓、防风、胡黄连、肉欢蓉、山荣黄、连翘等。这是我国将中药资源保护以法律形式确定下来的第一部专业性法规，使中药资源保护和管理有法可依，完善和丰富了资源保护的内容，对维护生态系统平衡、保护和合理开发利用中药资源，实现中药资源的可持续利用，有着极其重要的意义。在随后颁布的《中华人民共和国野生植物保护条例》《中国珍稀濒危保护植物名录》《国家重点保护野生药材物种名录》和《国家重点保护野生植物名录》等法律法规初步建立了对中医资源的保护制度，但随着时代的发展和中医药资源问题的复杂性，有些法律法规在中医药资源的保护上面仍有欠缺。目前可从完善中药资源产地的保护法规和加强中药材市场的宏观调控方面入手，营造一个良好的中医药市场环境。这对确保中药材质量稳定、保障中医临床用药安全有效具有重要意义。

第二，完善中药资源动态监测及预警系统，把资源普查工作做到常态化、可持续性、可追溯性，从而准确及时地掌握中医药资源的实际情况。中药资源动态监测体系由管理系统、技术系统和监督系统构成。通过设置检测样地，确定监测指标制定信息采集方案，测定监测指标及分析，综合分析评价种群及物种总体资源动态四步法为中医药资源的合理开发与利用提供依据。以监测体系的信息系统为突破口，培育中药资源保护与利用的专业人才队伍，以提升我国中药资源保护与利用能力为目标，推动中医药事业发展。

第三，建立并完善中医药自然保护区和药用植物园区。国家应对自然保护区建设资金加大投入，在自然保护区调查、保护区基础建设、恢复治理、自然保护区监测、自然保护区研究、人员培训、执法手段与队伍建设等方面都投入专门的资金支持，这样能够更好地发挥自然保护区和植物园区保存物种资源和生态系统等方面的积极作用。

（二）完善中医药人才培养模式，培养新时代中医人才

人才是事业发展的基础。中医药教育事关人民群众健康福祉，中医药优秀人才的培养事关中医药事业的传承发展。党的十九大报告明确指出要"加快一流大学和一流学科建设，实现高等教育内涵式发展"，充分彰显出以习近平同志为核心的党中央对高等教育事业的重视，凸显出人才培养在中医药事业发展中的根本地位。由此可见，中医药人才培养模式的重要性不言而喻。而随着时代的发展，传统中医药教育培养出来的人才逐渐暴露出了很多缺点，与之对应的传统中医药人才培养模式存在着很多缺陷。因此，中医药院校必须在培养模式中保持和发挥自身的特点和优势，克服套用西医办学模式的负面影响，从中西医学发展规律的差异进行反思，进行中医药教育模式的改革，培养一批批新时代中医人才。

第一，改革课程设置是现代社会中医药人才发展的需要。中医药学有着悠久的历史，它的基本理论及其博大精深的知识体绝大部分保存在古医籍中。古代医籍选是向学生展示中医药优良传统文化底蕴、思维方法和古文献学术价值的生动窗口，是学习和研究医学古代汉语、实现中医药学术语言规

范化和标准化，促使中医药学走向世界的需要，也是重建当代大学人文精神的需要。所以医古文作为中医药专业的基础教育，应当引起高度重视。中医药院校在构建科学合理的课程体系和人才培养体系基础上，要高度重视学生的中国传统文化修养，加大中国传统文化、医古文等课程的比重，把训练学生的中医思维作为提高中医药教育质量的重中之重。加强中医经典的学习深化，让学生在学习初期接受中医药传统文化的熏陶，牢固地掌握中医药理论基础的辨证论治体系后，再学习必要的西医知识，使中西思维的碰撞建立在基本理解中医内涵和确立中医整体观的基础上，学生也会更加客观深入地看待中西医诊断思维和治疗方法的区别。

第二，构建"实验+临床"的教学体系，注重培养中医药人才的实践能力。中医学术的最大生命力在于它的实践，以往的医者亲自上山采药制药，亲自抓药配方，一生是泡在医与药中的。而传统的中医药教育模式在培养学生能力上，以知识积累为主要目的，忽略对学生实践能力的培养，已不适应现实社会对临床实践性人才的需求。高等中医药学校要培养高质量的技术应用型人才，就必须在教学过程中以学生为主体，充分调动学生的积极性，不断加强实践教学，不断深化实践教学改革。具体来说，中医药院校可从加强实验实训中心建设管理、切实加强实践教学师资队伍建设、改革人才培养的实践教学模式、加强实习基地建设等方面进一步搞好实践教学，为社会培养更多更好的高级技能型中医药人才。

第三，重视并培养创新型中医药人才，适应时代发展需求。创新型人才是指具有创新精神的创造人才，即具有创新意识、创新思维和创新能力的人才。中医药学的创新发展要紧紧依靠专家人才，人才是中医药创新发展的关键和根本。培养创新人才和团队，需要坚持"人才引进来和走出去"的战略。一方面，在培养人才的过程中，把促进学生全面发展作为教育目标来追求，注重学生多方面能力的培养，使他们成长为知识面宽广，能主动及时吸取新的知识，并具有探索创新意识，且强于实践的现代人才。同时，创新型人才的培养需要有长远的目光，使学生能不囿于国内中医药的小圈子，放眼全球、立足世界的国际化视野。这需要将优秀的中医药人才送出国门，去国外一流大学研修学习，接受西方医学规范化的科研培训，掌握同领域科学研究的国际前沿，拓展思路，勤于思考，勇于创新。应用西方医学的现代研究方法，开展中医药的科学研究，阐释并验证中医药的科学性，推动中医药的现代化与国际化。另一方面，坚持"人才引进来"策略，积极采取措施将国际上的一流专家引入中医药研究的队伍中来，在团队中发挥科学指导的作用，同时负责团队中骨干人才的培养，创造骨干人才与国际一流专家面对面交流与学习的机会，提升其创新能力。

第四，加强医学生医德教育，营造良好医德文化教育环境。古人云："医无德者，不堪为医。"医德作为一种行为准则，是医务人员必须遵守的职业道德，而医德教育是医学生德育教育的重要组成部分。中医医德理念内涵丰富、特质鲜明，是新时代加强医学生医德教育的宝贵资源。而在当今市场经济条件下，医疗行业出现一些不好的现象，一些医者缺乏仁爱之心，过分追求经济利益，将医道抛之脑后。行医并非只靠冷漠的技术，医者仁心是对医者最基本的道德要求。所以加强当代中医医德建设十分重要，中医药院校应当充分利用中医药文化所蕴藏的德育资源对学生开展思想道德教育，将习近平新时代中国特色社会主义思想融入立德树人全过程，融入学校"双一流"建设全过程，融入学校综合教育改革全过程，不断加强高水平的中医药人才培养体系建设，使中医药高等教育焕发出无穷生机与活力。通过践行习近平总书记以人民为中心的发展思想，落实以德树人的根本任务，不仅会增强中医药学生的职业道德，还会更加坚定中医药学生发展中医药的信念，中医药发展将势在必行。

（三）加大对中医药创新的支持力度，推动中医药可持续发展

习近平总书记指出，"创新是引领发展的第一动力，抓创新就是抓发展，谋创新就是谋未来"①。创新是中医药自身发展的关键，唯有创新才能推动中医药高质量发展。

第一，在继承的基础上进行创新。继承是发展的必然前提，对中医药的宝贵知识和经验的继承是中医药发展创新的源泉和基础。中医药历史文化源远流长，理论文献和医案书籍汗牛充栋、浩如烟海，理法方药和辨证论治理论自成体系，完整统一，临床经验和名医心得多有记载。屠呦呦就是受中医典籍启发提取出青蒿素，充分彰显了中医药的科学价值。中医药传承工作的主要任务是：对中医药理论进行系统整理和现代诠释，研究挖掘中医药科学文献和古典医籍，构建中医药知识库；收集整理名老中医的学术思想、临床经验和用药方法并进行系统研究，建立高效的传承方法和个体化诊疗体系；对传统制药技术和老药工经验进行深入研究，使之成为规范化的工艺技术；

① 中共中央党史和文献研究院：《十八大以来重要文献选编》（下），中央文献出版社，2018年，第752页。

对民族、民间医药传统知识和技术逐步开展挖掘研究、整理和继承；努力培养新一代名医。在中医药的创新发展中传承中医的特色优势，尊重中医的自身规律，才有可能在理论上有所发展、有所创新，临床防治能力才能提高。

第二，加快中医药科技创新，将古老的中医药与现代科技结合，产出更多原创成果。这是建设健康中国的战略要求，是建设创新型国家的重要组成部分，是发展健康服务业的不竭动力，是落实中医药发展国家战略的必由之路。中药、民族药中有很多优秀的药物有待开发，需要不断吸收现代科技手段，把药效、工艺、质量体系方面的标准应用于传统医药的开发上。因此，中医药的科技创新需要科学地选取标准化制定内容，建立中医药标准化的保障机制，不断丰富和发展中医药理论体系。通过技术创新不断提高中医药服务能力和技术水平，不断提高科技进步对中医药事业发展的支撑作用。在坚持弘扬中医药传统优势特色的前提下，整合优化中医药科技体系建设，与时俱进不断创新，争取在医学和生命科学方面有所突破，从而成为中国科技走向世界的突破口之一。

第三，鼓励多学科的学术交流、不同流派间的学术争鸣。交流是中医药创新发展的平台和机制。诸子百家的学术争鸣成就了我国历史上空前绝后的文化思想繁荣，为中华民族留下了宝贵的精神财富。东西方文化、汉胡文化的交流融合，使唐王朝成为一个充满生机、开放包容的强盛帝国，在中国的发展历程中书写了浓墨重彩的一笔。岐黄对问形成了《黄帝内经》，勤求古训、博采众方形成了《伤寒杂病论》，中医药理论与实践的交流、争鸣、融合，形成了中医发展历史上的各家学说和学术流派。多学科研究中医药，并将研究成果丰富完善于中医药理论体系之中，有利于中医药学的科学性、系统性、完整性发展，有利于中医药的学术进步和理论体系的创新。不同中医流派之间的交流、碰撞，有利于各家破除囿见，完善学术体系，丰富学术思想，提高学术水平。可见，学术交流可以拓展思路、取长补短、互相提高、共同进步。

（四）积极主动把中医药推向海外，加快中医药国际化进程

医药是人类共同的需求，中医药独特的实践价值和科技价值更容易被不同文化环境的各国人民所接受。在经济全球化的进程不断加快的当下，传统医药巨大的医疗价值和市场潜力日益显现，中医药在越来越多的国家和地区迅速普及，中医药国际呼声日益高涨，这给中医药走向世界创造了良好的机遇。中医药走向国际化的过程，实质上是中西两种文化碰撞的过程，是中医

药与现代西医药融合的过程，是语言工具转换、技术方法转变、理念意识转变，最终达到标准统一的过程。而这一过程并不是一帆风顺的，中医药在实际走出去过程中遇到了文化认同、语言障碍、标准制定三大困境。我们必须重视并解决中医药国际化过程中出现的问题，打破这些阻碍，推动中医药在全球范围生根发芽。

第一，制定和推广中医药国际化标准。规则的制定权和话语权往往决定着市场的走向。标准的制定对产业的发展至关重要。一般来说，谁掌握了标准的制定权，谁就在一定程度上掌握了技术和经济竞争的主动权。因此，在中医药国际化发展过程中，必须坚持"以我为主，保持特色"的中医药国际化发展战略主方向。在此方针的指导下，"以我为主"地完善中国中医药的标准和规范，并努力使之被国际社会所认同。具体而言，国家要成立专门机构，组织专家制定符合中药特点的中医药标准。在这一过程中，利用现有的科学技术对中药功效进行合理的科学化诠释，将之融入中药质量标准中，包括中药疗效和安全性评价与再评价标准，中药材、中药饮片、提取物及制剂的质量标准，中药生产和质量管理规范等主要技术标准等，以形成国际上认可的中药标准体系。

第二，在尊重多元文化的基础上，多渠道地推动中医药文化国际化。文化认同是中医药国际化的根本，由于中医药学深深植根于中国传统文化和哲学之中，与西方的文化背景和思维模式都有着很大的差异，西方文化背景下的人们已习惯了"看得见、摸得着"的西医理论，对有着悠久历史的中医药"整体性、宏观性"的内涵难以理解。因此，为了使中医药理论能被国际社会更好地理解，中医药文化必须先行。一方面，国家要积极实施中医药文化"走出去"战略，在政府高层"中医药外交"为主旋律的中医药国际外交的政治背景下，开展政府间的中医药交流与合作，通过外交、文化、教育和侨务等部门的各种渠道，发挥孔子学院文化交流、医疗科研机构学术交流等途径和形式的作用，以中医药知识为载体，促进中国文化的广泛传播，提高中国文化软实力。另一方面，利用中医药跨国企业的文化传播优势，借助多元产业化的力量。中医药文化"走出去"，不能只附着于中医药本身，要将中医药文化与企业产品相结合，如影视、动漫、餐饮、工艺品、药妆等。在文化产品"走出去"过程中，要注重当地文化的特点，选择目标国家民众可以接受的角度进行阐述，针对不同国家的文化制定相对应的宣传策略，积极探索中医药文化与各国本土文化融合发展的实现路径。与此同时，善用媒体传播功能。新冠疫情期间，中医药全程参与我国乃至全球抗"疫"，取得很好疗效，使中外人民感受到中医药的魅力。我们要借机通过中医药讲好中国故事，传播好中国声音，逐渐推进世界各国和地区民众对中医药知识体系的理解与认同，以此驱动中医药医疗、产业、科技等方面的国际化发展。相信通过中医学传统文化特色与中医药国际化并举，将为中医药的发展开创更广阔的天地。

第三，对中医药进行科学合理诠释，突破中医药国际化的语言障碍。中医药是以古朴深奥的古汉语为基础的学术语言表达方式，让人觉得"听不懂""说不清""道不明"，加之中医药的研究基础还很薄弱，若中医药专业术语在翻译过程中不规范，则会更阻碍人们对中医药内涵的理解与接受，这极大地影响了中医药国际化的推广。因此，推动中医药的国际化进程，需要加强中医药翻译工作，不断提高中医药翻译的质量和水平，克服中医药国际化在语言上的阻碍。首先，国家要积极培养更多高层次中医药翻译人才和复合型对外交流人才，打造一支具备中医学基础和英语等多方面知识才能、具有国际视野和跨文化交际意识的中医翻译青年骨干队伍，服务于中医药事业发展和国际传播。其次，加强中医药翻译中的传统文化传播。中医药知识背后承载着中华民族几千年以来的认知观、价值观等。中医药的翻译一定不能形成词汇的思维定式，也不能全部借用西方概念死板地进行翻译，理应秉持"文化传真"的基本翻译原则。所以中医药翻译工作者应加强对中国和中医传统文化的深入研究，使中医翻译既能准确传播医学信息，又能体现其中所蕴含的深厚的传统文化，彰显中医药的现代活力。最后，进一步加强中医术语翻译理论体系建设，加强中医学、翻译学、术语学等领域的学科交叉和融合。在学科领域内培养一批中医翻译专家，撰写一套系统的完善的中医翻译专论并出版专著，以建立完整的中医翻译理论体系框架，引领中医翻译发展方向，促进中医翻译更好更快地发展，从而被国际大众所接受。

第十一章　中国文物保护事业的发展

中国是一个历史悠久的文明古国，勤劳智慧的中华民族在创造光辉灿烂历史的同时，也用自己的活动创造了极为丰富的历史文物。这些珍贵的文物不仅是中国各民族优秀传统文化的结晶，是中国近现代革命斗争经历的见证，也是我们进行精神文明建设、弘扬优秀传统文化、进行爱国主义和革命传统教育的宝贵教材。

第一节　中国文物概述

一、文物的定义和保护条件

文物是一种凝结的历史文化遗产。通过文物，人们能看见千百年来的历史沧桑，感悟到祖辈们代代相传至今的文化根源，体会到中华文明的精神命脉，增强对中国优秀文化的自信，坚定全体人民振兴中华、实现中国梦的信心和决心。

"文物"一词在我国最早出现在战国初期成书的《左传》："夫德，俭而有度，登降有数，文物以纪之，声明以发之；以临百官，百官于是乎戒惧而不敢易纪律。"（《左传·桓公二年》）《后汉书·南匈奴传》有"制衣服，备文物"的记载。但这里的"文物"主要指的是体现礼乐典章制度的礼器和祭器，也就是史书上常提到的"典章文物"的文物，与我们现在所说的文物有很大的不同。宋代金石学研究的各种古代器物当时统称为古器物或古物。明清称为古董或骨董。这些名称一般均指如金石、碑刻、青铜、陶瓷等可移动的文物，而不包括古建筑、古墓葬等不可移动的文物。民国时期古物或文物并用，所指范围比以前广泛得多，如 1930 年民国政府颁布的《古物保存法》

第一条规定："本法所称古物是指与考古学、历史学、古生物学及其他与文化有关之一切古物而言。"1935 年北平市政府成立了"北平文物整理委员会"，其任务就是研究、整修古建筑。市政府还编辑出版了《旧都文物略》。这里的文物已经包括了古建筑等不可移动的文物。

中华人民共和国成立后，政务院和后来的国务院颁布的一系列有关文物的法律、法规均沿用了文物一词。

我们现在所讲的"文物"，是指人类创造的，在社会活动中遗留下来的具有历史、艺术、科学价值的遗迹和遗物。或者说，文物是历史上人们创造的或与创造活动有关的物质文化与精神文化的遗存，具有历史、艺术、科学价值，是重要的有形文化遗产。与人类活动无关的自然物质不是文物。例如恐龙化石虽然同文物一样受到国家保护，但恐龙化石仍然不是文物。

世界大多数国家没有与我国"文物"一词内涵完全对应的词。日本的"文化财"含义与我国的"文物"有一定区别。联合国教科文组织的"文化财产"相当于我国可移动文物，"（物质）文化遗产"相当于我国的不可移动文物。我国的"文物"一词翻译成英文为"Cultural relics"——文化遗物，我国文物考古界著名刊物《文物》的英文刊名就是"CULTURAL RELICS"。我国于 1982 年 11 月 19 日在第五届全国人民代表大会第二十五次会议上通过的《中华人民共和国文物保护法》（以下简称《文物保护法》，至 2017 年已经五次修订）的英文文本中"文物"一词也是 Cultural relics。Cultural Heritage（文化遗产）对应"文物"一词，也越来越多地得到使用，我国的国家文物局英文名即为"NATIONAL CULTURAL HERITAGE ADMINISTRATION"。

《文物保护法》第二条中所列受国家保护的文物可分为两种：一种为不可移动的文物，包括（一）项的全部、（二）项中的绝大部分（"纪念物"中少部分为可移动文物）；一种为可移动的文物，包括（三）（四）（五）三项。当然，"不可移动的文物"只是相对而言，如由于环境的变迁或基本建设的需要，出于保护的目的，经专家严格论证报有关政府部门批准，履行必要的法律程序，有的古墓葬、古建筑是可以易地搬迁的。

受国家保护的文物必须具备以下条件：

一是文物必须具有历史、艺术、科学价值。具体到文物个体，不一定同时具备三方面的价值，但必须具备某一方面的价值。例如广东虎门炮台，并不具有艺术和科学价值，但具有历史价值，是我国人民当时反抗帝国主义的实物见证，当然是珍贵的文物。殷墟出土的商代司母戊青铜大方鼎具备了历史、艺术和科学三方面的价值，当然也是珍贵的文物。20 世纪 30 年代中华苏维埃政府铸造的钱币，不仅是我国近现代经济史、钱币史研究的对象，更是我国革命史的实物见证，也是具有历史价值的文物。但是，历史、艺术、科学价值是相对而言的。任何过去的遗物或遗迹都有或多或少的历史价值，而历史价值的大小是决定文物等级或是否属于文物的重要方面。当然，艺术和科学价值也是如此。新石器时代龙山文化的残铜片，是我国青铜起源的实物见证，尽管残破且锈迹斑斑，但具有重要的历史价值和科学价值，是极为珍贵的文物。而这样的残铜片如果出土在明清时代的地层中，除非有特殊的原因，否则毫无价值。

二是文物必须具有代表性。我国是一个历史悠久的古国，地上和地下的文物众多，我们不可能也没有必要把它们全部保护起来，而只能选择具有代表性的文物进行保护。例如我国新石器时代的仰韶文化遗址数量很多，这些遗址不可能在进行过田野考古发掘后全部保护起来，而只能选择如半坡遗址、姜寨遗址等少数重要的、具有代表性的仰韶文化遗址建立遗址博物馆进行保护。大多数遗址在考古工作后进行回填。有些遗址由于生产建设的需要而被破坏。例如我国的三峡工程使大量的文物被库水淹没，所有古遗址被考古发掘后将没入水中，有代表性的古建筑被搬迁到安全的地方，那些不重要的、没有代表性的古建筑只能放弃。

三是文物必须具有广泛性。我国地域辽阔，民族众多，受国家保护的文物应当是我国各时代、各民族、各地区和各个领域的代表性文物。文物的广泛性并不是指某种文物分布地域的广泛，而是指文物种类的广泛。例如南北朝时期鲜卑人的马具、云南广西的铜鼓、北方草原的匈奴牌饰等都有一定的分布地域，但它们都是特定时期特定族群某一领域的代表性文物。

以上三个条件是相辅相成、互有联系的。一件古器物虽然反映了某地区某一时代一个方面的历史，但这件古器物并不具有代表性，那么也不可能成为受国家保护的文物。民国时期民间使用的粗瓷碗，反映了民国时期下层人民生活的一个方面，但这种粗瓷碗大量存在，并不具有代表性，因而不是受国家保护的文物。

判断某文物是否具备历史、艺术和科学价值，是否具有代表性是专家们的工作，我国文物的最高管理机关国家文物局下设有文物鉴定委员会，各省、市、自治区大多也设有文物鉴定机构。文物的历史、艺术、科学价值是客观存在的，但人们对文物价值的认识不是一次完成的，这种认识会因研究的深入、科学的进步和社会的发展产生变化。

根据文物本身的价值，我国对受国家保护的文物实行分级管理：古文化遗址、古墓葬、古建筑、石窟寺、石刻、壁画、近代现代重要史迹和代表性建筑等不可移动文物，根据它们的历史、艺术、科学价值，可以分别确定为全国重点文物保护单位，省级文物保护单位，市、县级文物保护单位。历史上各时代重要实物、艺术品、文献、手稿、图书资料、代表性实物等可移动文物，分为珍贵文物和一般文物；珍贵文物分为一级文物、二级文物、三级文物。

二、文物的价值

所谓文物价值，系指文物的用途及其所起的积极作用。

文物价值体现在文物自身，它具有有形价值和隐形价值双重特性，而文物价值的高低又是由文物自身决定的，所以它又具有客观性。一般而言，文物应具有历史、艺术、科学价值。但事实上有的文物并非三种价值皆具备，其中有的仅具有一种以上的价值。至于近现代的遗物、遗迹，是否确定为文物，要视其是否具有典型代表性和纪念价值而定，如若具有纪念价值的也属于文物。因而就整体而言，文物应是具有历史、艺术、科学价值的遗物、遗迹。

（一）历史价值

文物，无论是留传下来的遗物还是地表地下的遗迹，都属于人类在历史上创造的物质文化遗存，因此它必然具有特定的历史性。而文物，又是一定历史时期人类为生产、生活和艺术而创造的产物。因之，它又无不打上时代的烙印，体现出鲜明的时代特征，蕴含着该时代的各种信息，而具有历史的阶段性。由此可见，我们可以通过文物从不同的角度来探究某一地区的某一历史时代和不同历史时期的经济、政治、文化、艺术、科学、军事、社会习俗等等。这就是文物所具有的历史价值。

由于文物具有历史性、时代性，它蕴含着人类历史不同时代的诸多信息，通过对它的研究，从中获取种种信息，我们得以较具体而形象地认识历史的本来面目，接近历史的真相。如人类没有文字记录的上古传说中的社会，这段历史跨度最长，时间占去人类文明史九成以上，而当时的人类却无文字，其历史信息均储存于物质文化遗存中。要恢复这段漫长的历史只有依靠考古发掘所获取的文物和古迹。

从对已获取的史前人类遗留下来的物质文化遗存进行研究与分析，原始社会又可分为旧石器时代和新石器时代。就中国而言，迄今已发现和含发掘的石器时代遗址多达 200 多处，如著名的元谋遗址、龙山遗址、半坡遗址、河姆渡遗址等。其分布地域十分广泛，各省区都或多或少有所发现。通过对当时的文化层、遗迹、遗物并结合人类化石、动物化石的探讨和研究，已基本上建立起旧石器文化的年代编年，并根据古脊椎动物化石的种属及生存与遗迹的变化及采用孢粉分析等技术手段恢复古人类的生活状况及其自然环境，从而大致恢复了人类社会早期的历史，勾勒出当时人们生活的社会面貌。

当人类社会步入新石器时代，其物质文化遗存就更加丰富多彩，为我们研究和恢复原始社会晚期历史提供了更加复杂多样的文物资料。就中国而言，经三次全国性的文物大普查及日常性的文物调查，迄今已发现新石器时代遗址多达 7000 多处，其中先后四批公布列为全国保护单位的就有 750 处。其分布范围较为广泛，可谓遍布全国各省、市、自治区及大多数县、市。经科学发掘的遗址也已达 400 多处，其中以黄河流域发掘的遗址最多。

（二）艺术价值

文物的艺术性，主要是视其所具有的审美、欣赏、愉悦功能、借鉴作用和美学、美术史、艺术史的资料价值，它们之间既相互渗透，又相互制约。

审美功能，主要指由美学带给人的艺术启迪和美的享受。欣赏功能，主要指从观赏的角度给人以联想并陶冶人的情操。愉悦功能，主要指给人以娱乐并寓教于乐。借鉴作用，主要是指取其精华，从艺术表现形式、手法技巧和制作工艺等方面得以借鉴和创新。美学、美术史、艺术史的资料价值，系指为美学、美术史、艺术史的研究提供弥足珍贵的实物资料。

一般说来，不是所有的文物都具有艺术性（比如生产工具），而具有艺术性的文物，其用途和作用也有所不同。以其用途和作用不同，大致可分为四大类：

第一类，融实用与审美为一体的遗物和遗迹。如各种金玉等材质的装饰物、铜器、陶器、瓷器等物品，各种亭台楼阁、寺庙、宫观、桥梁、牌坊、陵墓等遗迹。

第二类，为供观赏而创作的工艺品、美术品等艺术品。如不同时期的雕塑、绘画、书法等作品。

第三类，根据各种祭祀时用的礼器、法器和供奉的对象而创作的宗教雕塑艺术作品。如玉璧、玉琮、玉圭及各种佛像菩萨像等宗教造像。

第四类，明器（专为随葬制造的器物）中的一些器物。如各种人物俑、动物俑、镇墓兽、摇钱树等，以及著名的秦始皇陵兵马俑。

（三）科学价值

文物所具科学性，系指文物蕴含的知识、科学与技术信息。各种文物从不同的侧面反映了它们产生的时代的生产力水平和科学技术水平。如陶器的发明具有划时代意义。用黏土烧造器皿，这是人类首次利用天然材料创作人造用具，是人类对土调水具有可塑性的物理性能认识的标志，也是人类发现陶坯经焙烧可变硬的化学变化的标志。

青铜器的发明是人类的又一划时代创举。青铜器的发现是人类已掌握合金冶铸技术的实物证据。

纺织品的发现，是人类掌握纺织技术的标志。

建筑遗迹的发现，是人类掌握建筑技术的标志。

天文图像的发现，表明人类已掌握一定的天文知识。

彩陶纹样中发现有用同样笔画构图的，表明人类在当时已掌握了一定的数学知识。

铁器的铸造和使用，在人类社会发展史上又是一个具有划时代意义的创举。世界各地人工冶炼铁和铸造铁器的时间早晚不同。中国发现最早的铁器是春秋时代铸造的，其中多数发现于湖南长沙地区。春秋末至战国初，冶铁技术有很大发展，是冶铁史上的重要发展阶段。早期的块炼铁已发展到块炼渗碳钢，白口生铁也发展为展性铸铁。至西汉中叶，灰口铁、铸铁脱碳钢开始兴起。而后，又到生铁炼钢（含熟铁）新工艺。到南北朝时期，新发明了杂铁生揉的灌钢工艺。至此，具有中国传统特色的古代冶铁技术体系基本建立。

瓷器，是中国的伟大发明，在世界各国中闻名遐迩，中国也因此被誉为"瓷国"。瓷器烧造发源于陶器的烧造。早在新石器时代大汶口文化中晚期就开始出现选择高岭土烧制白陶器的现象。瓷器，已知始见于东汉，最早烧制的是青瓷。浙江上虞上浦小仙坛东汉晚期龙窑窑址出土的饰斜方格纹的青釉坛为我们提供了实物证据。其后，从出土的大宗瓷器表明，随着烧制技术的不断提高，白瓷、黑釉瓷、窑变瓷、白釉黑花瓷、影青瓷、青花瓷、釉里红瓷、"玳瑁"釉瓷、铜红釉瓷、斗彩瓷、五彩及青花五彩瓷，以及釉上蓝彩、釉下五彩、釉下青花、金彩、粉彩、墨彩等瓷器相继问世。品种繁多，釉色缤纷，装饰题材丰富多彩，装饰纹样瑰丽多姿。从陶器、原始瓷器至瓷器，以及每一种瓷器的出现，如著名的元青花，都体现出技术的进步、窑炉的改进、工艺的提高，也充分体现了不同时期的科学技术水平。

从上述陶器、青铜器、纺织品、铁器、建筑遗迹、瓷器可一窥文物所具有的科学价值，也充分表明文物具有科学价值的客观性。[1]

三、文物保护的管理

文物保护与管理，是国家文物行政管理部门的基本职能。国家通过法律、行政、经济、教育和科学技术等手段，协调、处理文物保护与国家各部门、各社会团体及全体国民的关系，并通过全面规划、综合治理，制止和防止人为的与自然力对文物的破坏与损害，以达到保护文物的目的。中国对文物的保护与管理，制定了"保护为主，抢救第一"的方针，并提出"有效保护，合理利用，加强管理"的指导思想。这对新时期文物保护与管理工作具有重要的指导意义。

（一）文物管理机构

文物管理机构，系指国家各级文化（文物）行政管理部门。各国文物管理机构的设置及称谓不尽相同。就中国而言，中央设有直属国务院（也曾直属文化部）领导的国家文物局，各省、市、县设有属文化厅（局）领导的文物局（处）或称文物管理委员会等。它们代表各级人民政府主管全国或本行政区域内文物保护管理工作，依照法律和文物法规行使对文物的保护管理权力。

我国主管全国文物工作的国家文化行政管理部门是国家文物局。国家文物局对全国的文物保护工作依法实施管理、监督和指导。担负的主要职责包括：贯彻执行《中华人民共和国文物保护法》，制定和颁布文物博物馆工作行政规章和具体政策；提出全国重点文物保护单位、历史文化名城保护名单，并报国务院批准；提出我国待报世界文化遗产名单，报联合国教科文组织批准；组织、指导全国文物博物馆工作，审批全国重点文物保护单位的维修方案和考古发掘项目；组织、规划文物保护科学技术研究工作，审定重大文物科研项目等。

---

[1] 吴诗池：《文物学概论》，上海文艺出版社，2005年，第55~57页。

地方各级人民政府保护本行政区域内的文物。各省、自治区、直辖市和各市县的文化行政管理机构（文化厅、文物局，各市县的文化局）代表人民政府主管本行政区域内的文物保护管理工作，依照法律和法规行使对文物的管理权。各博物馆（院）、纪念馆、文物保管所、考古（文物）研究所等事业单位，是进行文物保护、研究、宣传的业务机构，这些单位受文化（文物）行政机构的委托，进行文物保护管理的具体业务工作。有的文物保护单位还专设保管机构（如保管所或保护小组等）。

此外，中国还建立了一个由人民政府和有关部门的负责人及有关专家学者组成的文物保护管理委员会，以协助政府领导文物保护管理工作，督促、推动有关部门和社会各界贯彻执行文物法规，协调解决文物保护管理工作中的重大问题。

（二）文物的分级管理

为了最有效地保护、研究和利用好我国的文物，根据文物不同的历史、艺术和科学价值，《中华人民共和国文物保护法》规定，不可移动的文物和可移动的文物均划分为不同的级别分别保护。

不可移动的文物包括革命遗址及革命纪念建筑、石窟寺、古建筑及历史纪念建筑、石刻及其他、古遗址、古墓葬六类，划分为县（自治县、市）级文物保护单位、省（直辖市、自治区）级文物保护单位和国家重点文物保护单位。保存文物特别丰富、具有重大历史价值和革命意义的城市，由国家文化行政管理部门会同城乡建设环境保护部门报国务院核定公布为历史文化名城。县、省两级文物保护单位均需由县、省文化文物行政管理部门提出名单，报同行政区域人民政府核定公布，报上一级人民政府备案。全国重点文物保护单位由国家文化行政管理部门在各级文物保护单位中，选择具有重大历史、艺术、科学价值的作为全国重点文物保护单位，或者直接指定全国重点文物保护单位，报国务院核定公布。1961年，国务院核定公布了第一批全国重点文物保护单位。此后，国务院分别于1982年、1988年、1996年、2001年、2006年、2013年和2019年陆续公布了第二至第八批全国重点文物保护单位。其中1961年，国务院核定公布了第一批全国重点文物保护单位180处；1982年公布第二批全国重点文物保护单位62处；1988年公布第三批全国重点文物保护单位258处；1996年公布第四批全国重点文物保护单位250处；2001年公布第五批全国重点文物保护单位518处；2006年公布第六批全国重点文物保护单位1080处；2013年公布第七批全国重点文物保护单位 1943 处；2019 年公布第八批全国重点文物保护单位 762 处，全国重点文物保护单位增至 5058 处。我国的文物保护单位只占我国经文物普查所知不可移动文物总数的一小部分。

未公布为文物保护单位的不可移动文物有两种情况：一是由于研究不够而未能认识文物的价值，随着研究的深入，文物的价值逐渐被认识，就有可能成为文物保护单位；二是经研究鉴定，价值较小不可能被核定公布为文物保护单位。无论以上哪种情况，都不意味着未公布为文物保护单位的文物就没有价值或不值得保护。《文物保护法实施细则》规定，这些文物由县级人民政府予以登记，并加以保护。

另外，中国于 1985 年 12 月 12 日正式加入《保护世界文化与自然遗产公约》；1986 年，中国开始向联合国教科文组织申报世界遗产项目。1999 年 10 月 29 日，中国当选为世界遗产委员会成员。截至 2019 年 7 月 6 日，中国世界遗产已达 55 项，其中世界文化遗产 37 项、世界文化与自然双重遗产 4 项、世界自然遗产 14 项，与意大利并列为拥有世界遗产最多的国家。

可移动文物的收藏保管的主体在我国是各种类型的博物馆、纪念馆和科研机构，其中以国有的占绝大多数，近年来出现了少量的私人办的博物馆。国有文物收藏单位由于工作性质不同，因而收藏的文物的种类、数量也有很大区别。为了研究和陈列展览的需要，更主要的是为了更好地有重点地保护好珍贵文物，必须根据国家的有关规定，对馆藏文物在科学鉴定的基础上，按照历史价值、艺术价值和科学价值的不同，分别划定为一、二、三级文物，并设置文物藏品档案，建立严格的管理制度，并向文化行政管理部门登记，不够级别的文物，一般可作为资料或者参考品由收藏单位保存。

第二节　中国文物保护的政策和法律法规

文物保护最需要的制度性保障，我们党早在民主革命时期就有了非常成熟的理念与实践。

一、民主革命时期的文物保护政策

早在延安时期，1939 年 3 月 2 日，中共中央宣传部发出《关于保存历史文献及古迹古物的通告》指出："一切历史文献以及各种古迹古物，为我民族文化之遗产，并为研究我民族各方面历史之重大材料。此后各地方、各学校、各机关和一切人民团体，对于上述种种，亟宜珍护，如有地下发掘所得之各种古迹古物，更望勿有遗失或损害，并请送至本部保存及供人研究，是所至盼。"① 同年 11 月 23 日，陕甘宁边区政府为调查古物、文献及古迹，向下级领导发出训令，训令由边区政府主席林伯渠、副主席高自立、教育厅厅长周扬签署。文件明确指出："查我国西北一带，原系祖先发祥之地，而边区又为西北之要地，历代所遗文物胜迹之多，自不待言。此项古物古迹，或已被发现而尚无适当保管，或保存未尽妥善，或有经发现即为私人收存，未被社会所知晓，更有埋没未经发现者，当不在少数。而历代古物、文献与古迹实为研究过去社会历史与文化之发展的必需参考材料。我边区既有丰富之历代文物胜迹，乃过去未加注意，任其弃置散失或深藏，不惟足以抱憾，实亦文化上之损失。本政府现在决定对边区内所有古物、文献及古迹加以整理发扬，并受予保存。"② 训令还对调查古物、文献及古迹事宜进行了具体部署，要求将下发的古物、文献、名胜古迹调查表 3 种，"依表填记，统限于本年底查填完成，汇集呈送教育厅"③。

我们党还十分重视对文物事业基础设施的建设。1940 年 3 月 31 日，陕甘宁边区蒙古文促进会在延安成立后，即向边区政府建议在延安修建成吉思汗纪念堂和蒙古文化陈列馆。边区政府采纳了这个建议，并很快选址施工。同年 7 月 24 日，成吉思汗纪念堂暨蒙古文化陈列馆落成典礼在陕北公学所在地杨家湾村举行。毛泽东为成吉思汗纪念堂题写了匾额。纪念堂和蒙古文化陈列馆由陕北公学少数民族部管理。1941 年初，陕甘宁边区政府通过协议，商定在延安建立大礼堂、运动场、博物馆和俱乐部。但由于财政经济困难，仅建成了陕甘宁边区参议会礼堂，博物馆的修建工作被暂时搁置。5 年之后，陕甘宁边区第三届参议会对有关建立陕甘宁边区革命历史博物馆的提案达成一致。5 月 16 日，由赵伯平、邓洁、曾三、曹力如、鲁直、柯仲平、江隆基等同志组成的陕甘宁边区革命历史博物馆筹备委员会在延安成立，并开始具体筹备工作。但是，由于国民党政府挑起了全面内战，这一工作再次被迫停止。

---

① 《关于保存历史文献及古迹古物的通告》，《解放》，1939 年 3 月 8 日第 66 期。
② 罗冬琴：《简论陕甘宁边区的文物保护事业》，《中国民族博览》，2016 年第 10 期，第 238 页。
③ 罗冬琴：《简论陕甘宁边区的文物保护事业》，《中国民族博览》，2016 年第 10 期，第 238 页。

1947 年颁布的《中国土地法大纲》中已规定应妥为保护名胜古迹和有历史、学术价值的文物，受大纲精神的指导，各边区都有相应的法令颁布，中央与各地方分局、军政委员会都对文物保护制定颁发过相关的文件，新中国成立以后的相关法令都可见到它们的影子。如 1948 年华北人民政府陆续下发有《关于文物古迹征集管理问题的规定》《为保护各地名胜古迹、严禁破坏的训令》《为禁运古物图书出口令》等，重申文物保护规定，并适时地加入新内容。东北行政委员会颁发有《东北解放区古迹古物保管办法》《东北解放区文物奖励规则》等。其中由陕甘宁边区政府主席林伯渠、陕甘宁晋绥联防军区司令员贺龙、中共中央西北局书记习仲勋联合签发的《保护各地文物古迹布告》最具代表性。该布告责成各级党政军首长对其所属人员及部队进行教育，并规定有具体的实施办法。这一布告的发布，使西北地区的大量文物古迹得以保护，从而留下了一段文物保护史上的佳话。

1948 年陕甘宁边区政府机关迁回延安后，仍然十分重视文物的保护工作。7 月 20 日，延属分区领导同志李景林、张育民，联合致信富县县政府负责人苏耀亮、宋居义，信中写道："据说你县有铜钟一口，林主席对此物很关心，希切实调查。如确有此物，应妥为保存，并函告林老。"[1] 信中所指的铜钟，即著名的宝室寺铜钟，铸造于唐太宗贞观三年（公元 629 年），重 3000 斤（唐制），是我国现存最早的一口唐代铜钟，有"天下第一古钟"之誉。1942 年 12 月，林伯渠主席在富县视察工作时，曾观赏了这口铜钟，并以《宝室寺铜钟》为题，写下七绝一首，诗曰："霜笼郝峙月如钩，玉女泉清水自流。宝室钟声依旧在，千年金韵想唐初。"[2] 经历了国民党军队进攻的战乱，林伯渠十分关心这一稀世国宝是否能够逃脱战火的洗劫，指示延属分区领导发函询问。富县县政府负责人接函后，即亲自调查，证实宝室寺铜钟完好无损，立即致函林伯渠主席，汇报了铜钟的现状，并请示是否将铜钟运往延安保护。8 月 1 日，边区政府秘书处复函富县县政府："兹经（林）主席批示：你处钟鼓楼铜钟，务请加以保护，免使损失或毁坏，不必运来延安。"[3] 林伯渠同志对宝室寺铜钟保护问题的重视，充分显示了中国共产党

---

① 罗冬琴：《简论陕甘宁边区的文物保护事业》，《中国民族博览》，2016 年第 10 期，第 239 页。

② 罗冬琴：《简论陕甘宁边区的文物保护事业》，《中国民族博览》，2016 年第 10 期，第 239 页。

③ 罗冬琴：《简论陕甘宁边区的文物保护事业》，《中国民族博览》，2016 年第 10 期，第 239 页。

人保护祖国文化遗产的一片赤诚之心，也从一个侧面显示了陕甘宁边区政府重视文物保护工作的力度和深度。

1948 年 12 月 15 日，在解放军已包围了北平的时候，毛泽东在给林彪、罗荣桓、刘亚楼等的电报中指出："请你们通知部队，注意保护清华、燕京等学校及名胜古迹等。"[①] 17 日，毛泽东又指示给林彪、罗荣桓、刘亚楼等："沙河、清河、海淀、西山系重要文化古迹区，对一切原来管理人员亦是原封不动，我军只派兵保护、派人联系，尤其注意与清华、燕京等大学教职员、学生联系，和他们共同商量，如何在作战时减少损失。"[②] 这个时候已把保护北平故都文物古迹作为和平解放的一个内容。周恩来副主席指派解放军到清华大学（其时清华大学已解放）和梁思成先生等商谈万一和谈不成要不得已打炮时，哪些古建筑文物需要保护，不得为炮击的目标。不久北平和平解放，大军即将南下解放全中国了，周恩来指示部队要保护全国各地的古建筑，并在一次会上明确指示要保护宁波天一阁、吴兴嘉业堂藏书楼、常熟铁琴铜剑楼等古建筑和藏书。根据周总理的指示，由清华大学和中国营造学社合办的中国建筑研究所，日夜加班赶编出一本《全国重要建筑文物简目》发到军中，要解放军在解放全国各地时，注意保护那里的建筑文物。这本简目不仅在解放战争中而且在新中国成立之初对接管各地政权时在保护古建筑文物方面都起了重要的作用。[③]

1949 年，北平历史博物馆在征集革命文献的实物一项中，烈士遗物、兵器、旗帜、纸币、邮票等都在征集之列。12 月 2 日，陕甘宁边区政府领导签发《陕甘宁边区政府为收集革命文献、实物的通令》，将收集内容予以列举："一文献：凡公开发行之报纸、杂志、图书、表册、宣言、标语、日记、手稿、传记、墓表、信札、墨迹、影片、年画、木刻以及一切有关革命之史料（反革命之文献有关革命者亦在征集之列）。二实物：烈士遗物、雕像、秘密和公开时期的兵器、旗帜、标帜、证章、印信、货币、邮票、印花、土地证以及一切有关革命的历史实物（反动政府压迫革命实物亦在搜集

---

① 中共中央文献研究室：《毛泽东年谱（一八三一——一九四九）》（下卷），人民出版社、中央文献出版社，1993 年，第 419 页。

② 中共中央文献研究室：《毛泽东年谱（一八三一——一九四九）》（下卷），人民出版社、中央文献出版社，1993 年，第 421 页。

③ 罗哲文：《缅怀周恩来总理对文物古建筑保护事业的关怀与丰功伟绩——纪念周总理诞辰 100 周年和逝世 22 周年》，《古建园林技术》，1998 年第 3 期，第 11 页。

之列）。"① 陕甘宁边区政府的这一通令，是目前所知新中国成立初期地方政府最早发布的关于保护和征集文物的文献，对新中国成立以后西北地区革命文物征集热潮的兴起，发挥了重要的历史作用。

二、新中国成立后的文物保护政策与法律法规

（一）1949—1978 年

1. 中共建政之初设立文化部文物局

1949 年 11 月 1 日，中央人民政府成立文化部，设立文化部文物局。当时文化部下面设一厅六局，文物局是其中之一，主管业务有文物、博物馆事业，还有图书馆事业。文物局局长为郑振铎，副局长为王冶秋。②

1950 年 5 月 24 日，中央人民政府政务院颁布了第一批保护文物的法规，像关于文物出口的《禁止珍贵文物图书出口暂行办法》、关于考古调查的《古文化遗址及古墓葬之调查发掘暂行办法》、关于古建筑保护的《关于保护古文物建筑的指示》等。这几个文件的文号是"政文董字"，"董"是董必武签发的意思。可以说从 20 世纪 50 年代新中国颁布《禁止珍贵文物图书出口暂行办法》等第一批文物保护的法令之后，文物大规模外流的情况很快就被制止了，那时外国人还想往外带珍贵文物，就不行了。这标志着过去听任中国珍贵文物大量外流的时代的结束，标志着近代以来中国文物被破坏、被盗掘、被走私的历史的结束，在一定意义上也标志着中国人民在帝国主义面前站起来了。可以说从 20 世纪 50 年代起，文物走私、盗窃等文物犯罪杜绝了，一直到 80 年代中期以后才又沉渣泛起。③

我国于 1950 年在禁止珍贵文物出口、保护古建筑、考古发掘等方面颁布了一系列政令，从中央到地方都建立了文物保护行政机构。中央人民政府有文化部文物局，中国科学院有考古研究所，都是郑振铎负责的，地方上也

---

① 罗冬琴：《简论陕甘宁边区的文物保护事业》，《中国民族博览》，2016 年第 10 期，第 239 页。

② 谢辰生、姚远：《谢辰生口述：新中国文物事业重大决策纪事》，生活・读书・新知三联书店，2018 年，第 19 页。

③ 谢辰生、姚远：《谢辰生口述：新中国文物事业重大决策纪事》，生活・读书・新知三联书店，2018 年，第 26 页。

有各级文化局。新中国成立初期在省一级建立了很多由省政府副主席或者省政协副主席兼任主任的省文物管理委员会，下设办事机构，一些文物丰富的城市也建立了文管会。这样，从中央到地方有系统地建立了文物保护管理的机构，这是近代以来中国从来没有过的。在郑振铎、王冶秋、梁思永、夏鼐等人的主持下，中国历史上从未有过的由国家进行的大规模文物保护管理和考古发掘工作由此展开。

1953 年 10 月，为了配合基本建设，政务院下发《关于在基本建设工程中保护历史及革命文物的指示》，这个文件是政务院秘书长习仲勋签的，文号叫"政文习字第 24 号"。文件一开始，就提出文物工作和建设工作要紧密结合在一起，做好文物保护工作是文化部门和基本建设部门共同的重要任务。该指示对基建工程中怎样保护文物提出了具体明确的规定：在较大规模的基本建设工程确定施工路线、施工地区之前，要和文化部门联系；对于地面古迹及革命建筑物，除非确实有必要，不得任意拆除，拆除要经文化部门批准；对于地下文物，发现大量地下文物或古墓葬、古遗址时，应立即停工，报文化部门处理，有重要的发现，还要报中央文化部。在重要古遗址地区，如西安、咸阳、洛阳、龙门、安阳、云冈等地进行基本建设，主管部门要会同中央文化部与中国科学院研究保护、保存或清理的办法。这些原则今天来看也是正确的。

这个时期还确立了"两重两利"的方针。"两利"就是陆定一看基本建设工程中出土文物展览的时候题词中提出来的，"既对文物保护有利，又对基本建设有利"。后来又加上"重点保护，重点发掘"，就是"两重两利"方针，这是周总理归纳出来的。不过，值得注意的是，这个"两重两利"不是我国文物工作的全面方针，而是在第一个五年计划的背景下，配合基本建设时期提出来的方针。

"一五"计划建设时期，我们确定了以配合基本建设进行考古发掘为中心的全面文物保护管理工作。1953 年春，西安灞桥火力发电厂施工现场发现了半坡遗址，这是中国科学院考古研究所同陕西省文物部门一块儿发掘的，成为基本建设中的一个大发现。1956 年，郑振铎到西安考察，陈毅也路过西安，他们参观了半坡的发掘现场，还有其他一些遗址。陈毅在西安当即做了两个决定：在半坡建一个遗址博物馆，国家拨款 30 万元；丰镐遗址上的砖窑厂要限期迁出去。可以说，是陈毅拍的板，在半坡遗址建设了中国第一个遗址原址上的博物馆。

中国共产党一进城，先不让出口文物，解决问题了。然后在 1953 年第一个五年计划的时候，出了这个基本建设中保护文物的指示。接着确定了"两重两利"的方针，提出全面的方针，即配合基本建设，进行考古发掘为中心的全面文物保护管理工作，并在全国范围内开展了保护工作。这些是新中国成立后的前几年党在文物保护事业方面的英明决定。

2. 文物法制的初步建立

1956 年国务院颁发了"国二文习字第 6 号"文件，就是《关于在农业生产建设中保护文物的通知》。1953 年基本建设中保护文物的文件是郑振铎亲自起草的，这个农业生产建设中的文件是由谢辰生起草的。文件还第一次提出进行全国文物普查和建立文物保护单位制度，这是中国文物保护史上前所未有的大事，是文物保护工作者进行文物工作最基本的基础性措施。根据文件的要求，全国各省很快就公布了第一批文物保护单位。文件要求当地政府把对这些文物的保护纳入各地的建设规划，从而加强了文物的保护管理力度。这个通知提出的许多内容，诸如建立文物保护单位制度、开展全国文物普查、强调群众参与等非常重要的内容，都是中国文物保护史上的第一次，这是一个极其重要的大转折。

这个《关于在农业生产建设中保护文物的通知》下发得非常及时，进行文物普查，公布文物保护单位，大遗址保护重点抓典型，都是非常基础、非常重要的工作。这个文件发下去以后，全国各地都在认真地执行，但是也出现过个别破坏文物的事，比如浙江省龙泉县政府拆了五代和北宋的三座古塔。在习仲勋的支持下，国务院下发了文件，严查了龙泉县拆塔事件，后来县长也被免职了。

1960 年 11 月 17 日召开的国务院 105 次全体会议讨论通过《文物保护管理暂行条例》（以下简称《条例》），同时还公布了第一批全国重点文物保护单位名单。《条例》是新中国文物法制的重要基石，它提出的很多重要原则后来被《中华人民共和国文物保护法》沿用至今，而且其主要规定跟世界上通行的文物保护的原则也是一致的。

《条例》的颁布实施是一个十分重要的划时代的基础性工作，提出了很具体的要求。比如我们在古建筑修缮方面，《条例》规定了"保持现状或者恢复原状"的原则，但是怎么才是恢复原状学术界是有分歧的。在当时的经济社会条件下，我们在实际工作中确定了古建筑依据"保养为主，重点修缮，维持不漏不塌"的方针进行修缮，重点实际上是"保持现状"。这个《条例》再加上勘查燕下都的经验，文物保护管理工作完全具备了提出"四有"的条件，即有保护范围、有标志说明、有专人管理、有科学记录档案，每个文物保护单位必须具备这四条，这样基本的规章制度差不多都有了。

《条例》第一条就提出"一切具有历史、艺术、科学价值的文物，都由国家保护"。我们抓住了三条，以历史、艺术、科学的价值，来作为认定文物的统一的标准。我们抓住这三点价值，任何有价值的物质文化遗存都可以进入文物的范畴，是从综合到具体，不像国外有的国家，通过列举的方式界定文物，这个杯子是，那个茶壶不是，只有具体，没有综合，是机械的形而上学的。《条例》规定"与重大历史事件、革命运动和重要人物有关的、具有纪念意义和史料价值的建筑物、遗址、纪念物等"就是文物，没有从时间上排除现代文物、当代文物。所以我们早就有了 20 世纪遗产、工业遗产的认识和保护实践。像天津的三条石，是近代的铸铁业、机器业的聚集区，我国 20 世纪 50 年代就建立了三条石历史博物馆，还是周总理亲自题写的馆名。我们在新中国成立初，就把新中国的文物保存了，像第一批全国重点文物保护单位就有人民英雄纪念碑；第一汽车制造厂生产的第一辆汽车，我们作为文物保存了。这些今天看起来新鲜的概念，像 20 世纪遗产、工业遗产、大遗址，我们在过去根据对文物的科学定义早就有过保护的实践。

在"文化大革命"中，在"破四旧"的口号下，我国刚刚成型的文物保护体系遭到严重破坏，大量文物被毁。1967 年 5 月 14 日，《中共中央关于在无产阶级文化大革命中保护文物图书的几点意见》〔中发（六七）158 号〕（以下简称"158 号文件"）发出去，一直发到县团级。这个文件里面如何保护文物的具体的规定，到今天看也是正确的。可以说，文物工作新中国成立以来在中央的层面，始终保持了正确原则。文物工作坚持"保护为主"的方针，一直没有变过。"158 号文件"不仅是"文化大革命"期间的第一个文物保护的文件，也是新中国成立至今唯一一份以中共中央名义发出的保护文物的文件。这个文件在当时对于纠正破坏文物的极"左"思潮，避免我国的珍贵文物继续被毁坏起到了重要作用。

（二）1978 年至今

1. 《中华人民共和国文物保护法》的出台

在党的十一届三中全会以后，我国的法律体系逐渐完善，我国的文物保护事业也逐渐走上了法制化的轨道。在《中华人民共和国宪法》《中华人民共和国刑法》以及《中华人民共和国刑事诉讼法》《中华人民共和国民法通则》《中华人民共和国继承法》《中华人民共和国城市规划法》《中华人民共和国环境保护法》等大量法律、法规和行政规章中，都有有关文物保护的条文。

在起草《中华人民共和国文物保护法》（以下简称《文物保护法》）过程中，既总结了新中国成立以来文物工作的经验教训，又借鉴了国际社会的经验，特别是联合国教科文组织的一些条约文件，还有意大利等国家的一些正确做法。所以这个法是顺应改革开放的新形势，非常适时地制定的，比以前的规定有所增加，内容更丰富，要求更严格。

到 1982 年制定的《文物保护法》，我们提出要坚持"不改变文物原状"的原则，是吸收了以《威尼斯宪章》为代表的国际共识。所以在《文物保护法》第十四条提出，文物保护单位在进行修缮、保养、迁移的时候，必须遵守不改变文物原状的原则。这里的原状并不是指文物建筑最早营建时的原状，而是指建筑物最初发现被确定为文物保护对象时的"现状"，因而包括历史上增加或改动的有价值的部分，都要作为"原状"保护下来。因为它同样是一种历史的痕迹。保持原状主要是指以下几个方面：（1）建筑物的原来形式，包括建筑组群的规模和布局及其环境风貌；（2）建筑物的原来结构；（3）建筑物原来使用的材料；（4）建筑物原来营建时使用的工艺。只有这样才能保护建筑物的历史面貌，才能体现出文物的历史、艺术、科学价值。[1]

中国历史上第一次提出来保护历史文化名城是在 1982 年。提出这个历史文化名城，既是总结中国自己的经验，又是吸取了国际上的经验，像欧洲在第二次世界大战以后进行大规模城市建设和改造，也造成大面积的破坏。怎样避免出现这样的问题，法律起草组提出文物工作者要和城市规划、建设部门一道，把保护名城的工作，当作贯彻执行《文物保护法》的一个极为重要的内容来抓好。国家已经意识到在城市化、工业化的进程中，要注意保护历史文化名城的问题。所以在《文物保护法》中规定，具有重大历史价值和革命意义的城市，由国务院公布为历史文化名城加以保护。

1982 年 11 月 19 日在第五届全国人民代表大会第二十五次会议上，通过了《中华人民共和国文物保护法》。《文物保护法》是在总结了三十多年来我国文物保护管理工作正反两方面经验教训的基础上，结合新形势下文物工作的新情况、新问题，对 1961 年颁布的《文物保护管理暂行条例》做了重

---

① 谢辰生、姚远：《谢辰生口述：新中国文物事业重大决策纪事》，生活·读书·新知三联书店，2018 年，第 175 页。

大修改和补充后制定的。它是我国颁行的第一部文化行政法，是我国文物工作的法律依据。《文物保护法》的颁布实施，有着重大的历史意义，是中国文物保护史上的一个里程碑。

2. 世界文化遗产的申报与文物保护单位制度的发展

保护文化遗产，增强人民的保护意识很重要。党中央、国务院主要领导同志采纳了这些老专家的建议，决定设立中国"文化遗产日"。2005 年底，国务院以国发〔2005〕42 号文件，发布了《关于加强文化遗产保护的通知》，决定从 2006 年起，每年 6 月的第二个星期六为我国的"文化遗产日"。

1961 年，国务院核定公布了第一批 180 处全国重点文物保护单位。此后，国务院分别于 1982 年、1988 年、1996 年、2001 年、2006 年和 2013 年陆续公布了第二至七批全国重点文物保护单位。文物保护单位概念在 1956 年国务院《关于在农业生产建设中保护文物的通知》中第一次提出。文物保护制度 1961 年写入《文物保护管理暂行条例》，1982 年写入《文物保护法》。实践证明，文物保护单位制度作为文物保护领域的一项基本制度，是符合我国国情的，有效地保护了一大批重要的不可移动文物资源。

3. 十八大以来文物保护事业的成就

党的十八大以来，党中央、国务院高度重视文物保护工作。习近平总书记对文物保护作出重要指示批示 100 多次，出席或见证文物领域重要活动 20 多次，考察调研文博单位 40 多处。李克强总理高度重视文物工作，多次强调遗址和文物是历史的血脉，联结着过去、现在和未来，"遗址和文物是中华文明源远流长和生生不息的重要见证"[①]。让珍贵的文化遗产世代传承，以更好弘扬中华民族优秀的传统文化，促进社会进步和文明发展。中办、国办连续出台《关于实施中华优秀传统文化传承发展工程的意见》《关于加强文物保护利用改革的若干意见》《关于实施革命文物保护利用工程（2018—2022 年）的意见》等重要文件，文物领域顶层设计力度明显加大，文物工作迎来了改革发展的历史性机遇。

党的十八大以来，国务院公布施行《博物馆条例》，大力促进文博事业发展，并且发布了《国务院关于进一步做好旅游等开发建设活动中文物保护

---

① 国务院研究室编写组：《十三届全国人大三次会议政府工作报告辅导读本》，人民出版社、中国言实出版社，2020 年，第 354 页。

工作的意见》《国务院关于进一步加强文物工作的指导意见》《国务院办公厅
关于进一步加强文物安全工作的实施意见》多项指导意见，将一批文物领域
重大项目、重大工程、重大政策纳入"十三五"国家规划及专项规划，从政
策层面对新时期文物工作进行了全面部署。

2012 年到 2016 年，国务院统一部署，在全国范围内开展新中国成立以
来首次针对可移动文物的重大国情国力调查。这次调查按《馆藏文物登录规
范》涉及了陶器、瓷器、金银器等 35 大类文物。为此全国成立了 3600 余个
普查机构，动员了 10.7 万名普查人员，其中包括 3 万余名从各文博系统选
调的专业人员，对 102 万个国有单位进行了普查。他们在走访调查之后，将
数据汇总到了国家文物局建立的全国可移动文物信息登录平台，从而建立起
了一个覆盖全国的"文物身份证"和信息管理体系。在这次调查中，共普查
了全国可移动文物 1.08 亿件（套），其中新发现和新认定的文物为 708.4 万
件（套），基本摸清了我国共有可移动文物的数量、分布和保存状况。

由国务院新核定公布一批全国重点文物保护单位，是贯彻落实习近平新
时代中国特色社会主义思想的重要体现，这一方面有利于更好地发挥文物的
社会功能，推动中华优秀传统文化创造性转化和创新性发展，继承革命文
化，发展社会主义先进文化，推动社会主义精神文明和物质文明协调发展，
涵养社会主义核心价值观，增强民族凝聚力，坚定文化自信；另一方面，由
国务院新核定公布一批全国重点文物保护单位，尤其是将突出反映中国共产
党带领全国人民开展伟大革命和社会主义建设的重要文物核定公布为全国重
点文物保护单位，有助于带动地方人民政府不断提升文物保护意识，加大保
护管理力度，促进文物保护与城镇化建设和乡村振兴的协调发展。

2018 年 10 月，在中共中央办公厅和国务院办公厅发布的《关于加强文
物保护利用改革的若干意见》中，把"构建中华文明标识体系"作为第一项
主要任务，公布新一批全国重点文物保护单位是落实这一任务的重大举措。
在中华人民共和国成立 70 周年前夕，国务院常务会议核定了第八批 762 处
新的全国重点文物保护单位，我国全国重点文物保护单位增至 5058 处。由
政府主导，根据不可移动文物价值评估的结果，公布为不同级别的文物保护
单位，是实现国家对不可移动文物进行有效管理和保护的基本制度。与我国
拥有的 76.7 万处不可移动文物资源数量相比，这些单位堪称是"出类拔萃"
"重中之重"。

第三节　中国文物保护事业发展面临的问题与对策

一、文物保护事业发展面临的问题

（一）城市建设对文化遗产破坏严重

《中华人民共和国城市规划法》第十四条规定："编制城市规划应当注意保护和改善城市生态环境，防止污染和其他公害，加强城市绿化建设和市容环境卫生建设，保护文化历史遗产、城市传统风貌、地方特色和自然景观。"但在实际工作中，很多地方的城市建设并未真正将文化遗产保护纳入规划，反而常常是文化遗产给城市建设让路。在有些人的心目中，城市现代化就是要高楼林立，道路宽阔，根本不考虑本地的实际情况，造成千城一面，失去了地方特色。尤其是有些历史文化名城，在"旧城改造"中忽视对文化遗产的保护，在古城区大动干戈，旧房全部推倒，再建高楼大厦，致使大片有价值的传统民居被拆除，地下文物毁坏殆尽，城市传统风貌荡然无存。有的地方即使已经有考虑文化遗产保护因素在内的城市规划，要改变也是很容易的事。

在有些地方领导的头脑中，文化遗产成了经济发展的"绊脚石"，根本不会去保护。2003年初，贵州省某市为建一个农贸市场和一座15层商住楼，私自拆毁贵州省文物保护单位、建于明代的古城墙63.3米，贵州省文化厅、建设厅出面干预未见成效，直至省里领导亲自过问，工程方才停了下来。

（二）片面强调经济效益

文化遗产能够带来经济效益，促进当地经济发展，已经成为不争的事实。特别是云南丽江、山西平遥、上海周庄等地戴上"世界文化遗产"的桂冠之后，旅游业飞速发展，经济效益十分可观，这对许多地方的当政者来说无疑是巨大的鼓舞。于是乎，各地纷纷投入巨资，下大力气修复文化遗产，整治周边环境，申报世界遗产热持续数年而丝毫没有降温。应该说，这是一件大好事，人们已经认识到了文化遗产的巨大价值。然而令人担忧的是，从目前情况来看，一些人更多的是看重这些遗产的经济价值，而忽视了它们的科研、文化、教育等价值，同时也忽视了对这些遗产应有的保护。这样才不断有世界遗产遭到毁坏的消息传出。

（三）一些群众的文物保护意识淡薄

由于过去极"左"错误思想指导和"破四旧"等运动的影响，社会普遍有一种盲目崇尚"新"而排斥"旧"的观念，加上长期以来一些群众的科学文化素养不高以及生活条件差等因素，他们中不少人未能意识到文物保护的重要意义，这种情况在年龄稍长的群体中更为突出，在青少年群体中情况稍好，这也说明近年来加强祖国优秀传统文化宣传教育的成效。

在城镇和村庄里的如古遗址、古建筑、古墓葬等不可移动文物，如果与自身物质利益不相关，当地群众往往也熟视无睹，不会主动加以维护，这对于文物保护事业是不利的。某些地区一度盗墓犯罪浩劫猖獗，当地个别群众被物质利益驱使，甚至参与盗墓活动或者给盗墓贼提供条件和掩护，这既是法制观念缺失，也是文物保护意识淡薄的表现。

二、对策思路

（一）指导思想

习近平总书记非常重视中华优秀传统文化的传承和弘扬。他站在实现中华民族伟大复兴中国梦的战略高度指出："文物承载灿烂文明，传承历史文化，维系民族精神，是老祖宗留给我们的宝贵遗产，是加强社会主义精神文明建设的深厚滋养。保护文物功在当代、利在千秋。"[①] 他为新时代中如何走出一条符合国情的文物保护利用之路这一重大主题，提出了富有指导意义的新思想、新观点和新要求。

为全面贯彻落实习近平总书记系列重要讲话和关于文物工作重要指示批示精神，需要我们不断深化对符合国情文物保护利用之路的系统理解。一是深刻认识文物资源的重要价值。文物是精神标识，是国家名片。习近平总书记明

---

① 中共中央文献研究室：《习近平关于社会主义文化建设论述摘编》，中央文献出版社，2017年，第190页。

确指出"文物承载灿烂文明，传承历史文化，维系民族精神"①；历史文化遗产是一张金名片；让人们通过文物承载的历史信息，记得起历史沧桑，看得见岁月留痕，留得住文化根脉，增强做中国人的骨气和底气，坚定全体人民振兴中华、实现中国梦的信心和决心。二是全面把握文物保护的基本要求。保护是前提，是基础。习近平总书记明确要求秉持正确的古城保护理念，处理好历史文化和现实生活、保护和利用的关系，做到城市保护与有机更新相衔接；修旧如旧，保留原貌，防止建设性破坏；要加强古代遗址的有效保护，有重点地进行系统考古发掘，不断加深对中华文明悠久历史和宝贵价值的认识。三是大力推进文物合理适度利用。习近平总书记坚持创造性转化和创新性发展的方法论，多次强调"对历史文化要注重发掘和利用，溯到源、找到根、寻到魂"②，找准历史和现实的结合点，深入挖掘历史文化中的价值理念、道德规范、治国智慧；要让文物活起来，"要让文物说话，让历史说话，让文化说话"③。四是努力发挥博物馆的文化传承作用。博物馆是大学校，是文明殿堂。习近平总书记特别强调"中国各类博物馆不仅是中国历史的保存者和记录者，也是当代中国人民为实现中华民族伟大复兴的中国梦而奋斗的见证者和参与者"④；搞历史文物展览为的是见证历史、以史鉴今、启迪后人；建红色纪念设施要恰当，不要贪大求洋。五是严格履行文物保护的法定责任。保护文物功在当代，利在千秋。习近平总书记明确要求强化主体责任，加强协同配合，完善安保措施，堵住监管漏洞，严打文物犯罪，对失职渎职行为严肃问责，切实把老祖宗留下的宝贵遗产管理好、守护好；"要树立保护文物也是政绩的科学理念"⑤，"不辱使命，守土尽责，提高素质能力和依法管理水平，广泛动员社会力量参与，努力走出一条符合国情的文物保护利用之路"⑥。

① 中共中央文献研究室：《习近平关于社会主义文化建设论述摘编》，中央文献出版社，2017年，第190页。
② 高强：《炎黄文化与中华民族凝聚力》，人民出版社，2019年，第13页。
③ 中共中央文献研究室：《习近平关于社会主义文化建设论述摘编》，中央文献出版社，2017年，第193页。
④ 中共中央文献研究室：《习近平关于社会主义文化建设论述摘编》，中央文献出版社，2017年，第192页。
⑤ 中共中央文献研究室：《习近平关于社会主义文化建设论述摘编》，中央文献出版社，2017年，第190页。
⑥ 中共中央文献研究室：《习近平关于社会主义文化建设论述摘编》，中央文献出版社，2017年，第190页。

（二）对策思路

1.　加强文化遗产保护的宣传教育，增强公民的文物保护意识，加强舆论监督

首先，要采用各种方式，积极宣传中国的文化遗产，让每一位华夏子孙都了解灿烂的中华文明，增强每一个中国人的民族自豪感和保护文化遗产的责任感；在中小学教育过程中大力弘扬中国优秀传统文化，在社会上加强文化遗产保护法律法规的宣传工作，使每一位公民认识到破坏文化遗产是违法行为，使"保护文化遗产光荣，破坏文化遗产可耻"的观念深入人心。其次，在文化遗产的开发利用过程中，充分考虑当地百姓的利益，使他们能从中获益，以提高他们作为遗产保护人的积极性。最后，要加强舆论监督。一方面是媒体要增加有关文化遗产保护问题的报道，对文化遗产保护工作加强监督；另一方面是有关部门要积极接受舆论监督，增加文化遗产保护工作的透明度，促进文化遗产保护工作更好地开展。

2.　制订有约束力的城市长远规划，保证文化遗产保护纳入规划

首先，各地应按照《城市规划法》的要求，制定本地的城市长远规划。在制订规划前，要组织有关历史、文物、文化、艺术、建筑、民俗等方面的专家学者，对自己管辖范围内的文化遗产进行摸底调查，记录在案，并提出保护方案。制订规划时，要按照专家组的方案，将对文化遗产的保护纳入规划。其次，在制订城市规划时，应当充分收集和听取当地市民的意见和建议，对承载城市记忆的文物古建筑加以保护。保住一城之文脉，方能留住城市之根，展现出独特的城市气质和生命力。最后，规划一旦确定，非经严格的限制条件和程序，不容随意修改，以保证规划的长期稳定实施。

3.　加强法治建设，加大对破坏文化遗产行为的打击力度

在以往的执法工作中，更注重对个人破坏文化遗产行为的打击和惩戒，如盗掘古墓、盗窃、倒卖、走私文物等，而对有关单位的违法行为追究法律责任的不多。今后应当加大对此类单位破坏文化遗产行为的处罚力度，追究企业法人和单位领导的法律责任，维护法律尊严。在对文化遗产进行的旅游开发活动中发生破坏文化遗产现象的，除追究当事人的法律责任外，还应当依法追究有关管理部门领导的责任，使文化遗产保护工作责任到人，受到应有的重视。在历史文化名城和世界文化遗产所在地，不妨实行文化遗产保护的"一票否决"，把文化遗产保护工作作为干部考核的一个重要方面，促使各地领导干部真正重视文化遗产保护工作。①

---

① 王莹：《当前文化遗产保护中存在的问题及对策》，《安阳师范学院学报》，2005 年第 3 期，第 124 页。

主要参考文献

包心鉴，2015．中国共产党与中国优秀传统文化——兼论中国优秀传统文化的现实意义与当代价值 [J]．学术交流（7）：60-67．

丁小芳，2019．中国共产党文化观的演进逻辑（1949—2019）[J]．求索（3）：39-46．

冯天瑜，何晓明，1990．中华文化史：上 [M]．上海：上海人民出版社．

傅铿，1990．文化：人类的镜子——西方文化理论导引 [M]．上海：上海人民出版社．

费孝通，1989．中华民族多元一体格局 [M]．北京：中央民族学院出版社．

费正清，2010．中国的世界秩序 传统中国的对外关系 [M]．北京：中国社会科学出版社．

何静，韩怀仁，2002．中国传统文化 [M]．北京：解放军文艺出版社．

韩振峰，李卿，2019．新中国成立 70 年来中国共产党传统文化观的演变与创新 [J]．东岳论丛（9）：17-22．

李宝龙，杨淑琴，2006．中国传统文化 [M]．北京：中国人民公安大学出版社．

李丹丹，2018．中国早期马克思主义者的中国传统文化观 [J]．学术交流（1）：49 53．

李捷，2020．从五四运动百年看马克思主义与中国传统文化 [J]．广东社会科学（1）：114-120．

梁漱溟，2011．中国文化要义 [M]．上海：上海人民出版社．

李志峰，乐爱国，2014．中国共产党对待传统文化态度与政策演变思考 [J]．人民论坛（32）：8-11．

毛泽东，1991．毛泽东选集：第 1 卷 [M]．北京：人民出版社．

毛泽东，1991．毛泽东选集：第 2 卷 [M]．北京：人民出版社．

毛泽东，1991．毛泽东选集：第 3 卷 [M]．北京：人民出版社．

毛泽东, 1991. 毛泽东选集: 第 4 卷 [M]. 北京: 人民出版社.

石应平, 2002. 中外民俗概论 [M]. 成都: 四川大学出版社.

王国维, 1998. 宋元戏曲史 [M]. 上海: 上海古籍出版社.

吴增礼, 肖佳, 2021. 中国共产党对待中华传统文化的态度变迁及基本经验 [J]. 湖南大学学报 (社会科学版) (1): 8-14.

许慎, 2021. 中国共产党运用中华优秀传统文化凝心聚力的百年实践与经验 [J]. 思想教育研究 (1): 65-70.

习近平, 2014. 习近平谈治国理政 [M]. 北京: 外文出版社.

习近平, 2018. 习近平谈治国理政: 第 1 卷 [M]. 2 版. 北京: 外文出版社.

习近平, 2017. 习近平谈治国理政: 第 2 卷 [M]. 北京: 外文出版社.

习近平, 2020. 习近平谈治国理政: 第 3 卷 [M]. 北京: 外文出版社.

习近平, 2014-03-30. 在德国科尔伯基金会的演讲 [N]. 人民日报 (2).

习近平, 2014-09-25. 在纪念孔子诞辰 2565 周年国际学术研讨会暨国际儒学联合会第五届会员大会开幕会上的讲话 [N]. 人民日报 (1).

习近平, 2017. 决胜全面建成小康社会 夺取新时代中国特色社会主义伟大胜利——在中国共产党第十九次全国代表大会上的报告 [M]. 北京: 人民出版社.

习近平, 2019-09-25. 习近平在中央政治局第十七次集体学习时强调 继续沿着党和人民开辟的正确道路前进 不断推进国家治理体系和治理能力现代化 [N]. 人民日报 (1).

杨凤城, 2014. 中国共产党对待传统文化的历史考察 [J]. 教学与研究 (9): 78-86.

张岱年, 方克立, 1994. 中国文化概论 [M]. 北京: 北京师范大学出版社.

张岱年, 1989. 中国伦理思想研究 [M]. 上海: 上海人民出版社.

中共中央党史研究室, 胡绳, 等, 1991. 中国共产党的七十年 [M]. 北京: 中共党史出版社.

中共中央文献研究室, 2014. 十八大以来重要文献选编 (上) [M]. 北京: 中央文献出版社.

中共中央文献研究室, 2016. 十八大以来重要文献选编 (中) [M]. 北京: 中央文献出版社.

中共中央党史和文献研究院, 2018. 十八大以来重要文献选编 (下) [M]. 北京: 中央文献出版社.

中共中央马克思恩格斯列宁斯大林著作编译局，2012. 列宁选集：第 1 卷
    ［M］. 北京：人民出版社.

中共中央马克思恩格斯列宁斯大林著作编译局，2012. 列宁选集：第 2 卷
    ［M］. 北京：人民出版社.

中共中央马克思恩格斯列宁斯大林著作编译局，2012. 列宁选集：第 3 卷
    ［M］. 北京：人民出版社.

中共中央马克思恩格斯列宁斯大林著作编译局，2012. 列宁选集：第 4 卷
    ［M］. 北京：人民出版社.

中共中央马克思恩格斯列宁斯大林著作编译局，2012. 马克思恩格斯选集：
    第 1 卷 ［M］. 北京：人民出版社.

中共中央马克思恩格斯列宁斯大林著作编译局，2012. 马克思恩格斯选集：
    第 2 卷 ［M］. 北京：人民出版社.

中共中央马克思恩格斯列宁斯大林著作编译局，2012. 马克思恩格斯选集：
    第 3 卷 ［M］. 北京：人民出版社.

中共中央马克思恩格斯列宁斯大林著作编译局，2012. 马克思恩格斯选集：
    第 4 卷 ［M］. 北京：人民出版社.

中共中央宣传部，2018. 习近平新时代中国特色社会主义思想三十讲 ［M］.
    北京：学习出版社.

中共中央宣传部，2014. 习近平总书记系列重要讲话读本 ［M］. 北京：学
    习出版社，人民出版社.

中共中央办公厅，国务院办公厅，2017−01−26. 关于实施中华优秀传统文
    化传承发展工程的意见 ［N］. 人民日报（6）.

张丽，2016. 论早期中国共产党人的传统文化观 ［J］. 理论学刊（1）：46−52.

詹全友，2017. 试论 1927—1949 年间中国共产党对传统文化的保护和利用
    ［J］. 理论与改革（4）：1−11.

朱宁虹，2005. 中华民俗风情博览 ［M］. 北京：中国物资出版社.

郑师渠，2007. 中国共产党文化思想史研究 ［M］. 北京：中共中央党校出
    版社.

后 记

　　时光飞逝。自笔者加入中国共产党成为一名党员已有 27 年了，其间不断感受中国共产党创造一个又一个的奇迹。在 2021 年庆祝中国共产党百年华诞之际，感到喜悦的是一直在从事马克思主义中国化理论教学与研究工作。习近平总书记说："思政课就要讲好中华民族的故事、中国共产党的故事、中华人民共和国的故事、中国特色社会主义的故事、改革开放的故事，特别是要讲好新时代的故事。"① 笔者就怎样讲好中国共产党对待中国传统文化的故事，怎样讲好中国优秀传统文化是中华民族的"根"和"魂"的故事进行了研究和思考，形成了本书。

　　本书在撰写过程中，参考和借鉴了一些专家、学者、同行的相关著作和论文，汲取了很多有益的成果，在此一并表示诚挚的谢意！

　　由于笔者的水平有限，本书在论述的广度和深度上还有待进一步提高，在理论的高度上也有待进一步升华。书中难免有不妥之处，敬请专家、学者和广大读者批评指正，多提宝贵意见。

　　作为项目负责人，具体负责本书写作大纲，参与了撰写，并对全书进行了最后的修改、统稿和定稿。项目组的其他成员也积极参与了本书的撰写工作，感谢他们的大力支持。本书撰写的具体分工为：

第一章：黄小彤；

第二章：帅建祥；

第三章：蒋朝莉、田瑞欣；

第四章：熊然然；

第五章：肖凯强；

第六章：蒋朝莉、戴璐；

第七章：欧露；

---

① 习近平：《习近平重要讲话单行本》（2020 年合订本），人民出版社，2021 年，第 292 页。

第八章：蒋朝莉、王婷；

第九章、第十章：平凯；

第十一章：李凌。

冯雪、赵薇、赵颖、戴强参与了部分章节的撰写和校对工作。在此，对他们的辛勤付出表示衷心的感谢。

蒋朝莉

2021 年 3 月于成都